现代经济学基础

主　编　陈　勇　谭　岚
副主编　杨海锋　陈　锋　孙　钰
　　　　张晓辉

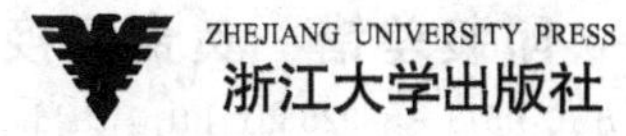

ZHEJIANG UNIVERSITY PRESS
浙江大学出版社

图书在版编目（CIP）数据

现代经济学基础 / 陈勇，谭岚主编.
—杭州：浙江大学出版社，2015.6(2021.1 重印)
ISBN 978-7-308-14771-2

Ⅰ.①现… Ⅱ.①陈… ②谭… Ⅲ.①现代经济学—基本知识 Ⅳ.①F091.3

中国版本图书馆 CIP 数据核字（2015）第 121857 号

现代经济学基础

主　编　陈　勇　谭　岚
副主编　杨海锋　陈　锋　孙　钰　张晓辉

责任编辑　周卫群
封面设计　续设计
出版发行　浙江大学出版社
（杭州市天目山路 148 号　邮政编码 310007）
（网址：http://www.zjupress.com）
排　　版　杭州中大图文设计有限公司
印　　刷　广东虎彩云印刷有限公司绍兴分公司
开　　本　700mm×960mm　1/16
印　　张　14
字　　数　251 千
版 印 次　2015 年 6 月第 1 版　2021 年 1 月第 2 次印刷
书　　号　ISBN 978-7-308-14771-2
定　　价　28.00 元

前　言

本书根据本科高校非商科类专业学生学习和掌握经济学基本原理和理论的需求,基于培养交叉符合型人才的需要,以全面而简要地介绍经济学各分支理论为原则编写而成。

本书以交叉复合型人才培养为理念,注重经济学各分支学科相关理论的全面而深入浅出的解释,强调经济学理论与相关学科的交叉结合,遵循经济学基础知识与案例解析相结合的思路,使之真正切合高校交叉复合型人才的培养目标。同时,书中穿插形式多样的辅助材料,力求进一步拓宽学生知识面,激发学生阅读兴趣,既方便教师教授,也利于学生自学。

本教材主要具有以下特点。

(1)内容全面,深入浅出。本书以介绍经济学理论与思维方式为出发点,精心组织内容,融合了微观经济学基本理论、宏观经济学基本理论、公共经济学基本理论、金融学基本理论和国际经济学的基本理论,充分吸收了各分支学科的主要观点和思路,向读者传授经济学的基本理论与思维范式。同时内容安排上做到理论精准、言简意赅。

(2)体例新颖。本书彰显以非商科类专业学生为读者的理念,编写体例上突出了"可读性"和"互动性"。章前有"引例",每章设有"延伸阅读"、"思考题"等栏目,不仅可以调动非商科学生的兴趣,而且打破了传统"法条罗列"式的经济教材编写模式,实现通俗易懂,重点突出,极大地增强了可读性。

(3)融合了学科交叉的理念。学科交叉,培养复合型人才已成为人才培养的趋势之一,本教材的内容基于非商科学生的学科交叉需求考虑,使学生了解经济学理论的基础知识，为其将经济学和其专业知识相结合提供基础。为此，本教材认真编排各章主要内容、案例分析以及课后练习，包括提供阅读书目等。

本教材由陈勇、谭岚任主编，杨海锋、陈锋、孙钰和张晓辉任副主编，陈勇统稿。本教材共十二章，具体分工如下：陈勇（第一章、第八章、第九章、第十章），谭岚（第二、第三章、第四章、第五章），杨海锋（第六章），陈锋（第七章），陈勇、孙钰（第十一章），张晓辉（第十二章）。

在本教材编写过程中，我们参考了大量经济学相关著作和论文，吸取了其中一些研究成果，在此对相关作者深表衷心感谢。但由于时间仓促和水平有限，书中难免有疏漏和不当之处，敬请指正。

编　者

2015 年 5 月

目　　录

第一章

经济学原理与模型

【学习要点及目标】

了解经济学的定义及经济学的思维方式；了解经济学理论的作用；了解经济学的主要研究领域；了解经济学的核心问题。

【引例】

在日常生活中，每个人其实都在自觉不自觉地运用着经济学知识。比如在自由市场里买东西，我们喜欢与小商小贩讨价还价；到银行存钱，我们要想好是存定期还是活期。在日常生活中，我们还常常烦恼于别人为什么挣得比我多，总是觉得自己得到的比应得的少，而经济学却告诉我们，这样的感觉是庸人自扰，是错误的。我们之所以在日常生活中遇到这样那样的烦恼，主要还是因为对经济学有一些误解，这可能是经济学说起来比较简单的缘故。“供给与需求”、“价格”、“效率”、“竞争”等都是大家耳熟能详的经济学词汇，而且这些的词汇的意思也是显而易见的，因此，很多时候，似乎人人都是经济学家。其实，经济学中有许多并非浅显易懂的内容，并不是像每个人想象的那么简单。那么经济学到底是一门怎样的学科？它需要怎样的思维方式？它主要研究什么问题？

必备知识点

经济学的基本假设　经济学的基本方法　经济学基本问题

拓展知识点

经济学模型　经济学的实证分析和规范分析的区别

每个人都必须面临选择，其原因是每个人所掌握的资源都是稀缺的，这些资源包括土地、资本、劳动力、时间等。经济学正是一门研究如何使上述稀缺资源得到最有效利用的学科，即它要解决的核心问题是人在面临稀缺资源可用于多种用途的选择时，如何做出最佳选择。人们需要水、饮料、水果，面包、蔬菜，住房，互联网服务，教育，国防等许多东西。然而现实确是，整个社会中用于生产上述物品的生产资源是稀缺的，人们的需求远远超过了现有生产资源的生产能力。所以我们必须做出选择，让有限的生产资源生产什么是对社会最有效的，这是经济学形成的基础。经济学就是关于人、组织和整个社会在资源稀缺的限制下如何进行有效选择的学科。

第一节　经济学思维方式

一、经济学产生的基础：资源的稀缺性

整个社会都面临资源的稀缺性，面对资源的稀缺性，人们必须进行选择。你在进入大学前，必须选择你读哪一所大学，你不可能同时读两所或两所以上的大学，因为你的时间是有限的。

稀缺性限制了我们的选择，同时又使得我们必须做出选择，所以我们必须做出“要什么和不要什么”的选择。有一句俗话“天下没有免费的午餐”是经济学所描述的稀缺性最好的通俗表达。你享用了你认为的“免费午餐”，那你是否想到，这顿午餐需要食物以及有人为你烹饪，这些午餐的投入品都是生产资源，如果不为你提供，他们可以为其他人提供而获得收益。那么因你的“免费午餐”而损失的收益就成为了这些投入的成本，经济学家称之为机会成本(opportunity cost)。它是你把资源用于A用途，而无法用于B用途所丧失在B用途中可能获得的收益。简单讲就是你1万元现金用于消费了，就不能去存银行的定期存款，也就丧失了获得利息的机会，这些可能获得的利息就是你将1万元用于消费的机会成本。机会成本这一概念是经济学里一个非常重要的概念，经济学认为，你在做选择时必须考虑机会成本。

二、经济学的基本假设：理性选择

接下来的一个问题是人们应该如何做选择？经济学对于该问题的解决是有一个重要前提的，即每个人做出的选择都是理性的，都是为了获得最大的个人满足度，如个人的幸福感、乐趣等，这些在经济学中统一称之为效用(utility)。人们做出的选择都是为了自己获得的效用最大化，这种效用最大化的具体表现有

很多，比如消费者在做出购物选择时，他总是想买到让自己感到性价比最高或满足程度最高的商品，而企业选择生产什么商品时，总是选择能使自己利润最大化的商品。

理性选择是指人们的选择是经过思考的，是自己的明智选择，不是“随意的”或者胡乱的决策。当然，理性行为的假设并不是指人们做出的决策一定是完美的。人们的决策有时也会出现错误，由于人们在做决策时掌握的信息往往是有限的，因此人们的理性选择往往是在其所掌握的信息下做出的合乎其主观愿望的最佳选择，即合意的选择。举个简单例子说，你想去买一台笔记本电脑，你只能掌握一部分商家的价格信息，而不可能掌握你所在城市所有商家的价格信息。因此，你在做购买决策时，总是在你所掌握的信息中做出最佳选择。而这种最佳选择只是符合你的主观愿望，客观上可能比你现有的选择还有更加物廉价美的选择。

经济学认为具有理性行为的人往往是自利的，也即追求自身效用的最大化。但这种追求自身效用最大化的行为，与自私是不相等的。简单讲，自私往往是损人的，而自利往往是以不损害他人的利益为前提的。举个简单例子，人们做慈善，从理性自利的角度讲是通过帮助他人而获得了自己想要得到的快乐。这个例子往往会引起误解，这里需要说明的是，经济学只是众多学科中的一门学科，它不可能解释社会中所有发生的事件，比如人们的情感和道德等因素驱使的行为，是很难用经济学来准确地加以解释的，这需要大家有清醒的认识。经济学只是用一个角度去观察一个事件，这个事件还可以用其他学科或其他角度去解释。

三、经济学中做选择的原则：比较收益与成本

人们如何来做出理性选择？你如何来决定你大学四年应该做些什么事？你接下来的时间是出去玩还是去图书馆看书？经济学认为，这些选择并不是有和无之间的选择，而是你要对每种可能的选择做一个权衡(trade-off)。权衡是一种得此失彼的选择，是通过比较每种可能的选择事件的收益与成本得出的选择。而我们整门经济学课程最重要内容之一就是让你学会如何来计算每种可能选择的成本和收益。

经济学中对成本和收益的计算，主要是通过边际收益和边际成本来实现的。边际(margin)这一概念来源于高等数学，其类似于高等数学中的一阶导数的概念。边际收益(marginal benefit)就是额外增加的一单位投入所带来的总收益的变动量。比如，你一周花三个小时学习经济学这门课程，可以使你获得 80 分的课程成绩。现在你想提高成绩，所以你每周多花一个小时在经济学这门课程上，

结果你获得了 90 分的课程成绩。那门你每周花在经济学课程上的第四个小时的边际收益就是 10 分,也就是说你每周额外增加了一个小时的学习时间,给你的总分带来了 10 分的变动。相对应,边际成本(marginal cost)就是你每周额外增加一个小时的时间学习,所要放弃的东西(比如,你这一个小时可以去和同学玩而获得快乐等)。所谓资源得到最有效地利用,就是指比较资源每种用途的边际利益和边际成本,并且选择边际利益大于边际成本的用途。

因此,我们的选择是基于边际成本和边际收益的比较做出的。边际收益和边际成本的比较,从另外一个角度讲,经济学也称之为激励,人们的行为总是对应于某一激励而发生。例如,你的某一课程的老师,告诉你一些题目是考试的内容,那么复习这些题目的边际收益是比较大的,随之而发生的就是你会自己主动地去认真复习这些题目。相反,如果老师布置了一些题目,与考试内容无关,那么复习这些题目的边际收益较小,你就不会认真去做这些题目。这就是你对上述不同激励做出的不同反应,进而有不同的行为发生。

经济学的中心思想就是可以通过激励来预测人们的行为选择,如果一种激励导致边际收益增加,那么人们对这种激励就会有积极的行动,相反人们就会消极应对,或者没有做反应。所以从整个社会而言,制定合适的制度,就是制定合适的激励机制,可以激励人们。比如,在世界上大多数的国家都保护私人财产,因此人们才会更大地去努力工作,追求个人利益。随着经济学的知识的丰富,你就会明白,制度越完善,个人利益的追求就能很大程度上促进整个社会利益的增进。

四、经济学的定义及作用

经济学是研究人类社会在各个发展阶段上的各种经济活动和各种相应的经济关系及其运行、发展的规律的学科。经济学核心思想是物质稀缺性和有效利用资源。经济学作为现代的一个独立学科,研究的是一个社会如何利用稀缺的资源生产有价值的物品和劳务,并将它们在不同的人中间进行分配。资源的稀缺性是经济学分析的前提,经济主体的选择行为是经济学分析的对象,资源的有效配置和财富的分配是经济学研究的中心目标。

学了经济学能够获得什么呢?学了经济学之后,你就会知道:中国的大学为什么这么难考?各种工作的收入为什么大不相同?在什么条件下你最有可能获得收入较高的职位?诸如此类的问题,经济学都能回答。如果一定要谈经济学在工作上的好处,它的一个好处是可以帮助你培养合作诚信的精神和平等待人的价值观,这对提高工作成效和开拓市场关系是大有益处的。

更广泛地说，经济学研究人们如何实现自己最大利益，它可以指导你如何安排工作和休闲的时间、如何分配储蓄和消费的比例、如何进行教育和养老的投资，等等。

【思考题】

1. 想一想自己在做出某一决策时是否一种理性选择。

2. 找几个你亲身经历的事例，想想你是怎样权衡后做出选择的。

3. 想一想你所遇到的事例中，你的行为是否是因相应的激励而采取的。

第二节　经济学的方法

一、经济学分析的步骤

经济学属于社会科学，经济学对社会经济现象的分析使用科学方法。这种科学的方法包括以下三个基本步骤：一是对现实世界的各种经济行为和结果进行观察；二是对观察获得的结果进行解释，形成理论假说，即构建经济理论；三是对经济理论进行检验，即检验该经济理论是否在其他情形下仍是适用的，如不适用则需进行调整或修改。

观察与测量。如同其他学科，经济学要解释和预测经济世界是怎么回事，需要数据的支撑。经济学家用各种方法来观察和测量各种经济数据，如劳动力规模、原材料价格、一国的国民生产总值(GDP)、就业水平等。

构建模型。在通过观察获得各种数据后，对数据之间的关系进行逻辑推理，构造经济学模型。一个经济学模型是对观察得到数据的描述，不是对整个经济世界的解释或描述。经济学模型是对现实经济世界的抽象，比现实要简单得多。可以这样理解这一点：经济学模型力包含的数据只是我们关心的数据，而现实生活中的数据远远多于我们所关心的数据。也就是说我们在构建经济学模型时摒弃了我们认为不重要的数据，而留下了我们认为重要的因素。

检验模型。一个经济学模型是否准确，其判断标准往往是其能否解释和预测经济行为。也即需要用事实来验证经济学模型的准确与否。用事实来衡量经济学模型的预测结果，我们就可以来验证我们提出的经济学模型是否准确，并进行调整或者甚至提出新的经济学模型。

上述三个步骤我们可以用最简单的商品需求模型来进一步理解。比如我们要研究价格与商品需求量之间的关系，我们首先就会去观察现实经济世界，获取某种商品价格上升和下降时，该种商品需求量的变动情况。进而会获得不同价格下的各种商品需求量，然后进行逻辑推理，发现价格和需求量是呈现负相关的，进而构建需求模型，然后对这一模型进行验证，去观察其他商品的价格与其需求量是否负相关，或者在不同时期是否呈现这种关系。

二、经济学模型相关的几个注意点

经济学模型往往是对现实经济世界的简化，是关于经济行为的描述，这种描述能够解释和预见到某种行为的可能结果，是一种理性简化。经济现实本身是非常复杂和综合，如果将所有的因素都考虑进来将很难理解。以上述商品需求模型为例，在现实生活中影响某种商品需求数量的因素是非常多的，而在需求模型中我们就简化为价格一种影响因素。尽管如此，经济学模型在解释和预测经济行为时仍然是非常有用的。

一般性结论。经济学模型关于经济行为的结论，是针对典型或一般的消费者、劳动者或企业的经济行为。例如需求模型，描述的是一般的消费者在面临商品价格上升时，消费者对该种商品的需求量下降。但现实生活中，有些消费者会较多地购买这些商品，有些消费者较少地购买这种商品，而有些消费者则根本不购买该商品。但这一结论对大部分或者说典型消费者都是适用的。

“其他条件相同”的假设。某种经济行为的结果受到很多因素的影响，但我们在研究时假设某些因素是不变的，而只假设我们关注的因素对经济行为结果的影响，这样的研究方法在很多学科中得到运用。在经济学里也是，这种所有科学家都用来确定原因与结果的方法叫其他条件不变或者其他条件相同的假设。经济学家对于不关心的变量往往是假设其不变，例如在考虑价格对商品需求量的影响时，往往假设消费者的收入、消费者的偏好等影响商品需求量的其他因素不变，只有商品的价格是可变的。这样的假设是很方便及有用的，这样经济学家就可以集中分析价格对商品需求量的影响，而不会受到其他变量变动影响而造成复杂化。

三、经济学模型的表达方式

经济学模型的表达方式。经济学模型的表达方式有三种：一是用文字来表达；二是用图形来表达；三是用数学方程来表达。这三种表达方式对于经济学模型而言，其精确程度是不一样的，难度也是不一样的。也就是说要表达不同因素之间的关系，用数学方程式是最精确也是最难的，图形次之，文字最易。在初级经济学里,我们要理解和掌握的模型表达方式主要是图形法。

在经济学里我们研究不同因素之间的关系,这些因素一般都称之为变量(variable),如价格就是一个变量,需求量也是一个变量。经济学也会将不同的变量分为自变量(independent variable)和应变量(dependent variable)。自变量往往是指原因变量,是首先其变化的变量,而应变量是指结果变量,是受到自变量影响的变量。如我们研究价格对需求量的影响,那么价格就是自变量,需求量就是应变量。但请注意,自变量和应变量是相对,比如需求数量可能也会影响到商品价格,如果是研究这一影响关系,那么需求数量是自变量,价格是应变量。经济学家用图形来表示自变量和应变量关系时,有自己的习惯表达式,就是将自变量放在纵轴,将应变量放在横轴。这一点与数学中的表达方式是刚好相反的。

四、两种视角的经济学模型

经济学模型在解释和预测现实经济世界经济行为时,会有两种不同的角度。也就是经济学家对经济现象的描述会从以下两个方面着手,一是对经济现象进行客观的描述,也就是把已经发生的现象描述清楚,即回答了"是什么"的问题;二是对经济现象进行是非判断,进行主客观的判断,这种判断往往加入了经济学家的价值观,这种描述回答了"应该是什么"的问题。

关于"是什么"问题的描述经济学称之为实证分析(positive analysis),对这个问题的答案就是事实,是对事实的客观描述。关于"应该是什么"的问题的描述经济学称之为规范分析(normative analysis),对这个问题的回答是一种是非判断,也即这种经济行为是否合乎社会规范或者道德规范的。举个简单的例子,以个人所得税为例,"政府增加高收入的个人所得税税率可以缓减贫富差距的加大",这是一种实证描述,是实证分析。"政府应该对所有的人都征收相同的个人所得税率",这是一种规范分析,带有一定的价值判断,也就是说这一结论准确与否,仁者见仁,智者见智。

经济学的主要任务是寻找那些与事实或者我们所观察到的经济行为相一致的实证分析,用它们来客观地解释现实的经济世界。

【思考题】

1. 经济学是如何形成其分析经济行为的模型或理论的?

2. 想一想什么是"其他条件不变假设"?举一个例子加以说明。

3. 实证分析和规范分析有什么区别?找一找你所遇到的分析中,哪些属于规范分析,哪些属于实证分析。

第三节 经济学问题

所有的经济问题都起源于我们想要得到的东西都超过了我们能够获得的。正因如此，经济学要研究如何使得有限的资源获得最有效的利用，经济学围绕着以下两类问题展开研究：

一类问题是效率问题，即选择如何决定生产什么、怎么样生产以及为谁生产？

另一类问题是选择经济制度的问题，即在什么条件下个人的理性决策是符合社会的利益？

一、经济学的基本问题

生产什么、如何生产以及为谁生产是经济学基本问题之一。产品和服务是人们认为有价值并能满足其需求而生产出来的所有东西。产品一般是指有形的物品，如食物、衣服等。服务是为了满足他人需求提供的一种无形的商品，如培训、教育、保险等。在目前的中国，主要是以产品的生产为主，服务的比重不大，而如美国等发达国家其产品生产的比重不大，像医疗、教育等服务则比重较大。

生产什么产品及服务。一个社会生产什么是随时间而不同的，由很多因素来决定。中国现阶段主要以生产产品为主。1978 年时我们的农业、采矿业、建筑业和制造业生产出来的产品占所有产品的比重是 76%，今天这个数字下降到了 60%。服务业从 24%上升到了今天的 40%。

那么，是什么决定了我们能够生产出手机、大米、服装、医疗等各类商品的数量呢？那依赖于生产要素的种类和数量。

如何生产。生产产品和服务，需要生产要素。生产要素从不同的角度区分，可有不同的分类结果，在经济学里将生产要素分成四类：土地、劳动、资本、企业家才能。

土地是我们用来生产产品和服务的基本要素，在经济学上，土地是我们日常所说的自然资源。这里的土地是指其广义的含义，从具体的内容来看，包括土地、自然矿藏、石油、水、森林等一切自然资源。在我国，由于人口众多，所以相对而言，土地资源还是比较稀缺的。

劳动是指人们生产时付出的时间和努力，有时也称之为劳动力。劳动包括

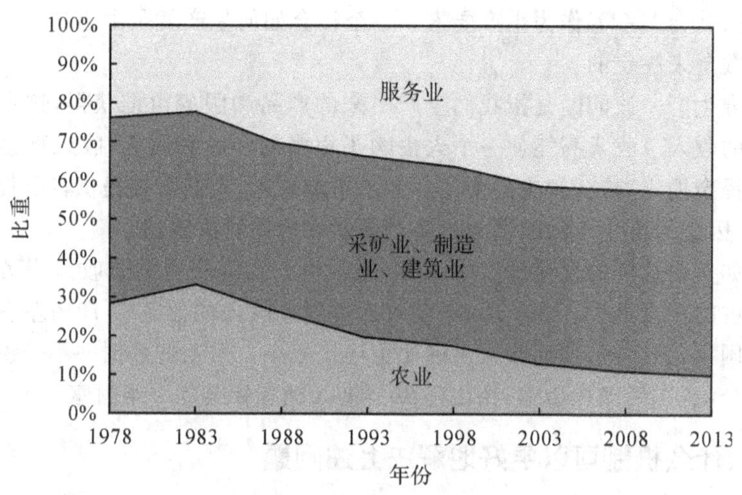

图 1-1　生产结构的变化趋势

资料来源：中国国家统计局网站 http://www.stats.gov.cn/。

了在农场、建筑工地、工厂、商店、学校、医院、办公室工作的所有人的体力和脑力付出。劳动也可以细分，比如可分为简单劳动和复杂劳动。劳动的质量取决于受教育、在岗培训和工作经历中获得知识与技能，一般受过教育的劳动称之为人力资本，但这里的教育是广义的，在人力资本理论中有专门的定义。在现在的中国，受过教育的人越来越多，尤其是从 1999 年大学扩招开始，高中的升学率已经达到 80%以上。

资本。在经济学意义上，资本指的是用于生产的基本生产要素，即厂房、设备、材料等物质资源。在我们的日常用语中，资本也往往被称作钱、股票和债券等。这些在专业术语中被称为金融资本。金融资本作用是帮助企业借入资金去购买资本，但金融资本不能直接来生产产品和服务。因为它不是生产性的，所以不叫资本。经济学家称生产和购买资本品的过程为投资。

企业家才能。企业家才能(Entrepreneurship)指企业家经营企业的组织能力、管理能力与创新能力。微观经济学认为，在生产相同数量的产品时，可以多用资本少用劳动，也可以多用劳动少用资本。但是，劳动、土地和资本三要素必须予以合理组织，才能充分发挥生产效率，因此，为了进行生产，还要有企业家将这三种生产要素组织起来，企业家才能和前三个要素的关系不是互相替代的关系，而是互相补充的关系。

生产要素的具体内容随着时代的发展也在不断发展变化，比如现在也将技术、信息、社会关系等作为生产要素。一个社会如何生产就是由上述生产要素的种类和数量来决定的。

为谁生产。该问题是指我们生产出来的产品和服务由谁获得，这主要取决于人们的收入。收入高能使一个人去购买很多的产品和服务，收入低会让一个人的选择余地小，购买较少的商品。为了增加收入，人们需要提供自己拥有的生产要素，因此为谁生产的问题是由生产要素的价格所决定的。

在如美国这样的发达国家中，一个国家生产要素获得的总收入中劳动获得的收入占的比重最大。在美国，工薪收入占到总收入的比重在70%左右。而在发展中国家，如中国，劳动收入占的比重还比较小。但上述数据并不是说明个人收入的分配，在很多社会中，往往是20%的人拥有社会的一半财富。

二、什么机制可以更好地解决上述问题

由于资源是稀缺的，所以在回答上述三个问题时，就需要考虑生产出来的产品和服务的种类和数量是社会需要的吗，我们适用生产要素生产上述产品是否使用了最佳方式，这些生产出来的产品和服务是否被最需要的人获得了。从你个人的角度讲，你自己总能做出自己的最佳选择，或者至少你认为在你做出选择的那个时刻是最好的选择。你的选择是从你的个人利益出发，做出最有利于你自己的选择。而上述三个问题从整个社会来考虑的话，就与你个人的选择有着非常不同。你在做选择时，其实对其他人会产生影响。所以新的一个问题随之产生，就是有没有一种机制可以在我们做出自己的最佳选择时，对整个社会来讲也是最好的选择。

延伸阅读

英国经济学家亚当·斯密(1723—1790)1776年在《国富论》中提出个人在经济生活中只考虑自己利益，受“看不见的手”驱使，即通过分工和市场的作用，可以达到国家富裕的目的。亚当·斯密的后继者们以均衡理论的形式完成了对于完全竞争市场机制的精确分析。在完全竞争条件下，生产是小规模的，一切企业由企业主经营，单独的生产者对产品的市场价格不产生影响，消费者用货币作为“选票”，决定着产量和质量。生产者追求利润最大化，消费者追求效用最大化。价格自由地反映供求的变化，其功能一是配置稀缺资源，二是分配商品和劳务。通过看不见的手，企业家获得利润，工人获得由竞争的劳动力供给决定的工资，土地所有者获得地租。供给自动地创造需求，储蓄与投资保持平衡。通过自由竞争，整个经济体系达到一般均衡，在处理国际经济关系时，遵循自由放任原

则。政府不对外贸进行管制。“看不见的手”反映了早期资本主义自由竞争时代的经济现实。看不见的手，揭示自由放任的市场经济中所存在的一个悖论。认为在每个参与者追求他或她的私利的过程中，市场体系会给所有参与者带来利益，就好像有一只吉祥慈善的看不见的手，在指导着整个经济过程。

有这样一则故事，说的是山西某国有纺织厂在全国纺织行业连年不景气情况下，生产经营蒸蒸日上，当记者问厂长有什么诀窍时，他说：“您是想听实话还是官话？”“当然是实话。”“实话就是我们这里，交通不便，上级领导一年到头也不来一趟，没法指导厂里工作。”这则故事是说少了行政干预，“看不见的手”照样是撬动经济发展的杠杆。

“看不见的手”不是万能的。到1929年，世界性的经济危机爆发了，首先从美国开始，股市崩盘、企业破产、银行倒闭、工人失业……人们一夜之间突然发现“看不见的手”把经济搅得一塌糊涂。于是，这时又出现一只“看得见的手”，也就是英国经济学家凯恩斯的国家干预理论。

什么时候须用“看不见的手”？什么时候用“看得见的手”？“看得见的手”管什么，怎样管？的确是政府经济管理部门的研究课题。

这时就需要一种较好的机制来解答上述三个问题。自1776年亚当·斯密《国富论》发表以来，经济学家一直致力于寻求这种机制。经济学家提出市场机制，即我们通常所说的市场经济是可以较好地解决上述三个问题的一种机制。请注意，市场机制是一种较好的机制，而不是完美的机制，在本书的后面内容中你将会更深刻地理解这句话。市场机制中有一只“看不见的手”在发挥作用，“看不见的手”这种模式的主要特征是私有制，人人为自己，都有获得市场信息的自由，自由竞争，无需政府干预经济活动。正常情况下，市场会以它内在的机制维持其健康的运行。其中主要依据的是市场经济活动中的经济人理性原则，以及由经济人理性原则支配下的理性选择。这些选择逐步形成了市场经济中的价格机制、供求机制和竞争机制。这些机制就像一只只看不见的手，在冥冥之中支配着每个人，自觉地按照市场规律运行。市场机制就是依据经济人理性原则而运行的。在市场经济体制中，消费者依据效用最大化的原则做购买的决策，生产者依据利润最大化的原则做销售决策。市场就在供给和需求之间，根据价格的自然变动，引导资源向着最有效率的方面配置。这时的市场就像一只“看不见的手”，在价格机制、供求机制和竞争机制的相互作用下，推动着生产者和消费者做出各自的决策。

【思考题】

1. 试举例说明关于生产什么、如何生产和为谁生产？

2. 试从现有的新闻中找出个人利益与社会利益发生冲突的例子及其原因。

第四节 经济学的分支学科

经济学是研究选择的社会科学，个人、企业和政府都在不断地面临各种选择，他们都要与稀缺性以及那些影响和权衡他们选择的激励打交道，而这些选择是在不同层面不同范围做出的，所以经济学会从不同的层面加以研究。经济学是一个非常庞大的学科，有着很多的分支学科，但一般而言将经济学分为微观经济学和宏观经济学。

一、微观经济学

微观经济学(Microeconomics)研究具体的经济单位。它是现代经济学的一个分支，研究经济体系中最基本单元(个体、单个企业)做出的选择、这些选择之间的相互作用，以及政府对做出这些选择的影响。如人们为什么更喜欢买智能手机而很少买普通手机？企业为什么去从事房地产经营而不去生产其他商品？政府对电子商务如果征税会产生什么影响？

微观经济学重视需求与供给，如如何影响个人，达成交易，并形成市场中的均衡价格。另外，爱德华·张伯伦和琼·罗宾逊发展的市场结构理论、一般厂商的生产决策、进行消费决策的消费者行为等以及传统的供给需求理论，综合成微观经济学的核心课题。微观经济学关注人们的决定和行为影响物品和服务的供给和需求、谁负责决定价格、或者反过来，价格怎样决定物品和服务的供给量和需求量。当经济学家分析个体的经济行为时必然牵涉到价格决定，一方面是代表需求的消费者效用和消费者行为，另一方面是代表供给的厂商生产活动，例如研究固定和可变成本对生产决策的影响。

延伸阅读

微观经济学源自于古典经济学与新古典主义经济学，19世纪初的经济学家大多追求研究所谓“财富的来源”，他们继而延伸到分析个体的生产方法、生产物品在经济体系中的分配和个体交换手段的经济活动，生产、分配和交换就是早期微观理论的三分法。微观经济学基本上是古典经济学最主要的内容，宏观经济学当时并未被完全发展成完整的一套理论体系。当今在宏观经济学占有重要地位的货币问题和国际贸易在古典经济学被看做是微观经济学的一部分,19 世纪晚期才有学者为此专门著书立说研究早期的货币理论,并把货币理论分离出微观经济学,在亚当·斯密和李嘉图及他们同代人的理论中,货币政策被概括在个体行为中作讨论,例如货币如何影响商品价值等。国际贸易学在这时期的情况,也被视为是延伸到国家层面形式的一种个体商品交换行为。货币理论和国际贸易理论因为涉及交换的特性而被列入微观经济学讨论,但随着三分法被放弃,这两者也摆脱了原有框架,而转为按层面分类的宏观经济学。

微观经济学不断延伸,形成了一系列的学科。应用微观经济学包括了一系列的专业研究,当中很多利用了其他范畴的方法。应用过程中经常用上比基本价格理论,供应和需求稍多的知识。工业机构和测定规则的主题包括了例如一家公司的投入或撤出,改革,商标的角色等议题。法律经济学在合法政体及其相关效率的选择和执行上应用微观经济学。劳动经济学测量工资、就业和劳力市场动态。公共财政(所谓的公共经济学)检查政府税收与公共开支及这些政策的经济效果(例如社会福利问题)。

政治经济学查察政治制度在决定政策后果的经济角色。健康经济学研究在医疗制度,包括医护劳动力的角色和医疗保险问题的机构。研究城市所面临的挑战,例如城市延伸,空气和水污染,交通挤塞,以及产权的都市经济学是微观经济学在都市地理学和社会学范畴的应用。

金融经济学研究主题是例如理想的投资组合,资本回报率,计量经济学对安全回报的分析及法人组织的金融行为。经济史研究经济体和经济制度的发展,利用了经济学、历史学、地理学、社会学、心理学和政治科学范畴的方法和技术。

二、宏观经济学

宏观经济学(Macroeconomics)研究整个国民经济和全球经济的运行。它是使用国民收入、经济整体的投资和消费等总体性的统计概念来分析经济运行规律的一个经济学领域。宏观经济学是相对于古典的微观经济学而言的。宏观经济学是约翰·梅纳德·凯恩斯的《就业、利息和货币通论》发表以后快速发展起来的一个经济学分支。

中国整个国家的经济增长率为什么这么快?2011 年为什么中国的物价水平增长这么快?中国人民银行调整基准利率或者准备金率对经济的影响是什么?研究这些问题,就要运用宏观经济学。

【思考题】

试从当今的新闻中找出微观经济学和宏观经济学的区别。

小 结

1.经济学的定义。资源的稀缺性是经济学产生的基础。经济学是研究人们如何在资源稀缺的情况下做出最佳选择的一门社会科学。经济学分为微观经济学和宏观经济学。

2.经济学的思维方式。经济学认为人们在做出选择时都是理性的,即都是为了追求自身利益的最大化,人们是通过比较每一种选择的边际成本和边际收益来做出选择的。

3.经济学的研究方法。经济学是通过观察测量经济现象,逻辑推理构建模型,用经济事实检验模型来形成经济学理论的,并且在形成理论时或者使用实证分析或者使用规范分析。形成的理论可以通过文字、图形和数学公式来表达。

4.研究的基本问题。经济学研究的问题可以归结为四个:生产什么、怎么样生产、为谁生产、什么机制能最有效率解决上述三个问题。怎么样生产的问题主要是研究如何使用土地、劳动、资本、企业家才能等四类生产要素进行生产的问题。

关键术语

稀缺性　经济学　权衡　微观经济学　宏观经济学　效用　生产要素
边际成本　边际收益　其他条件不变　规范分析　实证分析　土地
劳动　资本　企业家才能

复习题

一、选择题

1.经济学中理性人的假设是指　(　　)

A.理性人不会作出错误的判断

B.理性人总会从利己的角度作出最好的决策

C.理性人根据完全的信息而行事

D.理性人不会为自己所作出的任何决定而后悔

2.当你将你的收入用于消费,还不能将收入存入银行。这说明了　(　　)

A.微观经济学的研究对象　B.宏观经济学的研究对象

C.机会成本的概念　D.最优化的概念

3.下面哪些陈述属于实证分析,哪些属于规范分析?　(　　)

A.汽油涨价是一个不好的社会政策,因为它使得开车的成本上升。

B.当汽油价格上升后,人们对汽油的需求减少。

C. 限制垄断企业是一项使更多人得利的政策。

D. 美国实施宽松货币政策后，该国的货币相对其他货币贬值了。

E. 一国应该慎用宽松货币政策，因为它会增加通货膨胀的压力。

4. 下列问题中不属于宏观经济学研究的是（　　）

A. 橘子汁价格下降的原因　　B. 总体物价水平下降的原因

C. 政府预算赤字对通货膨胀的影响　　D. 国民生产总值的决定

5. 小张邀请小吴参加他的生日派对，小吴接受了邀请。下面哪一项不是小吴参加派对的机会成本（　　）

A. 小吴给小张买了 200 元的礼物

B. 小吴买了套衣服花了 150 元

C. 小吴在前往小李派对的途中买饮料用了 5 元

D. 为了参加派对小吴请了假

二、思考题

1. “资源稀缺对于世界上的最富有的富豪来说并不存在”，从经济学的角度看，这种说法正确吗？

2. 经济学的基本思维方式是怎样的？

3. 请你用身边的案例举例来说明经济学基本问题的内涵。

4. 请你试一试用经济学的方法来分析一下周围的经济现象。

第二章

需求与供给

【学习要点及目标】

掌握需求定理和供给定理;了解需求及供给的影响因素;掌握均衡价格理论;了解价格上限和价格下限。

【引例】

金融市场上各类金融产品的价格波动让人眼花缭乱,为什么股票价格、债券价格、黄金价格、汇率、利率时而大涨,时而暴跌?作为接受了高等教育的优秀人才,为什么大学生就业率近年来持续走低,而高级技工却存在巨大的人才缺口?印象派大师凡·高生前作品不被世人接受,死后却卖出了天价。这不是个例,许多优秀艺术家生前作品无人问津,死后其作品价值却出现飙升。这又是为什么?这些问题和许多其他经济学问题都可以用“供给和需求”来加以解答。供给和需求理论是经济学用来分析问题的最基本的一种工具。正如19世纪早期的英国经济学家麦克库洛赫所说,只要教会一只鹦鹉说“供应和需求”,它就会成为一名合格的经济学家。

必备知识点

需求的影响因素　供给的影响因素　均衡价格的决定

拓展知识点

口红效应　捆绑销售　钻石与水的悖论　“看不见的手”价格上限和价格下限的作用

第一节 需求理论

某消费者小王酷爱吃冰淇淋。当冰淇淋价格为 3 元每盒时,他每天吃一盒冰淇淋。当冰淇淋价格为 2.5 元每盒时,他每天吃 2 盒冰淇淋。当价格降为 2 元每盒时,他的日均消费量变为 3 盒。这种消费量与价格之间的对应关系又被称为对冰淇淋的需求。具体而言,需求表示的是,在某一特定时期内,在其他条件不变的情况下,在每一个可能的价格水平上消费者愿意并且能够购买的商品数量。本节将对需求的概念、需求定理以及需求的影响因素进行详细介绍。

一、需求的概念

需求的概念包含以下几个方面。

第一,某一特定的需求针对的是某一特定时期,1 天、1 个月、1 年消费者消费的数量是不同的。比方说,小王每天对冰淇淋的需求,与他每月对冰淇淋的需求是不同的。

第二,消费者对应每个不同价格所愿意并能够购买的产品数量,是在给定其他条件不变的前提下给出的。当小王收入、偏好等其他条件都不变时,我们能得出小王对冰淇淋的需求。而当小王收入或偏好等其他条件发生变化时,小王对冰淇淋的需求则会发生改变。

第三,需求反映了消费者的购买欲望。小王酷爱吃冰淇淋,因此他有以上所描述的需求。而如果小王的购买欲望发生了改变,比方说,小王突然不喜欢吃冰淇淋了,那么以上所描述的需求也将发生改变。

第四,需求是建立在消费者的购买能力的基础上的。人的欲望是无限的,你也许希望能购买一架直升机,但是你缺乏相应的购买能力。因此你的这种主观愿望不能构成对直升机的需求。

需求可以用需求表或者是需求曲线表示。表 2-1 为小王对冰淇淋的需求,表中列出了各种可能的价格,以及对应每一个价格水平的需求量。比方说,价格为 1 元时,小王每天吃 5 盒冰淇淋。价格为 1.5 时,小王每天吃 4 盒冰淇淋。图 2-1 为小王对冰淇淋的需求曲线。其中,横坐标表示需求数量,纵坐标表示冰淇淋的价格。表 2-1 中所列的每一组价格与消费量的组合在图 2-1 中对应其中一个点。比方说,A 点表示价格为 2 元时,小王每天消费 3 盒冰淇淋。将表 2-1 中的每一个组合都标在图 2-1 中，并连接起来，就形成了小王对冰淇淋的需求曲线。如果商品价格和相对应的需求量的变动具有无限可分性，那么需求曲线就是一条平滑的曲线或直线。反之，如果商品价格和需求量是离散的数值，那么需求曲线则是锯齿形。

表 2-1　小王对冰淇淋的需求

冰淇淋的价格(元)	每天冰淇淋的消费量(盒)
3.5	0
3	1
2.5	2
2	3
1.5	4
1	5
0.5	6
0	7

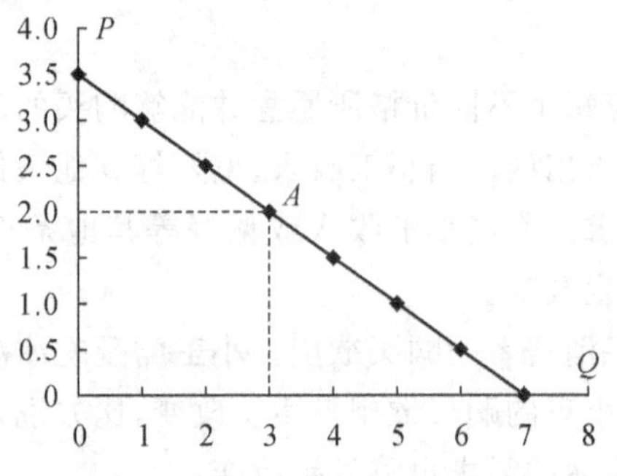

图 2-1　小王对冰淇淋的需求曲线

注意区分个人需求和市场需求。之前小王的需求属于消费者的个人需求。市场上有类似于小王的众多的消费者。所有消费者的个人需求之和，就形成了市场需求。如表 2-2 所示，假设市场上只有小王、小李、小张三个消费者。那么在每个价格水平下将他们所对应的消费量加总起来，就形成了整个市场的需求量。

表 2-2　市场需求

冰淇淋的价格(元)	小王每天冰淇淋的消费量(盒)	小李每天冰淇淋的消费量(盒)	小张每天冰淇淋的消费量(盒)	市场需求(盒)
3.5	0	1	2	3
3	1	2	3	6
2.5	2	3	4	9
2	3	4	5	12
1.5	4	5	6	15
1	5	6	7	18
0.5	6	7	8	21
0	7	8	9	24

二、需求定理

2011 年 11 月 11 日“光棍节”，淘宝商城 5 折大促。淘宝网公布的数据显示，当日共有 2100 万人参与，当日交易额高达 9.36 亿元。其中杰克琼斯、博洋家纺销售额超过 2000 万元；11 家店铺超千万；20 家店铺过 500 万元；181 家店铺过百万。当天零点 13 分，商家喜梦宝的销售额就率先突破百万大关，零点 39 分，博洋家纺成了第一个 500 万元店；2 小时后，杰克琼斯、ONLY 等五个服装品牌销售过百万，相当于这 5 个品牌在 120 分钟内售出 5 万件衣服，每分钟售出 417 件。整个淘宝商城一天平均每秒售出 2 万元的商品。

淘宝商城的成功促销案例证实了一个基本规律：商品价格下降时，人们会购买更多的数量。这种需求数量与价格之间的这种关系，被称为需求定理。具体而言，需求定理表示的是，其他条件不变的情况下，需求量随着价格反方向变动。即价格上升时，需求量下降；价格下降时，需求量上升。需求曲线向右下方倾斜，是需求定理的体现，表示需求量随着价格变动而反向变动。

对于大多数物品而言，需求定理都是成立的。那么为什么需求量会随着价格变动而发生反向的调整呢？其原因在于，价格变化时，消费者会出于替代效应和收入效应而反向调整自己对该商品的消费数量。

其中，价格变动的替代效应指的是某商品价格上升时，人们会转向相对便宜的替代品的消费，从而该商品的消费量将下降。比方说，2012 年，我国曾经历一次猪肉价格的持续上涨，猪肉价格一度达到 26 元/公斤。许多市民望价兴叹。

不少市民开始改吃牛肉、鸡肉等其他肉类，更有市民弃肉从素，转向素菜和豆制品。虽然牛肉、羊肉这些替代食品的价格在同一时期也出现了上涨，但是其上涨幅度要小于猪肉的上涨幅度。即猪肉价格相对上升了，因此，人们用相对便宜的牛肉、羊肉来替代相对贵的猪肉的消费。替代行为的发生导致了猪肉消费数量的减少。类似的，当某商品价格下降时，人们会用该商品的消费来代替相对昂贵的其他替代品的消费，从而该商品消费量将上升。

价格变动的收入效应指的是，即使货币收入保持不变，商品价格的下降也会导致真实购买力上升，从而导致对正常商品的购买数量增加。比方说，你每天的零花钱是 5 元，当冰淇淋价格为 1 元每盒时，你能购买 5 盒冰淇淋。当冰淇淋价格下降到 0.5 元每盒时，你能购买 10 盒冰淇淋。你的零花钱保持不变，仍为 5 元，但是价格下降导致你的购买力相对上升，即你的收入相对增加了。当然你并不一定会将对冰淇淋的需求量提高至 10 盒，但你有可能将需求量提高至 6 盒，这时你将剩下 2 元的零花钱可以用来购买其他商品。因此，收入效应意味着价格下降时，你的收入将相对增加，你将增加对全部商品的购买。反过来，即使你的货币收入保持不变，冰淇淋的价格上升将削弱你的真实购买能力，即你的收入相对下降了，你在冰淇淋和其他商品的购买数量方面都将有所减少。例如，房租价格变动的收入效应表明，当房租价格上升时，你的相对购买力下降了，你将不仅尽量降低所租房屋的面积，减少租房支出，同时也将减少自己在其他商品上的开支。

因此，某商品价格下降会导致消费者购买更多的该商品，这既是因为该商品相对于其他商品而言变便宜了（替代效应），又是因为消费者收入的购买力增加了（收入效应）。替代效应和收入效应同时发生作用，并且都会导致需求量与价格反向变动，进而总效应必然表现成需求量随着价格变化而进行反向调整。因此对大多数物品而言，其需求曲线都是向右下方倾斜的。

需求定理的适用范围非常广泛。如今，商品打折已经成了非常普遍的现象。大街小巷上满眼的“跳楼价”、“大放血”、“大甩卖”都体现了商家对需求定理的应用。除了商品消费之外，甚至于很多个人的日常生活决策，都可以用需求定理加以解释。

案例 2.1

2013 年房地产调控政策“新国五条”引发“排队离婚”的热潮

2013 年 3 月 1 日房地产调控政策“新国五条”细则落地。按照规定，出售自有住房按转让所得20%计征个税。个人转让自用5年以上，并且是家庭唯一生活用房的所得，可以免税。这是我国为了抑制房地产升温出台的又一措施。然而让人意想不到的是，"新国五条"的出台竟然引发了一场"排队离婚"的热潮。当事人声称，办理离婚手续，他们付出的代价是110元。可如果算一笔账的话，"好处"数以万元计。不仅卖二套房的所得税可以减免，额外再购买一套住房的首付以及利率都可以大幅下调。即用需求定理来理解的话，持续一段婚姻的价格上升，导致了婚姻需求量的下降；或者说相对于离婚的收益而言，离婚的价格下降，从而导致了离婚的需求量上升。

三、需求的影响因素

值得注意的是，在需求定理关于价格和需求量之间关系的描述中，包含"其他条件不变"这一假设前提。在关注冰淇淋的需求曲线时，我们需要将其他可能影响冰淇淋购买意愿的因素保持不变，从中抽离出冰淇淋价格对冰淇淋购买数量的影响。其原因是为了避免逻辑错误。我们先来看一个类似的逻辑错误。一家企业的生产投入既需要水，又需要燃料，随着产量的增加水费和燃料费往往同时上升。水费和燃料费之间存在一定的正相关性，但是我们不能从中得出水费上升是燃料费上升的原因这一结论。类似的，消费者对物品的购买量除了价格以外，还取决于很多其他因素，如收入水平、替代品价格、预期价格、偏好等。如果消费者偏好发生率改变，当消费者偏好从该商品转向其他商品消费时，即使该商品价格下降，消费者也可能购买更少的该商品。如果我们没有保持其他因素不变，将可能得出"价格下降，需求量减少"这一错误的结论。因此，我们接下来将分析其他因素发生改变对该商品需求的影响。

（一）收入对需求的影响

表2-3　不同收入水平下小王冰淇淋的需求

	需求曲线 D_1	需求曲线 D_2	需求曲线 D_3
冰淇淋的价格（元）	收入＝2000元时	收入＝3000元时	收入＝4000元时
3.5	0	1	2
3	1	2	3
2.5	2	3	4
2	3	4	5
1.5	4	5	6

续表

	需求曲线 D_1	需求曲线 D_2	需求曲线 D_3
冰淇淋的价格(元)	收入＝2000 元时	收入＝3000 元时	收入＝4000 元时
1	5	6	7
0.5	6	7	8
0	7	8	9

表 2-3 列出了不同收入水平下小王对冰淇淋的需求。在收入为 2000 元，价格为 2 元时，小王将购买 3 盒冰淇淋；当收入提高到 3000 元和 4000 元时，即使冰淇淋的价格仍为 2 元，小王将分别购买 4 盒和 5 盒冰淇淋。

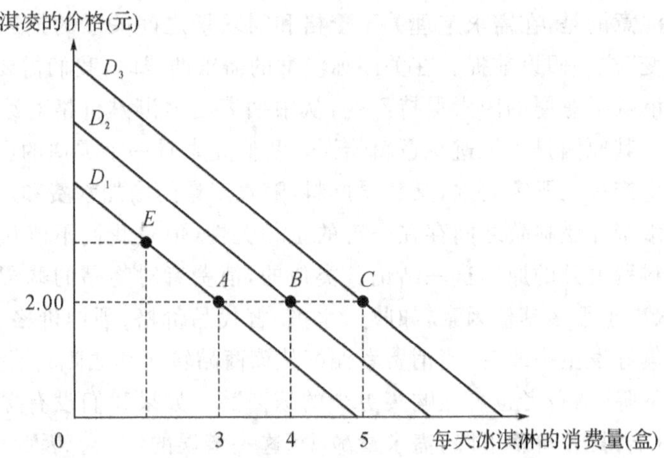

图 2-2 不同收入水平下的需求曲线

收入对需求曲线的影响可以表示如图 2-2 所示。给定收入水平为 2000 元时，小王对冰淇淋的需求表示为 D_1。即 D_1 表示的是收入水平不变的情况下，冰淇淋价格对需求量的影响。假设小王收入增加到 3000 元，小王将会在每一个价格水平上，相对于收入为 2000 元时购买更多的冰淇淋，因此需求曲线右移至 D_2。当小王收入增加到 3000 元时，在每一个价格水平上，小王将购买更多的冰淇淋，因此需求曲线右移至 D_3。

由此可见，导致需求曲线上点的移动的原因和导致需求曲线的移动的原因是不同的。图 2-2 中，需求曲线 D_1 上 A 点到 E 点的移动，是在保持其他条件不变的前提下，由于价格提高而导致的消费量的下降，我们把这种由于价格变动而导致的需求数量的变动，称作需求量的变动。而图中需求曲线从 D_1 移动至 D_2，是由于收入上升导致的。我们在接下来的分析中，还会看到，类似于收入的变动，偏好、相关商品价格的变动等其他因素的改变，也会导致在每一价格水平上消费者购买数量的改变。我们把这种由于除了价格以外其他因素的变动而导致的需求数量的改变，称作需求的变动。其中需求曲线右移代表的是需求的上升，需求曲线左移代表的是需求的下降。

大多数商品的需求都会随着收入的上升而增加，这类物品被称为正常品。正常品的需求曲线随着收入的增加而右移。相反，部分商品的需求随着收入增加而减少，即其需求曲线随着收入增加而左移，这类物品被称为劣等品。如低档服装就属于劣等品。当消费者收入上升时，将减少对低档服装的需求；反之，当消费者收入下降时，将增加对低档服装的需求。

案例 2.2

从"口红效应"看危机中的机会

据报道，截至上周末，冯小刚拍摄的贺岁片《非诚勿扰》的票房收入已经突破3亿元，其个人作品的票房总和已达10.32亿。另有报道称，2008年国内电影业的收入达43亿元以上。

在众多行业受到经济危机的困扰之时，电影产业的表现让人有一种意外之喜。

在美国过去多次发生经济危机的时候，有人曾发现并总结出"口红效应"这种有趣的经济现象。所谓"口红效应"是指每当经济不景气时，口红的销量反而会直线上升。其原因在于，人们认为口红是一种比较廉价的消费品。当经济危机来临时，一方面人们仍然会有潜在的消费欲望，即使买不起住房、汽车，还是能腾出一些"小闲钱"，去买一些"廉价的非必要之物"。另一方面，口红作为一种"廉价的非必要之物"，可以对消费者起到一种"安慰"的作用，尤其是当柔软润泽的口红接触嘴唇的那一刻。

作为一种推论，"口红效应"让人们想到，在经济危机的"寒冬"中，电影以及其他文化娱乐产业既可以成为价格较为低廉的消费品的提供者，也可以带给"寒冬"中的人们一些温暖和欢乐。事实上，20世纪二三十年代美国的经济危机最严重之时，几乎所有的行业都冻得发抖，好莱坞的电影业却热闹非凡，尤其是场面火爆的歌舞片大受欢迎，让美国人在秀兰·邓波儿等电影明星的歌声舞蹈中暂时忘却痛苦。同时，从那时起，好莱坞奠定了独特的产业地位。

其实，类似电影、娱乐业在经济危机中的"反周期表现"在其他一些行业中也存在。日前，日本市场调研机构发布的日本市场消费统计数据显示，尽管其他行业不景气，游戏机行业中的任天堂和索尼PSP却销量大增，表现出色。在国内，互联网、电子游戏、图书出版、职业培训等行业，同样有逆境上扬的表现，一些企业甚至宣称取得了比经济危机前更好的收益。

"东方不亮西方亮"，世界上的事，许多都是相辅相成。经济危机对传统的制造业、对出口主导型的制造业有较大的冲击，但对新兴的一些产业，或者对服务业而言反而可能提供新的机会。比如说，一些公司白领需要在暂时离职时接受高端培训，大量的下岗工人、农民工需要职业培训，这不仅是培训行业的机会，也是为危机过后的发展需要做人才储备。显然，我们需要对经济危机做更深入的研究，努力寻找和发现那些具有"反周期"能力的行业和企业。帮助这些行业和企业快速发展，使之成为新的经济增长点，"堤外损失堤内补"，尽最大可能保持经济总量的平衡。

(资料来源：高初建：《中国工商时报》，2009-1-13)

思考：上述案例中的电影以及电子游戏等，属于正常品还是劣等品？当经济危机发生，人们收入下降时，这类物品的需求曲线发生了怎样的改变？

(二)相关产品价格对需求的影响

正如以上所述，当猪肉价格上涨时，消费者将转向牛肉、羊肉或鸡肉的消费。因此，就鸡肉消费而言，即使鸡肉价格不变，消费者仍将消费更多的鸡肉数量。此时对鸡肉消费数量的改变，是由于除价格以外的其他因素导致的，因此表现为需求的变动，而非需求量的变动；或者说表现为曲线的移动，而非曲线上点的移动。类似于鸡肉和猪肉这样，如果一种商品价格上升导致另一种商品需求曲线右移，或一种商品价格下降导致另一种商品需求曲线左移，那么这两种商品被称为替代品。

两种产品之间可能存在另一种关系。比方说，油价上涨时，购买大排量汽车的人大幅下降。其原因在于汽油和大排量汽车这两种商品必须组合使用，它们之间存在互补品的关系。对于存在互补关系的商品而言，一种商品价格上升时，另一种商品的需求曲线将左移；反之，一种商品价格下降时，另一种商品的需求曲线将右移。

案例 2.3

市场营销策略——捆绑销售

近几年来，捆绑销售作为企业营销的一种常用策略，得到了社会的广泛认同，并取得了非常可喜的效果。何谓捆绑销售？即两家或几家有一定关联的生产厂商把相关产品组合捆绑在一起，以优惠的价格进行销售的一种运作模式。比方说，肯德基推出的汉堡加百事可乐的套餐，电脑公司提出买电脑就送宽带一年，手机公司同意买手机就送话费等，都属于典型的捆绑销售。

联合捆绑销售的产品最好是互补性产品。产品的互补性越强，则消费者完全有理由在购买一件产品的同时，会需要另一种产品。相反，假如是替代产品，消费者在选择其中之一的同时，一般不再需要另外一种产品。即两种产品不是相互促进而是相互竞争。那么，两种产品在一起销售存在一种无形的阻力，总是浪费了一部分消费者的钱。所以，捆绑销售的两种产品最好是互补产品，至少也应该是独立品，而决不能是彼此竞争的替代品。

思考：案例中，电脑与宽带这两种产品之间具有怎样的关系？宽带价格下降时，电脑的需求曲线会怎样变化？

（三）消费者偏好对需求的作用

在各种饮料中，你更喜欢喝茶，还是咖啡？在各类食物中，你更喜欢牛肉，还是鸡肉？在各类服装类型中，你更喜欢休闲装，还是正装？这些问题反映了你的偏好。即偏好指的是按照自己的意愿对可供选择的商品组合进行的排列。偏好是非直观的，是潜藏在人们内心的一种情感和倾向。偏好有明显的个体差异，也呈现出群体特征。偏好虽然要取决于消费者的个性，但是也常常会受到广告或者流行趋势的影响。广告、流行趋势或其他因素，如果能提升消费者的偏好，那么消费者在每一个价格上都将购买更多，需求曲线因此会右移；反之，如果消费者偏好下降，需求曲线将左移。

案例 2.4

李宁的失败营销

张志勇退任行政总裁职务，宣告了李宁持续两年之久的品牌重塑运动失败。

2010 年，张志勇主政了一场大胆的品牌重塑运动，包括更换沿用了 20 年之久的 LOGO，并将广告语“一切皆有可能”改为“让改变发生”，并对客户群重新定位，锁定“90 后”人群。

这场运动的结果，使得李宁公司的财报越发难看。李宁 2011 年年报显示，公司营业收入约 89.29 亿元，同比下降 5.80%；净利润 3.86 亿元，同比下降达 65%。相比安踏、特步、361°和匹克等竞争对手的净利润分别为 17.30 亿元、9.66 亿元、11.33 亿元、7.80 亿元，李宁排位垫底。

究其失败的原因，可以发现，"李宁"这两字的本质是"以创始人李宁为核心，企业和产品为延展的集合印象"。运动员李宁历经1984年的人生巅峰与1988年的黯然谢幕，戏剧般的现实和现实的戏剧化，使"李宁"两个字具有了史诗般的品牌魅力，在"70后"和"80后"的青春中烙下深深印记。因此，李宁公司提出"90后李宁"的定位，但对于消费者而言，李宁品牌固有的气质和"90后"的性格特征差异实在太悬殊："李宁"是"70后"、"80后"的精神偶像，是"乐观、坚韧、拼搏向上的斗志和昂扬的激情"的象征；而"90后"的典型性格却是八卦猎奇、族群享乐、标新立异和桀骜不驯。可以想象：当"90后"遇见"90后李宁"时，固有的品牌认知会令"90后"耸耸肩跑开；而"70后"、"80后"则会感觉自己完全被李宁背叛和抛弃。因此，可以说李宁的失败营销，不但使公司失去了"80后"，也赢得不了"90后"。

（资料改编自《21世纪经济报道》）

思考：2010年李宁重新定位客户群的努力为什么失败？这一失败对李宁产品的需求曲线有何影响？

（四）消费者预期变化对需求的影响

消费者不仅选择购买哪些商品，购买多少，而且也选择什么时候购买。我们经常看到以下类似现象，当车主们从各种渠道得知油价即将上涨的消息后，各大加油站常常会车满为患，车主们开始排队加油，以避开预期中的涨价。即预期价格上升时，当前消费量会增加，需求曲线将右移。当消费者预期到某款中意的手机价格即将下调，该消费者将会延迟购买，等待预期中的降价。即预期价格下调时，当前消费量会减少，从而需求曲线会左移。

类似的，预期收入的改变也会移动当前的需求曲线。例如，当你预期到下个月你的工资将出现下调时，你当前会变得更加节省，需求曲线左移；反过来，当你预期到下个月你将升职并涨工资时，你会增加当前的消费，需求曲线右移。

（五）消费群体人口特征对需求的影响

中国市场正越来越为国外企业所重视，一个重要的原因是中国人口众多。之前介绍过，市场需求曲线是由所有消费者的个体需求曲线加总而成的。人口规模越大，市场需求也就越大。另外，人口特征也会影响对产品的需求。随着人口老龄化趋势的加剧，老年人口所占比重不断上升，可以预期的是，养老、医疗等相关产品的需求曲线将不断右移。

（六）需求曲线小结

在理解需求曲线时，必须区分"需求量的变动"和"需求的变动"。其他条件不变时，价格的变动将引起需求量的变动，需求曲线上的点将沿着需求曲线发生移动。而包括收入、相关产品价格、偏好、预期、消费者人口特征等因素在内的任何非价格因素发生变动,将引起需求的变动,需求曲线将发生移动。

第二节 供给理论

假设你是一个冰淇淋的生产商。当冰淇淋价格为 2 元时,你能获得适当的利润,因此你将每天生产 150 盒冰淇淋。现在考虑一下当冰淇淋价格变为每盒 3 元时,你的日产量将会发生怎样的改变呢?冰淇淋价格如果降到了每盒 1 元,你的日产量又将变为多少呢?

与需求反映了需求量和价格之间的对应关系一样,供给反映了供给量和价格之间的对应关系。即供给指的是,在某一特定时期内,在其他条件不变的情况下,在每一个可能的价格水平上生产者愿意并且能够提供的商品数量。本节将详细介绍供给的表示方法、供给定理和供给的影响因素。

一、供给的表示方法

供给可以用供给表(如表 2-4 所示)或者供给曲线(如图 2-3 所示)表示。与需求曲线类似,供给图的横坐标为供给数量,纵坐标为价格。无论是供给表还是供给曲线,都反映了各种可能的价格水平与其相对应的供给量之间的组合。表 2-4 和图 2-3 给出的情况都针对的是某个单个的生产者的供给,即个人供给。所有生产者的个人供给之和就形成了市场供给。

表 2-4 冰淇淋的供给表

冰淇淋的价格(元)	生产商甲每天冰淇淋的产量(盒)
3.5	300
3	250
2.5	200
2	150
1.5	100
1	50
0.5	0
0	0

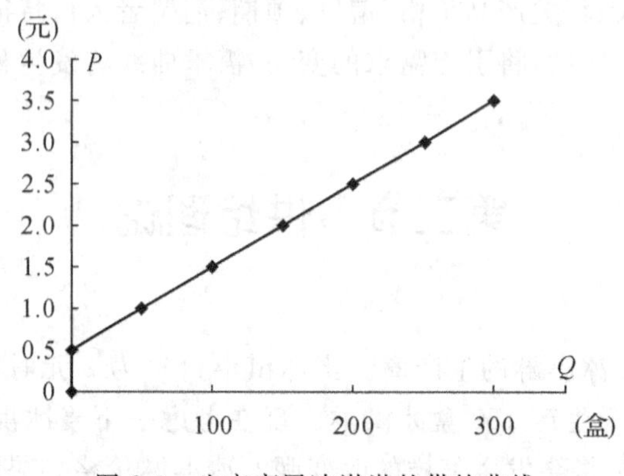

图 2-3 生产商甲冰淇淋的供给曲线

二、供给定理

在以上描述的供给表和供给曲线中，可以发现，价格和供给量之间具有正相关性。冰淇淋价格的提高促使企业生产更高的产量。那么是什么因素导致了这种正相关性呢？究其原因，可能有二。第一，当冰淇淋的价格从 2 元提高到 3 元时，更高的价格给你提供了一个信号：生产冰淇淋的回报更高了，因此你将愿意将资金从股票、基金等其他应用上撤出，转移到冰淇淋的生产上，也就是说，更高的价格提高了生产者的供给意愿。第二，在原来 2 元的价格水平上，采用自动包装机是不划算的，因为 2 元的价格不足以弥补成本的支出，现在价格提到 3 元，更高的价格使得你开始愿意使用新的设备进行生产，随着新设备的采用，你的生产效率开始提高，变成每天能生产 250 盒冰淇淋，即更高的价格提高了你的生产能力。综合起来，价格的上升，既提高了生产者的生产意愿，又提高了生产者的生产能力。

价格和供给量之间的这种正相关关系，可以被概括成供给定理，即在其他条件不变的情况下，价格越高，供给量越大；价格越低，供给量越少。反映在图形上，供给曲线是一条向右上方倾斜的线。

三、供给的影响因素

注意“其他条件不变”这一前提。企业所提供的产品数量，除了价格以外，还取决于许多其他的因素，如技术、生产要素成本等。“供给”指的是价格与供给量之间的组合关系，对应的是整条供给曲线；而“供给量”则是指某个特定的价格水平下所对应的供给数量，对应的是供给曲线上的某个点。因此，当冰淇淋价格从每盒 2 元变为每盒 3 元时，我们可以说："冰淇淋的供给量发生了改变"。或者说"点将沿着冰淇淋供给曲线发生移动"。而当人工成本上升导致冰淇淋的生产数量下降时，我们应该说："冰淇淋的供给发生了改变"。或者说"冰淇淋的供给曲线将发生移动"。接下来，我们将具体分析有哪些因素可能会导致供给改变，以及这些因素会如何移动供给曲线。

(一)技术变化的影响

如果技术得到进步，生产成本将下降，对应每一个价格水平，生产者都将愿意并且能够生产更多的产量，即供给将增加，供给曲线将右移。

案例 2.5

拿破仑三世的铝碗

法国皇帝拿破仑三世是一个喜欢炫耀自己的人。他常常大摆宴席，宴请天下宾客。每次宴会，餐桌上的用具几乎全是用银制成的，唯有他自己用的那一个碗是铝制品。为什么贵为法国皇帝，却不用高贵而亮丽的银碗，而用色泽要暗得多的铝碗呢？原来，在差不多 200 年前的拿破仑时代，冶炼和使用金银已经有很长的历史，官廷中的银器比比皆是。可是，在那个时候，人们才刚刚懂得可以从铝矾土中炼出铝来，冶炼铝的技术还非常落后，炼铝十分困难。所以，当时铝是非常稀罕的东西，不要说平民百姓用不起，就是大臣贵族也用不上。到了 19 世纪末，人们发明了大量生产铝的方法，铝的产量大增，人们开始普遍使用铝制产品。①

图 2-4 反映了不同技术条件下铝产品的供给曲线。拿破仑时期的铝产品的供给曲线表示如 S_1 所示，其中当价格为 P_1 时，产量为 Q_1。随着铝生产技术的进步，现在铝的生产成本大幅下降，这一突破将向右移动供给曲线，如图中从 S_1 右移至 S_2。在每个价格水平上的供给都变多了。比方说，价格仍为 P_1 时，产量将从 Q_1 增加到 Q_2。

(二)投入品价格变化的作用

例如，冰淇淋的生产需要糖的投入。随着糖价格的上升，制作冰淇淋的成本也将增加，在每一个价格上生产冰淇淋就显得不那么有利可图。因此生产者的生产意愿和生产能力都将减少。冰淇淋的供给曲线向左移动。反之，糖价格的

---

① 黄典波：《趣味经济学 100 问》，机械工业出版社 2009 年版。

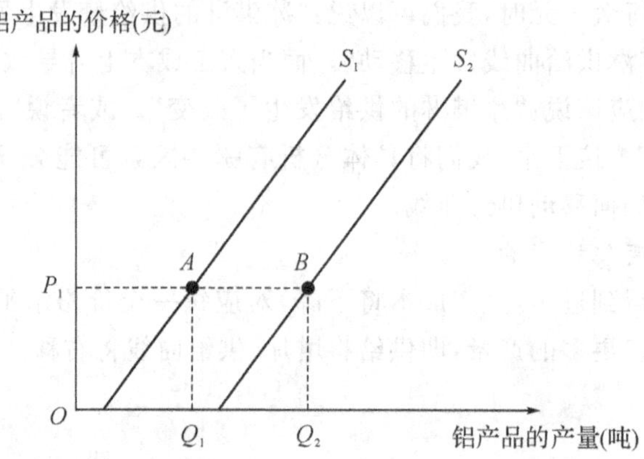

图 2-4 不同技术条件下铝产品的供给曲线

下降将降低冰淇淋的生产成本，增加供给，导致冰淇淋的供给曲线右移。

（三）替代品价格变化的影响

生产冰淇淋所需要的厂房、生产设备、劳动力、原材料等投入品除了用于生产冰淇淋以外，也可以用于生产与之相类似的其他替代品，如汽水、酸梅汤等清凉饮料。现在假设汽水价格上升了，生产汽水变得更加有利可图，那么冰淇淋厂将会把它的部分产能从生产冰淇淋转向生产汽水。随着要素从冰淇淋转向汽水，冰淇淋的供给下降，供给曲线左移。

（四）预期价格变化对供给的影响

预期价格的变化对供给曲线的影响方向并不确定，要取决于商品本身的特性。比方说，就冰淇淋而言，当生产者会预期冰淇淋价格会上升时，生产者有可能现在就扩大生产规模，因此冰淇淋现在和未来的供给都增加，供给曲线右移。而就住房等这类容易储藏的商品而言，预期未来价格上升，会促使生产者减少当前的供给，以便在将来价格升高后再卖出去，因此当前的供给曲线左移。这也就是常说的"捂房惜售"。

（五）生产者数量变化对供给的影响

市场供给是由所有的个体供给之和。当新企业进入市场，或者说生产者人数增多时，供给曲线右移；反之，当现有企业退出市场，或者说生产者人数减少时，供给曲线左移。例如，我国农产品市场中多年来一直存在价格忽高忽低、骤冷骤热的"大小年"现象。今年价格高，结果明年"一窝蜂"都种，供给因而大幅上升，供给曲线大幅度的右移。而今年如果价格低，明年都不看好，结果大家都不敢生产，供给因此大幅下降，供给曲线剧烈左移。

(六)供给曲线小结

再次注意“供给的变化”和“供给量”的变化之间的区别。前者针对的是供给曲线的移动,这种变化是由除了价格以外其他因素导致的。后者针对的是供给曲线上点的移动,价格变化是导致供给量变化的唯一原因。

第三节 均衡价格理论

需求反映了在各种可能的价格水平下消费者愿意并且能够购买的产品数量。供给反映了在各种可能的价格水平下生产者愿意并且能够提供的产品数量。供给者和需求者意图刚好相符时,市场就达到了均衡。在本节中,我们将了解供给和需求是如何相互作用,从而实现市场均衡的。此外,我们还将进一步了解,当供给或者需求的任何一个影响因素发生改变时,市场上的均衡价格和均衡数量会如何变化。

一、均衡价格的决定

没什么东西比水更有用;能用它交换的货物却非常有限;但很少的东西就可以换到水。相反,钻石对于人类维持生存没有任何价值,但可以用它换来大量的货品。这种强烈的反差就构成了“钻石与水悖论”。为什么会有这样的现象呢?

经济学家用供求均衡来解释这一悖论。

图 2-5 反映了钻石均衡价格的实现过程。假设最初钻石的价格比较低,为 P_1,此时消费者希望购买的数量为 B 点对应的 Q_2,而生产者利润降低,产量减少,供给量为 A 点对应的 Q_1。即在 P_1 的价格水平上,供给量小于需求量,供不应求,消费者相互竞价,价格将被推高。现在假设消费者的相互竞价将钻石价格推高至 P_2,此时高昂的价格打消了部分消费者的购买意愿,钻石需求量下降至 C 点对应的 Q_3,而生产者受到高价格和高利润的吸引,将扩大产量至 D 点对应的 Q_4。因此在 P_2 的价格水平上,供给量大于需求量,供过于求,生产者为了卖出多出的库存,争相降价,价格将面临下降的压力。那么价格调整到什么时候,市场才能实现稳定呢?答案是 E 点,此时价格水平为 P^*,在此价格水平下,供给量和需求量都是 Q^*,供求刚好相等,市场正好均衡。

供给量和需求量的数量相等的状态被称为均衡状态。此时的价格被称为均衡价格,数量被称为均衡数量。均衡实现的关键过程是价格的调整,供过于求会导致价格向下的压力，而供不应求会导致价格向上的压力。即只要供给量和需求量不相等，价格都会发生调整。只有在均衡状态下，供求相等，市场才不会对价格产生压力。

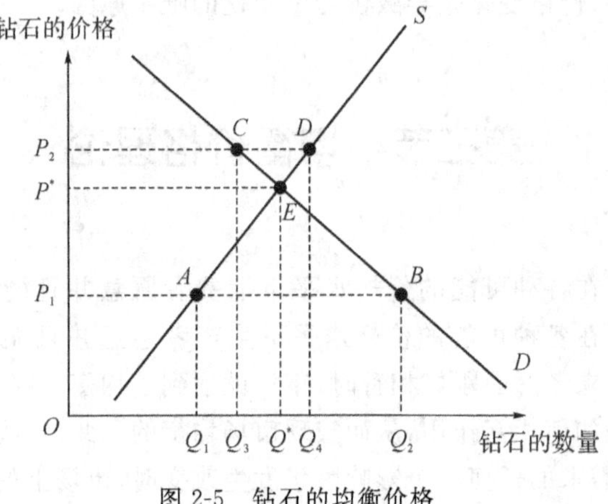

图 2-5　钻石的均衡价格

在确定市场价格时，供给和需求都会起作用。因此，可以利用以上供给和需求的分析框架来帮助解释各种产品的价格水平的高低。比方说，怎样解释“钻石与水悖论”呢？我们可以遵循以下步骤。

第一步，画出水和钻石的需求曲线。先画出两条需求曲线，其中一条是对钻石的需求；另外一条是对水的需求（见图 2-6a）。由于水对人的生存价值远大于钻石，因此对水的需求曲线应该在对钻石的需求曲线右边很远的地方。

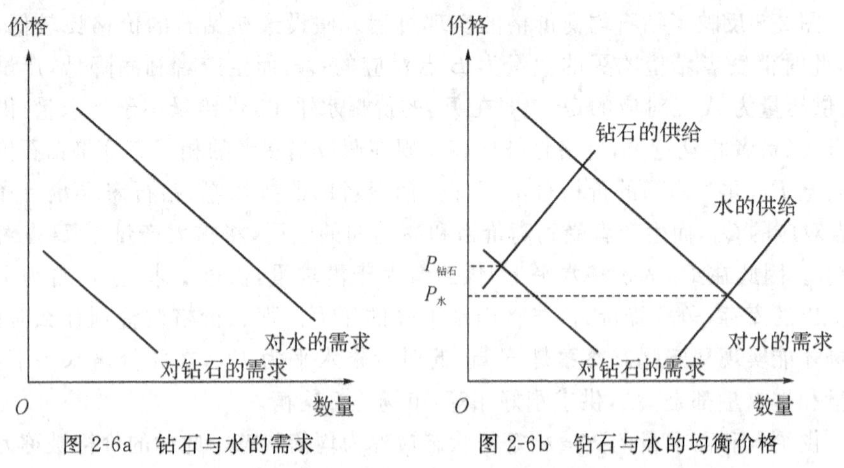

图 2-6a　钻石与水的需求　　　图 2-6b　钻石与水的均衡价格

第二步，画出供给曲线。根据第一步画出的需求曲线，只有对水的供给远大于对钻石的供给时，水的价格才可能远低于钻石的价格。因此，画出两条供给曲线，其中水的供给曲线要在钻石的供给曲线右边很远的地方（见图 2-6b），以此确保水的均衡价格要远低于钻石的均衡价格。这样就解释了“钻石与水悖论”。

➪小贴士

亚当·斯密的法宝——看不见的手

据《旧约·但以理书》记载：巴比伦王伯沙撒在宫中设盛宴，众人正在用食时，忽然空中显出一只手，在宫墙上写下三个神秘的词：弥尼、提克勒、毗勒斯。众人不解其意。先知但以理说：“你冒渎天神，为此，神放出一只手，写下这些字。意思是：‘弥尼’——你的王位已告结束；‘提克勒’——你在天秤里的分量无足轻重；‘毗勒斯’——你的国度即将分裂。”

在社会经济活动中，是不是也有这样的“看不见的手”掌控着一切？

1776 年，英国经济学家亚当·斯密在《国富论》中提出“看不见的手”的命题。最初的意思是：虽然在一些场合，人们会有利他主义行为，但就其本性而言，则是利己的，即每个人在做事时，没有人想到社会利益，都从自己的个人利益出发决定其经济行为，没人指挥，没人干预。像一只“看不见的手”，当每个人都是这样想，这样做的时候，结果整个社会将会和谐有效率地正常运行，社会利益也就最大化了。亚当·斯密提出了价格像“看不见的手”自发调节经济会导致私人利益和社会利益一致的思想。他指出，人类几乎随时随地都需要同胞的协助，要想仅仅依赖他人的恩惠，那是一定不行的。他如果能够刺激他们的利己心，使有利于他，并告诉他们，给他做事，是对他们自己有利的，他要达到目的就容易多了……我们今天所需的食物和饮料，不是出自屠户、酿酒师或面包师傅的恩惠，而是由于他们自利的打算。

后来，“看不见的手”便成为表示资本主义完全竞争模式的形象用语。这种模式的主要特征是私有制，人人为自己，都有获得市场信息的自由，可以自由竞争，无须政府干预经济活动。

斯密的“看不见的手”的理论被认为是“经济学皇冠上的宝石”，至今仍是至理名言，诺贝尔经济学奖获得者、美国经济学家弗里德曼评价“看不见的手”时说，市场经济超越所有君王和政府，如同上帝一般无法管制和驾驭，故地球上最强大的“有形之手”也对其退避三舍。

（资料来源：董典波、黄晓林：《一口气读懂经济学》，新世界出版社，2009）

二、均衡价格和均衡数量的变化

供给和需求共同决定了产品的均衡价格和均衡数量。当供给或需求受到市场环境影响而发生变化时，均衡价格和均衡数量也将随着发生改变。

2011 年 3 月 11 日日本大地震，由此引发了海啸，造成了日本北方核电设备爆炸，数座核反应堆面临泄漏的严重威胁。“盐能防辐射”的传闻一经传开，我国国内就兴起了一股盐的抢购风，盐的价格开始上升。其原因是相关传闻造成了对盐的需求的剧增。即盐的需求曲线右移，从而导致均衡价格和均衡数量都上升了。

中东战争爆发时，国际油价就会上涨。其原因是，战争导致了石油的供给减少，石油的供给曲线左移，从而均衡价格上升，均衡数量下降。

冬季是三亚的旅游旺季，酒店入住率持续攀高，酒店价格也开始上涨。其原因也可以用冬天三亚旅游需求的扩张来解释。

20 世纪 80 年代，根据运算次数、运算速度和储存能力进行折算后，个人电脑的价格约为每台 100 万美元，尽管价格昂贵，每年的产量却极少。如今同样能力的个人电脑已降至 1000 美元左右，价格只是当初价格的千分之一，但供给量却增加了不止 1 万倍。这一变化的原因，可以用供给曲线的右移来解释。即由于电脑技术的进步，电脑供给曲线向右大幅移动了。因此，电脑的均衡价格下降了，而均衡数量上升了。

可见由于市场的需求和供给总是不断受到各类因素的影响而处于移动中，其中一些因素将会导致供给曲线移动，一些因素将会导致需求曲线移动，而另外还有一些因素将可能同时移动供给曲线和需求曲线。其结果是，均衡价格和均衡数量也将总处于变化之中。

三、均衡价格理论的应用

“限价”案例在经济生活中屡见不鲜。政府部门有时会出于维持物价稳定，以及保持人民生活安定的目的，对价格进行控制。比方说，常见的药品价格控制、或者火车票价控制，等等。但是往往出乎老百姓意料的是，这类的价格控制往往并没有起到真正维护消费者利益的作用。那么为什么会出现这样的结果呢？

案例 2.6

兰州牛肉面的价格控制

2007 年，中国兰州市民发现，他们最爱吃的牛肉面竟一夜之间涨了 0.5 元：小碗牛肉面由原来 2.3 元涨到 2.8 元，大碗牛肉面由原来 2.5 元涨到 3 元。许多市民惊呼：吃不起牛肉面了！兰州物价部门首次限定——凡兰州市一般的牛肉面馆，大碗牛肉面售价不得超过 2.5 元，小碗与大碗差价为 0.2 元，违规者将严厉查处。而在牛肉面限价之后，老百姓很快发现，虽然牛肉面降了价，牛肉面的质量却受到影响，市民很难吃到一碗真正的牛肉面了。

（一）价格上限

价格上限，又称最高限价，指政府规定价格最高不能超过某个水平。当然，价格上限一般不会超过均衡价格，否则就没有约束性的作用。案例中的牛肉面限价就属于价格上限。图 2-7 描写了牛肉面的供给和需求。价格为 P^* 时，市场达到均衡状态，供给量和需求量均为 Q^*。当政府设定了 P_1 的最高限价时，需求量是 Q_2，但是只有 Q_1 的供给量，中间的差额形成了短缺。那么短缺的物品应该怎样实现配给呢？

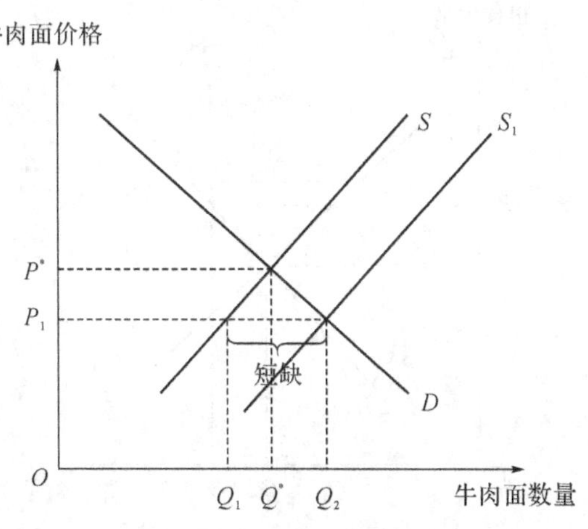

图 2-7　牛肉面的最高限价

在牛肉面的例子中，生产者采用了降低成本的方式使市场重新回复均衡。比方说，每碗少放几片肉或几根面条。通过这种方式，牛肉面的成本下降，供给曲线右移至 S_1，市场在 P_1 的价格处重新实现均衡，此时均衡数量是 Q_2。

类似的，一些城市对租房价格实行了价格上限。本意是确保低收入者租得起房。但是正如图 2-7 所反映的那样，价格上限引起了短缺。出租房提供者的反应是减少房屋维修或装修的费用，以降低成本。难怪瑞典经济学家林德贝克曾说过，毁坏一个城市最好的方法，除了轰炸以外，就是房租管制。在其他的一些价格上限的例子中，短缺的物资可能会通过其他配给的方式卖给消费者。比方说，人际关系、黑市交易、排队等。但不论是哪种方式，最终结果必然是市场扭曲。

（二）价格下限

价格下限，又称最低限价，指政府规定价格最低不能低于某个水平。同样，价格下限一般不会低于均衡价格，否则就没有约束性作用。我国对农业实行的“保护价敞开收购”，就是一种典型的价格下限。图 2-8 表示了粮食的价格下限。在 P_1 的价格下限水平上，农民供应 Q_2 的产量，但消费者只需要 Q_1 的数量，导致的差额被称为过剩。一般政府会收购过剩的粮食，以将其从市场上拿走。

就农业的例子而言，虽然从长期来看，“保护价敞开收购”起到了一定支持农业发展，调动农民种田积极性的作用，但是对过剩农产品的大量收购，却使政府不得不背上沉重的债务负担，并且也不能促使农业健康成长。因此，可以说，价格下限同样扭曲了市场，降低了经济效率。

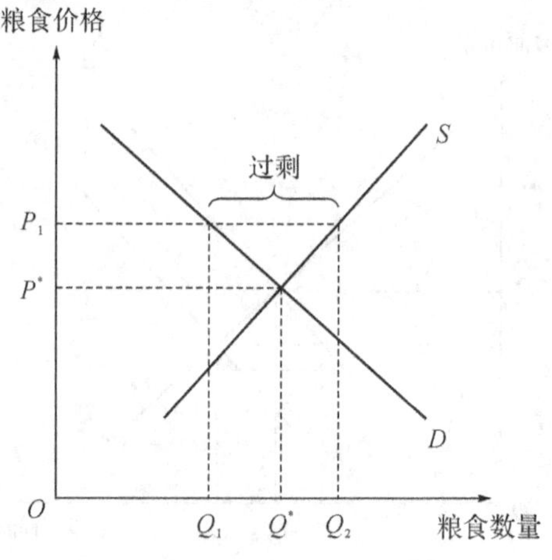

图 2-8 粮食的价格下限

☞案例 2.7

观察限制火车票价格的经济学实验

都说经济学不能像物理学、化学和生物学那样做实验,而且这也正是一些学者强调经济学不是科学的主要依据。可是眼下,神州大地正在进行着若干规模很大的经济学实验。

这些学者说经济学不能做实验的主要依据是:经济行为是人类自发的选择,不受外力控制,经济现象是人类经济行为的总和,同样不受外力控制。物理学、化学和生物学的实验,都是控制条件下的科学实验,因为经济行为和经济现象不受控制,经济学就不能像物理学、化学和生物学那么做实验。

这种说法,不能说完全没有道理,因为经济学的确不能像物理、化学、生物这些比较成熟的学科那样做非常精密的实验。但是,这种说法也有很大的片面性,因为不能够做非常精密的实验,不等于完全不能够做实验。

此话怎讲?且听我慢慢道来。

话说经济学的第一规律,就是老百姓所说的"物以稀为贵":任何商品,但凡供不应求,价格就会上升,但凡供大于求,价格就要下降。物以稀为贵就可以做实验,例如"多收了三五斗",粮价就要下跌,蔬菜供给减少,菜价就会上升,都是百试不爽的事情。不过,在我们中国的条件下,"多收了三五斗"和蔬菜上市减少,通常不是人们试图直接影响价格的故意行为,所以大家一般也就不把它们叫做经济学实验。

所谓按照经济规律办事,就是但凡供不应求,价格就应该上升,但凡供大于求,价格就应该下降。所以,经济学的另外一条规律说,但凡人为地干预市场价格的上升和下降,一定会损害市场效率,激发寻租行为。具体来说,如果某种商品因为供不应求市场价格看涨但是你不让它上涨,那么不但市场效率和市场主体的经济效益受到损失,而且围绕这种商品的供给会出现很大的腐败空间或者浪费的空间。这就真的可以做实验了,而且真的是原本意义上的实验,因为干预市场,是人们特意的行为。

我国在"春运"期间,火车票的市场供求关系从来都呈供不应求的态势。面对春运的压力,铁路客运市场本身的应对能力已经非常有限。2012 年开始,有关部门规定春运期间火车票的价格不许上浮,铁道部部长甚至宣称春运不涨价要"长命百岁"。这样,因为铁路客运市场原来已经非常有限的调节能力都不让发挥,那么按照经济学的规律,这个限价政令会损害铁路和旅客的总和经济利益,并且激发厉害的"第三者"寻租行为,套购倒卖火车票的"黄牛党"的活动一定比允许价格上浮时猖獗。我们把"黄牛党"定位为铁路春运车票交易的"第三者",是因为他们既不是客运服务的直接供应者,又不是客运服务的直接需求者。

价格不许浮动的市场运作得怎样,是一个很大的经济学实验,值得大家关注。关注什么呢?至少可以关注旅客购票是不是比以往困难,更加需要关注的是"黄牛党"是不是比以往更加猖獗,关注旅客为了得到车票所付出的实际代价是不是比过去更高。

日前《南方都市报》质数先生的《街谈》,就为我们提供了一个方面的观察:"买票需要智慧,需要体力,需要团体的协作,需要利益的抗衡,大家都在暗自盘算,用不用打个电话,用不用找找熟人,用不用和老乡分守几个售票点,用不用找几个有办法的代理点的电话以备不时之需",进一步"这张票,是用钱去解决,是用人情去解决,还是用体力去解决",以至于"单兵作战,还是团队突围,围魏救赵,还是暗度陈仓,诺曼底,还是阿拉曼",这种看似"不花钱"的成本或者代价,真是可怕。

春运火车票刚刚开售,在广州火车站售票厅,"16 岁的湖南小伙子李乐军就因为排队买票时与人发生口角,被砍了六刀,住进医院"。与这则报道相呼应,质数先生还深入观察到,"站在队伍中的每个人,都正在变成一头发怒的狮子"。"每个人都变得特别弱势,变得特别暴戾。"

发现压制价格可以使人性扭曲得"既弱势又暴戾",是质数先生对于人类认知的一大贡献,可以充作现代经济学教学的一个例子。事实上,质数先生还具体谈到,在这个由于严厉的价格限制逼迫下产生的队伍里,人们"没办法成为朋友"。就这样,价格限制还成为建设和谐社会的对抗因素。你说是不是?

(资料来源:王则柯:《南方都市报》,2013-2-21)

小　结

1. 需求定理表示的是,其他条件不变的情况下,需求量随着价格反方向变动。在理解需求曲线时,必须区分"需求量的变动"和"需求的变动"。其他条件不变时,价格的变动将引起需求量的变动,需求曲线上的点将沿着需求曲线发生移动。而包括收入、相关产品价格、偏好、预期、消费者人口特征等因素在内的任何非价格因素发生变动,将引起需求的变动,需求曲线将发生移动。

2. 供给定理是指在其他条件不变的情况下,价格越高,供给量越大;价格越低,供给量越少。注意"供给的变化"和"供给量"的变化之间的区别。前者针对的是供给曲线的移动,这种变化是由除了价格以外的其他因素导致的。后者针对的是供给曲线上点的移动，价格变化是导致供给量变化的唯一原因。

3. 供给量和需求量的数量相等的状态被称为均衡状态。此时的价格被称为均衡价格，数量被称为均衡数量。价格上限和价格下限都会导致市场失衡。

关键术语

需求　需求定理　需求量的变动　需求的变动　正常品　劣等品　供给
供给定理　供给的变动　供给量的变动　均衡价格　均衡数量
价格上限　价格下限

复习题

一、选择题

1. 其他条件都相同时，下面哪种情况是手机价格下降产生的效果？（　　）

   A. 手机的需求曲线左移　　B. 供给量沿着手机的需求曲线向下移动

   C. 手机的需求曲线右移　　D. 供给量沿着手机的需求曲线向上移动

2. 汽车和汽油是互补品。汽车价格的降低，将会（　　）

   A. 减少对汽车的需求　　B. 增加对汽车的需求

   C. 增加对汽油的需求　　D. 减少对汽油的需求

3. 上周，生产者以每单位 20 元人民币的价格提供了 1000 个单位的商品 X，这周生产者在每单位 10 元人民币的价格下提供了相同的数量。根据这个经历，生产者经历了（　　）

   A. 供给的减少　　B. 供给的增加

   C. 供给量的增加　　D. 供给量的减少

4. 若市场成交数量减少而市场价格并无变化，则下列哪一条件是必要的（　　）

   A. 供求曲线均为线性　　B. 供求量等幅减少

   C. 供求等幅减少　　D. 上述条件都不必要

5. 假如纺织行业工人的工资得到较大的增加，其他条件不变时，纺织品的价格将会上涨，因为（　　）

   A. 服装的需求增加　　B. 服装的供给曲线向右移动

   C. 服装的供给曲线向左移动　　D. 服装的需求减少

6. 政府为了扶持农业，对农产品规定了高于其均衡价格的支持价格。政府

为了维持支持价格,应该采取的相应措施是 ( )

A. 增加对农产品的税收　　B. 实行农产品配给制

C. 收购过剩的农产品　　D. 对农产品的生产者予以补贴

7. 在市场经济中,当面粉的供给量小于需求量时,下列解决面粉供求矛盾的办法中最有效的办法是 ( )

A. 实行定量供给　　B. 宣传面粉会导致胆固醇升高

C. 让面粉的价格自由升高　　D. 进口面粉

8. 假设葡萄酒的价格上涨了,而葡萄酒的销售额也增加了。我们能得出的结论是 ( )

A. 对葡萄酒的需求增加了　　B. 违反了需求定理

C. 有新的企业进入葡萄酒制作产业　　D. 葡萄酒公司必然面对高成本

9. 下面哪一项是将鸡蛋价格限制在均衡价格之下的价格管理措施最不可能达到的结果? ( )

A. 短缺和黑市将会产生

B. 现在出售的鸡蛋质量会下降

C. 鸡蛋的供给将会快速的增加

D. 人们对鸡蛋的需求可能会多于可供出售的数量

10. 如果为了保证低技能工人的生活水平,政府规定了一个高于均衡工资水平的最低工资,那么将会导致 ( )

A. 工人的短缺　　B. 工人的过剩

C. 工人既不短缺也不过剩　　D. 工人的不足

二、思考题

1. 假设你家乡的政府相关管理部门决定控制房租以降低学生的生活成本。设想现在两床位套间市场上的平均租金为 1000 元/月,假如租金可能会在一年后增加到 1300 元/月。所以政府相关管理部门决定控制租金为现在的 1000 元/月的价格水平。

(1)画出供给需求和需求曲线来解释在价格控制之后两床位套间市场上的租金价格会怎样变动。

(2)价格上限会如何影响可出租房屋的质量和数量?房主维修自己房产的动机会发生怎样的改变?

(2)你认为这一价格控制政策是否对所有的学生都是有利的?为什么?

2. 一篇新闻报道说,尽管今年商品房的价格比去年提高了 10%,但商品房的销售额仍然高于去年,这表明需求定理并不适用于商品房市场。这种说法对吗？你会怎么解释？

3.下列事件对产品 x 的需求会产生什么影响？

(1)产品 x 变得更为时新；

(2)产品 x 的替代品 y 的价格上升；

(3)预计居民收入将上升；

(4)预计人口将有一个较大的增长。

4. 想一想你所经历的捆绑销售的例子，思考捆绑销售背后的经济学原理是什么。

第三章

弹性及应用

【学习要点及目标】

了解需求价格弹性、需求收入弹性、需求交叉价格弹性以及供给价格弹性的概念；了解各类弹性的取值范围及其含义；掌握价格弹性与总收入的关系；掌握税收归宿的决定因素。

【引例】

2009 年新闻中经常会出现以下两类新闻报道。其一就是某天猪肉价格又上涨了。记者在菜市场中采访猪肉档主的时候，最常见的现象就是档主在抱怨，肉价涨了，买肉的人少了，以往一天能卖两头猪的，现在只能卖一头。而采访买菜的居民的时候，居民们都说，猪肉涨了，那就少吃点猪肉了，多吃点鸡蛋什么的。其二就是某天国内食用油集体调价了，结果人们一方面怨声载道，另一方面又赶快买点屯在家里，预防后面再涨。记者采访的时候，居民的反应就是，涨价都没办法了，也要买的了。那么为什么同样是涨价，猪肉价格涨了，人们就会少买一点，而食用油价格涨了，人们却没有减少购买呢？本章我们将了解到，不同物品的需求量对于价格变动的反映程度是不同的。这种不同的反映会影响到企业的定价策略、政府的征税政策以及老百姓的消费行为。

必备知识点

需求价格弹性的概念　需求收入弹性的概念　需求交叉价格弹性的概念　价格弹性与收入的关系　税收归宿的含义及影响因素

拓展知识点

恩格尔系数的含义　企业产品的定价策略　“谷贱伤农”的原理　薄利多销的原理

第一节　需求弹性

需求定理告诉我们,价格上涨时,需求数量会减少。然而关键的问题是,价格上涨所带来的需求量会下降比例会有多大呢?比方说,当苹果价格上升10%时,人们对苹果的需求量会下降百分之多少呢?经济学家利用弹性这一概念来衡量一个经济变量对另外一个经济变量的反应程度。弹性是一个非常有用的概念,企业经营者非常关心当产品调价时,消费者会做出多大的反应。政策制订者也非常关心,当通过税收的方式影响产品价格时,需求量会变化多少。除此以外,当苹果的替代品之一——梨子价格下降10%时,会对苹果的需求量产生多大的冲击呢?当人们的收入下降10%时,人们对苹果的购买又会减少多少呢?正如上一章所描述的那样,需求受到诸多影响的影响。在本节中,我们将详细了解需求数量会在多大程度上对价格变动、收入变动以及相关产品价格变动做出反应,以及企业经营者和政策制订者是如何利用弹性的概念做出重要的决策的。

一、需求的价格弹性

价格是需求数量的一个很重要的影响因素。一种商品需求量对于价格变化的反应程度被称为需求的价格弹性。有些商品的需求量对于价格非常敏感,价格稍微一做调整,需求量就会大幅度地发生变化。我们把这类商品称为需求富有弹性的商品。而另外有些商品,其需求量对价格变化的反应非常小,我们把这类商品称为缺乏弹性的商品。

(一)需求价格弹性的影响因素

哪些物品的需求富有弹性,哪些物品的需求缺乏弹性呢?需求价格弹性的高低由如下一些重要的决定因素。

第一,需求价格弹性的高低要取决于相近似的替代品的可获得性。

考虑以上所说的猪肉和食用油。当猪肉涨价时,消费者很容易就能从猪肉消费转向羊肉、鸡肉或牛肉的消费。因此,猪肉价格上涨,会引起猪肉消费量大幅度下降。而当食用油价格上涨时,人们很难找到相近似的替代品,食用油的需求量下降幅度就很小。因此,当一种商品替代品很多,且容易获得时,其需求价格弹性会比较大;而当一种商品替代品少时,需求价格弹性会相对比较小。

替代品的可获得性要取决于对市场的定义。对市场范围定义越窄,替代品越多。比方说鞋类、皮鞋、奥康牌皮鞋三个概念。鞋类是一个非常广泛的范畴，当鞋类涨价时，很难找到相近似的替代品，因此鞋类是缺乏弹性的商品。皮鞋是一个相对狭窄的范畴，它的需求弹性要比鞋类大，因为皮鞋涨价时，我们有时可以用布鞋、胶鞋或塑料鞋来替代。而奥康牌皮鞋则是一个非常狭窄的范畴，它的需求非常富有弹性，因为奥康牌皮鞋涨价时，人们完全可以用其他牌子的皮鞋来代替它。因此，市场范围越窄，价格弹性越大。

第二，时间长短会影响需求价格弹性的大小。

随着时间变长，消费者会逐渐调整自己的消费习惯，转向相对便宜的物品的消费。比方说，汽油涨价了。短期内消费者可能很难调整自己的消费行为。汽油需求量下降幅度并不大。但是随着时间推移，调整期越长，消费者找到低价替代品的能力就越大。人们可能会购买更省油的汽车，可能转向公共交通，甚至可能会搬到离上班地点比较近的地方居住。因此，时间越长，汽油的消费量下降的百分比也就越小。

第三，需求价格弹性的高低要取决于该商品属于必需品还是奢侈品。

考虑食盐。当食盐涨价时，我们每天仍然得吃那么多的盐。食盐的需求量随着价格上涨而下降的幅度非常有限。而当食盐跌价时，我们会不会由于食盐变便宜了，每天多吃一点盐？显然不会。食盐属于生活必需品，其需求价格弹性值非常小。消费者对 LV 包价格的变化反应则完全不同。LV 降价时，许多原本不打算买 LV 包的消费者，这时会希望尝试一下他们以前觉得贵的商品，此时 LV 的销售量将大幅上升。奢侈品的需求价格弹性要远大于生活必需品。

第四，占消费者支出的比例大小也会影响需求弹性。

需求量之所以会随着价格上升而下降，有一个原因是在于收入效应。价格上升时，消费者的购买力相对下降，从而需求量也跟着减少了。如果一种商品占消费者支出的比例越大，其价格上升对消费者购买力的影响也就越大，从而需求量的下降比例也就越大。因此，占消费者支出比例越大的商品，其需求价格弹性也往往越大。比方说，对比消费者对水价和住房价格的关注程度，可以发现，由于水的支出在消费者支出中所占比例要远远小于住房支出所占比例，因此消费者无疑对住房价格的敏感程度要远高于对水价格的敏感程度。

(二)不同弹性的需求曲线

需求价格弹性越大的商品，其需求曲线相对而言，应该越陡峭。图 3-1 中从 D_1 到 D_4 反映了不同弹性大小商品的需求曲线。D_1 反映的是完全缺乏弹性的情况。比方说，对于一个重症病人而言，救命药品的需求弹性为零，无论价格怎样变化，其需求量应该保持在一个常数，因此需求曲线是一垂线。D_2 反映的是缺乏弹性的情况。例如，食盐的价格大幅度变化时，其需求量的变化非常有限。D_3 反映的是富有弹性的情况。例如，奥康皮鞋，由于其替代品非常多，因此价格稍微一调整，需求量的变化幅度会特别的大。D_4 反映的是完全富有弹性的情况。对于有无数竞争者的某商品供给者而言，其价格稍微提高一点，结果将是需求量降为零，因此其需求曲线是一条水平线。

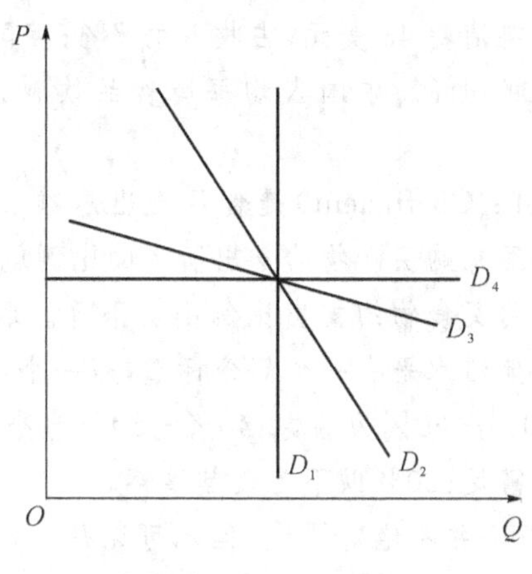

图 3-1　各类需求弹性

二、需求的收入弹性

类似的，需求量对于收入变动的反映程度，被称为需求的收入弹性。回顾上一章中所描述的正常品和劣等品之分可知，随着收入上升，正常品的需求增加，劣等品的需求下降。因此，就正常品而言，其需求的收入弹性为正；就劣等品而言，其需求的收入弹性为负。进一步观察可以发现，正常品中不同商品的需求对于收入变动的反应程度也是不同的。比方说，当人们收入上升时，人们对于食盐之类的生活必需品的需求上升程度是有限的，即生活必需品的需求的收入弹性大于零小于 1；而当人们收入下降时，将首先减少钻石之类的奢侈品的消费，即奢侈品的需求的收入弹性大于 1。表 3-1 总结了需求收入弹性的各种情况。

表 3-1　需求的收入弹性

需求的收入弹性	商品类型	例子
正，且大于 1	正常品，奢侈品	钻石、长途旅游等
正，且小于 1	正常品，必需品	食盐、食用油等
负	劣等品	低档服装等

案例 3.1

全球 22 国恩格尔系数一览

《经济学人》最新公布了一份全球 22 国的恩格尔系数，其中美国恩格尔系数最低，人均每周食品饮料消费 43 美元，占收入的 7%；英国人均每周食品饮料消费与美国相同，占收入的 9%。中国人均每周食品饮料消费 9 美元，占人均收入 21%。

恩格尔系数(Engel's Coefficient)是食品支出总额占个人消费支出总额的比重。家庭收入越少，用来购买食物的支出所占的比例就越大，随着家庭收入的增加，家庭收入所用来购买食物的支出比例则会下降。联合国根据恩格尔系数的大小，对世界各国的生活水平有一个划分标准，即一个国家平均家庭恩格尔系数大于 60%为贫穷；50%—60%为温饱；40%—50%为小康；30%—40%属于相对富裕；20%—30%为富足；20%以下为极其富裕。

虽然恩格尔系数理论并不绝对严谨，但也可以从一个侧面衡量一个家庭或一个国家的富裕程度。韩国在 1975 年恩格尔系数约为 30%，随着 30 多年的经济发展，如今的恩格尔系数仅为 12%，也就意味着韩国人 88%的收入都用于吃喝以外的非刚性消费。而匈牙利人则将其收入的 10%贡献给了烟酒。

(来源：网易财经，http://money.163.com/13/0313/16/8PS3DI2200253G87.html)

三、需求的交叉价格弹性

所谓交叉弹性是指一种商品价格的变动对另一种商品价格需求量的影响程度。需求交叉价格弹性是正还是负，要取决于两种商品之间的相互关系。如果两种产品是替代关系，那么交叉价格弹性为正。例如，2012 年 12 月 1 日，大连到哈尔滨的高铁正式开通运营。从 12 月 2 日起，航空公司开始推出哈尔滨去大连特价机票共计 440 元，而在 12 月 1 日前飞大连的航班票价全价 1030 元。从高铁与航空公司的例子中可以看出，高铁出行与飞机出行之间形成了替代关系，尤其是在短航线上。飞机出行涨价会将部分需求推到铁路运输上，导致铁路运输需求的增加，因此交叉价格弹性为正。而如果两种产品是互补关系，比如汽油和汽车，一种商品涨价了，另一种商品的需求会减少，那么交叉价格弹性为负。当然，如果两种商品没有关系，那么交叉价格弹性为零。表 3-2 总结了需求交叉价格弹性的各种情况。

表 3-2　需求的交叉价格弹性

商品之间的关系	需求的交叉价格弹性	例子
替代品	正	高铁与飞机
互补品	负	汽油与汽车
不相关	0	笔记本电脑与食盐

案例 3.2

企业决策的重要依据

在打印机市场上，彩色喷墨打印机和墨盒的定价很反常，彩色喷墨打印机一台售价仅为 300 人民币，低价很诱人，使得很多有计算机的用户购买了一台这样的打印机，买到打印机后再考虑买墨盒，发现一个墨盒的价格是 200 元人民币。墨盒是消费量很大，消费者如果使用打印机，购买墨盒就是经常的。事实也就是这样买下后才发现一种色彩的油墨用完，不换墨盒就不能保证画面质量，而换四个墨盒的价格比一台彩色喷墨打印机还贵。因此消费者才感到买得起打印机买不起墨盒。

还比如你看人家经营一种商品十分赚钱，你也做起同样的生意来，这就是经营别人产品的替代品，这样势必加剧了市场竞争。恐怕竞争中被淘汰的就是你。其实，经营畅销产品的互补产品不失为一种很好的思路，有的中小企业，靠着与汽车配套的思路，生产车用地毯、车灯、反光镜配件，结果取得了良好的经营业绩。珠海中富集团一开始是十几个农民建立的一家小企业，最初为可口可乐提供饮料吸管，后来生产塑料瓶和瓶盖。可口可乐在哪里建厂，中富就在哪里建配套厂。靠这种积极合作的策略，中富如今已发展成为年销量超过十几亿人民币的大公司。

如果两家生产替代品，大维西服和杉杉西服都是国内的知名品牌。对消费者来说大维西服与杉杉西服提供的效用是相同的，它们是可以互相替代的产品。众所周知，为了提高市场占有率他们都不惜投入大量的金钱作广告，进行非价格的竞争。但如果只注意非价格竞争而忽视价格竞争也会失去市场。如大维坚持高价格政策，杉杉采取“薄利多销”的低价格政策，西装属于富有弹性的商品，因此消费者就会由于杉杉西装价格下降增加杉杉西装的购买，大维就会失去一部分市场份额。因此，大维应根据交叉弹性的特点正确判断自己的市场定位，制定合适的市场价格，预防不利于自己生存和发展的情况发生。

思考：彩色喷墨打印机和墨盒之间的交叉价格弹性为正还是为负？大维西服和杉杉西服之间的交叉价格弹性呢？

第二节　供给弹性

正如我们用需求价格弹性来衡量消费者对价格的反应一样，我们同样可以用供给价格弹性来衡量企业生产对价格变动的反应。或者说供给价格弹性可以帮助我们回答以下问题：当价格上升时，生产者会在多大程度上提高自己的产量呢？

供给价格弹性的大小要取决于价格变化时企业改变自己的产量的意愿和能力。供给价格弹性的大小首先要受到生产的难易程度的影响。有些产品，无论价格怎样上涨，供给量也难以发生变化。比方说，在短期内，一个繁荣地区的停车场建好后，其停车位的数量是固定的，无论停车的需求如何增加，停车位也无法凭空多出来。这类产品的供给是完全缺乏弹性的，其供给曲线是条垂线，如图3-2中 S_1 所示。有些产品的供给则是富有弹性的，比方说，一些生产工艺相对简单的产品的生产，价格上升时，企业很容易就能够通过加班加点等方式扩大产量，其供给曲线相对平坦，如图3-2中的 S_3 所示。另外有一些产品的供给弹性介于上述两种情况中间，如图3-2中的 S_2 所示，这种情况被称为缺乏弹性的供给。S_4 则是针对完全富有弹性的供给，供给对价格无限敏感。

长期和短期内的供给弹性大小是不同的。就停车场而言，在短期内的确难以增加停车位的供给，但是在长期内则不然。可以通过新建地下停车库或立体车库的方式，来扩展停车位的数量。对大多数物品而言，长期的供给弹性都要远大于短期的供给弹性。

第三节　弹性理论的应用

为什么超市的一包餐巾纸降价2毛钱(20%)你毫无感觉，而一件标价1000元的漂亮衣服打八折后你就毫不犹豫地掏腰包了？为什么随着你收入的增加，你对曾经密切关注的超市促销信息越来越无动于衷？为什么春运期间火车票价

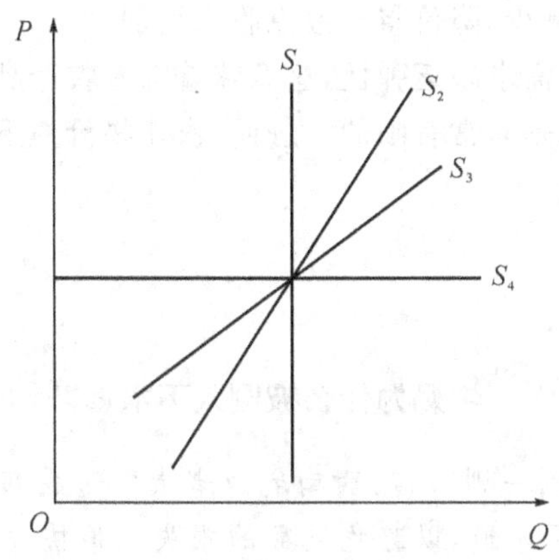

图 3-2 各类供给弹性

格上浮了 15%,还是有很多人买不到票?

弹性理论有助于解释生活中的很多经济现象。对于以上问题,你可以回答,餐巾纸占消费者日常支出的比例很低,因此需求价格弹性很低;漂亮衣服的需求价格弹性则高得多;随着收入的上升,超市里的生活用品在日常消费中所占比例越来越低,进而需求的价格弹性越来越小;春运火车运输的供给的价格弹性很小。

除此以外,弹性理论还能帮助我们理解以下现象:企业为了提高收入,究竟应该提价好,还是降价好?当政府决定对产品征税时,谁是税收的真正承担者?是消费者?还是生产者?

一、价格弹性与总收入的关系

在农业生产活动中,存在着这样一种非常奇特的现象:在丰收的年份,农民的收入却反而减少了,这一现象被称为“谷贱伤农”。那为什么丰收年农作物价格的下降没有起到“薄利多销”的作用,反而出现了“谷贱伤农”的恶果呢?我们可以利用弹性对总收入的影响来加以分析。

总收入是企业销售物品或劳务所得到的销售收入的总和,它等于销售数量与价格的乘积。根据需求定理,价格上升时,销售数量下降。价格上升对总收入有正的影响,而销售数量下降对总收入有负的影响。两者作用方向相反。那么价格变动对总收入的总影响就要取决于这些相反作用的净值。如果较低的需求量带来的负效果大于较高价格所带来的正效果,那么总收入将会减少。具体而言,如果需求是富有弹性的,需求量变化的百分比超过了价格变化的百分比,那么提价将导致总收入减少,降价将导致总收入增加。

就农作物而言,其需求缺乏弹性,这意味着随着农产品丰收和农作物价格下降,需求量的上升幅度是非常有限的。进而,农作物价格下降将导致农民的收入减少,即“谷贱伤农”。

案例 3.3

牛奶为什么被倒入下水道

曾经在报纸上见到一则报道:西南乳业老大——成都市华西乳业公司工人把成吨的鲜牛奶倒入下水道,以避免巨额的损失。很快和其有合同关系的奶牛养殖户也不得不把部分牛奶倒入下水道。这使我联想起20世纪30年代美国经济萧条时的一幕:工人把成吨的鲜牛奶倒入下水道,以避免巨额的损失。牛奶为什么要倒掉?其实原因很简单:用我们学过的弹性理论分析,无论是美国还是我们现在的中国,牛奶是生活必需品,弹性小,降价增加的销售收益,弥补不了降价的损失。因为养奶牛毕竟不是做服装,生产周期长,供给弹性小,对市场感应并不灵敏。3年前,成都地区乳业发展看好,所以很多企业(在政府的鼓励下)纷纷从事乳业生产,这造成奶源偏紧,曾经出现鲜奶短缺。牛奶价格上升,由于需求弹性小,提高价格增加了奶牛养殖量和华西乳业公司的收入和利润。因此,市场调节(加上政府鼓励)的结果是,使奶牛养殖量的增大,大大小小奶牛饲养户加起来,1天的产奶量便达1000吨。其中,80吨鲜奶潮水般涌进了四川乳业三强之一的华西乳业有限公司。3年后的今天,在大大小小各家乳业公司的参与下,市场这个大蛋糕在目前的技术水平已经被挖到极致,换句话说,市场供给量增加而消费者的需求根本就没有消化这么多牛奶的能力。华西乳业公司只能按照每天处理60吨鲜奶的规模运作,过剩了整整20吨。这20吨怎么处理,和奶农定的合同是长期合同,不能随便毁约,否则就会丧失奶源,无论是降价收购还是拒绝收购都会断掉未来的业务联系。在如今乳业诸强以规模优势争夺市场和资源的时候,如此做法,就是把自己的货源拱手他人,最后的损失不是倒掉这些牛奶能比拟的。即便目前倒了部分牛奶,市场也有了反应,300毫升的华西奶售价已从春节前的2.20元骤降至1.50元;每件华西奶也由50多元降至39元,比可乐、中档纯净水还要便宜。牛奶缺乏弹性降价的结果是减少收入和利润。

市场经济发展到今天,中国人也开始逐步能对这样的事情不太怎么吃惊了,不会像过去一样问出“弱势群体还买不起牛奶,你们却把它倒掉,怎么可以?”这样对市场经济完全陌生的问题了。美国20世纪30年代的大萧条时把牛奶倒到河里是由于缺乏政府宏观调控，无政府经营的恶果，那么造成中国倾倒牛奶这一现象是什么原因？这足以引起我们的思考。

思考：经济危机发生时，资本家为什么宁愿把牛奶倒掉也不肯降价出售？三鹿事件发生后，为什么很多牛奶品牌买一送一了大家还是不埋单？

二、价格弹性与税收归宿

“究竟是谁在缴税？”这个问题看似简单，实则不然。表面上法律要求谁应该向政府缴税，谁就应该是税收的承担者。比方说，表面上，对奢侈品的购买者征税时，由于购买奢侈品的都是有钱人，那么奢侈品税就应该由富人承担，因此不少观点认为奢侈品税能起到调节收入分配的作用。但事实上并不是这样。当富人发现豪华腕表价格由于税收而大幅提高的时候，他可以用其他商品，比方说珠宝来代替豪华腕表的消费，因此豪华腕表的需求减少，价格下降，豪华腕表的生产商缩减生产，裁员或降低员工的工资。因此，本来对富人征收的税，结果却对其他人，如生产商及工人，产生了影响。

对谁征税，和究竟谁承担了税收，是两个不同的含义。对谁征税，是法律上的规定。而究竟由谁承担了税收，则是一个经济问题。经济学把税收负担的实际划分称作税收归宿。那么究竟谁在承担税收负担？如果买方和买方共同分担税收，那么每方分别承担多少？

以二手房交易税为例。在二手房交易中，税务部门会向卖方征收交易所产生的差价的一部分作为税收。表面上看，二手房交易税是向卖方征收的，是为了抑制卖方炒房行为，从而抑制房地产过热。但是增税对生产者和消费者的真实收入的影响并不是这么简单。卖方可以通过涨价的方式把税收转嫁给消费者。这里存在两种可能性。如果消费者不愿意为税收埋单，那么卖方通过提价来转嫁税收的能力就非常有限，卖方将自己承担大多数的税收负担。而如果消费者愿意接受高价格，那么税收将大多数转嫁给消费者承担。

可见，税收在买方和卖方之间分摊的关键在于供求弹性的比较。弹性衡量了买方或卖方离开市场可能性。越富有弹性的一方，越可以通过离开市场作为威胁，从而形成对自己更有利的价格。比方说，如果需求相比较供给而言更富有弹性，那么消费者就越容易离开这个市场，寻找到相近似的替代品进行消费，那么生产者就很难将税收转嫁给消费者，只能自己承担更多的税收。而如果供给相比较需求而言更富有弹性，那么消费者就很难寻找到相近似的替代品，进而只能承担更多的税收。总之，越富有弹性的一方，承担的税收负担越小；而越缺乏弹性的一方，承担的税收负担越大。

案例 3.4

什么平民会反对奢侈品税

据媒体报道，一项 3 年前就已提出的"向富人征税"的税制改革正被提上日程。来自多方的信息表明，目前我国向高档商品开征消费税的时机已成熟，极有可能在不久的将来开征。高尔夫球、保龄球、桑拿、健身等一些高收入群体的奢侈消费项目，可能将被列入开征消费税的名单。

消息一出，不少人对这种"劫富济贫"的财税政策大为褒奖。他们认为，富人大多是这些奢侈品的消费者，理应为奢侈品税埋单，而征收来的税款用以补助低收入者，体现了社会平等。

这种善良的愿望并没有想象中那样简单。我国即将开征奢侈税的项目，如高尔夫球、保龄球、桑拿、健身等，正属于需求富有弹性而供给缺乏弹性的消费服务。这是因为，这类商品并非生活必需品，而且替代品很多。当这类商品由于税收而提高价格时，富人的理性经济行为完全可以选择通过国外旅游、购买更多的房产等同样高档的消费来替代。而生产这类商品的企业短期内不可能轻而易举改变经营方向，且该行业工人也很难由于市场状况改变而更换职业。所以，税收实际上还是落到了生产者身上。

生产这些奢侈品的企业，不仅要承受"转嫁"而来的奢侈品税收，还面临因需求减少而不得不减少生产、降低价格的窘境。这就使得这类企业生产经营困难，不得不解雇员工。行业所有者利润减少，工人收入减少。本来这些行业的工人大多属于财政税收政策要帮助的对象，结果反受政策之害。这就难怪美国国会迫于压力在 1993 年取消了奢侈品税。

"劫富济贫"不是解决当前收入差距拉大的主要方法，关键要在加快经济发展的同时，给低收入者更多的教育和培训机会，给他们以平等竞争的机会。不从做大蛋糕的角度而只想去分蛋糕，恐怕每个人分到的会越来越小。如果不考虑需求与供给弹性来征税，结果可能适得其反。在开征一种新税或提高原有税种税率时，决策者一定要谨慎从事。20 世纪 80 年代末 90 年代初的中国筵席税、彩电消费税，前苏联戈尔巴乔夫实行的"限酒法"，美国 20 世纪初道德主义浪潮下的禁酒法，已经给我们上了生动的一课。

（资料来源：陈亮，中青在线，http://news.163.com/special/t/tax3.html）

小 结

1. 需求的价格弹性、收入弹性、交叉弹性分别衡量了需求量对价格变动、收入变动和相关产品价格变动的反应程度。供给价格弹性来衡量企业生产对价格变动的反应。

2. 价格变动对总收入的影响要取决于商品需求价格弹性的大小。

3. 经济学把税收负担的实际划分称作税收归宿。越富有弹性的一方，承担的税收负担越小。

关键术语

需求价格弹性　需求的收入弹性　需求的交叉价格弹性
供给价格弹性谷贱伤农　税收归宿

复习题

一、选择题

1. 假定大米市场的需求是缺乏弹性的，大米的产量等于销售量且等于需求量，恶劣的气候条件使大米产量下降 20%，在这种情况下，（　　）
   A. 大米生产者的收入减少，因为大米产量下降 20%
   B. 大米生产者的收入增加，因为大米价格上升低于 20%
   C. 大米生产者的收入增加，因为大米价格上升超过 20%
   D. 大米生产者的收入增加，因为大米价格上升等于 20%

2. 当两种商品中一种商品的价格发生变化时，这两种商品的需求量都同时增加或减少，则这两种商品的需求的交叉价格弹性系数为（　　）
   A. 正　B. 负　C. 0　D. 1

3. 如果人们收入水平提高，则食物支出在总支出中比重将（　　）
   A. 大大提高　B. 稍有增加　C. 下降　D. 不变

4. 对劣质商品需求的收入弹性取值范围是（　　）
   A. 小于 1　B. 等于 0　C. 小于 0　D. 大于 0

5. 某月内，X 商品的替代品的价格下降和互补品的价格上升，分别引起 X 商品的需求变动量为 80 单位和 30 单位，则在它们共同作用下该月 X 商品需求数量（　　）
   A. 增加 50 单位　B. 减少 50 单位
   C. 增加 110 单位　D. 减少 110 单位

6. 如果两种商品之间毫无关系，那么交叉价格弹性是怎样的？ （ ）

A. 0　B. 1　C. 无穷大　D. 负的

7. 如果商品的需求弹性等于0.8，供给弹性等于0.5，则销售税 （ ）

A. 主要由消费者承担　B. 主要由生产者负担

C. 由生产者和消费者均等地负担　D. 全部由生产者负担

8. 关于总收益和需求的价格弹性，下列说法不正确的是 （ ）

A. 需求价格弹性小于1时，价格上升使总收益增加，价格下降使总收益减少

B. 需求价格弹性大于1时，价格上升使总收益减少，价格下降使总收益增加

C. 必需品比奢侈品的需求更富有弹性

D. 需求在长期内比短期内更富有弹性

9. 对小汽车征收销售税时，其税收 （ ）

A. 主要由消费者承担　B. 主要由生产者负担

C. 由生产者和消费者均等地负担　D. 全部由生产者负担

10. 已知某商品的收入弹性等于0.8，则这种商品是 （ ）

A. 低档商品　B. 生活必需品　C. 奢侈品　D. 吉芬商品

二、思考题

1. 情人节那天玫瑰花和巧克力都是热销的产品。为什么玫瑰花的价格在情人节那天会大涨，而巧克力的价格在那天却涨幅甚微？

2. 你觉得哪些产品可以通过降价的方式薄利多销？哪些产品则不行？

3. 萧条时，牛奶为什么会被倒入下水道，而不通过降价的方式来促销？

4. 你觉得二手房交易税更多是由消费者承担？还是更多由生产者承担？

5. 请简述“谷贱伤农”背后的经济学原理。

第四章

生产理论

【学习要点及目标】

区分企业的长期生产和短期生产；区分企业的固定投入和可变投入；掌握边际产量递减规律；了解规模报酬的三种情况；了解企业生产要素的最优组合。

【引例】

为什么企业生产有时“人多力量大”，有时候却需要“减人增效”？为什么企业希望“做大做强”，但是有些企业在“做大”后，却遭遇了“规模之殇”？为什么24小时营业的便利店门上要安锁，虽然他们并不需要关门？1994年，迪士尼制作《狮子王》时，聘请了成百上千的漫画电影家制作漫画，而从1995年皮克斯的发布《玩具总动员》开始，对电影漫画家的需求却不断下降，这又是为什么？本章将从生产者或者供给者的角度出发，对企业的生产行为进行分析，从而深入了解企业的经营决策，并对上述问题以及其他一些相关问题进行回答。

必备知识点

长期和短期的区别　可变投入和固定投入的区别　边际产量递减规律　规律报酬变动的三种情况　最优生产要素的组合

拓展知识点

减员增效的理论基础　分工和专业化的好处　企业“规模之殇”出现的原因

第一节　可变投入和固定投入

我们先通过一个具体的例子——快递公司的运作，来观察一下企业的经营决策。每逢节假日，快递公司的订单就会猛增。面对如此高昂的需求，快递公司的反应是迅速招聘更多的快递员，申通、圆通、京东商城等知名企业，开出的快递员月薪甚至高达8000元。但是订单仍然堆积如山。为了解决这一问题，快递公司开始增加经营网点，同时增加运输车辆和相关人员，但是经营网点的增加需要大量时间，怎么办？可见企业在长期和短期中的生产行为是不同的。

短期是指至少一种生产要素的投入量来不及改变的时间段。这种不能迅速改变的生产要素称为固定投入。可以迅速调整的生产要素称为可变投入。长期指的是所有要素投入都可以发生改变所需的时间段。

在长期和短期中，企业做出的决策是截然不同的。例如，对于快递公司而言，在短期内，它可以通过改变可变投入，如劳动力的投入来改变产量，但是快递公司的大小和规模在短期内却难以调整。在长期中，所有投入都是可变的。快递公司可以通过增加营业网点、增加运输车辆和相关人员来扩大自己的生产能力。和快递公司相类似，所有的企业在生产经营决策中都面临长期和短期的区分。在短期中，企业想要改变产量，依靠的是可变要素投入的改变。在长期中，企业的选择余地更大，可以通过改变所有要素投入来改变产量。

那么多久可以算是“短期”？多久又可以算作“长期”了呢？半年属于长期还是短期？1年呢？2年呢？可以发现，对不同行业而言，长短期的时间跨度是不同的。文印店要改变生产规模，需要盘下隔壁的店面，打通，装修，安装新的打印机，雇佣更多的劳动力，这一系列工作的完成可能需要2个月，此时对这家文印店而言，2个月就是长期。而对于一家汽车生产厂，生产规模的扩大需要买地、建厂房、安装生产流水线、雇佣工人，等等，这些工作的完成可能需要2年，因此对企业生产厂而言，2年就成了长期。文印店的“长期”比汽车生产商的“长期”要短。因此，“长期”与“短期”之分，依据并不在于时间长短，而是在于企业是否来得及改变其所有要素投入。

第二节　边际产量递减规律

对一家文印店来说，在短期内，店面大小以及所能放置的打印设备数量都是固定和难以改变的。经营者可以通过改变劳动力的数量来改变产量。在生产经营中，经营者会问自己如下三个问题：

问题一：我是不是应该继续扩大劳动力来增加产量？

问题二：目前平均每个工人的产量是否达到了最大？

问题三：如果我新增一个劳动力，他所能带来的额外的产量增加值是多少？

这三个不同的问题，分别反映了关于产量的三个概念：总产量、平均产量和边际产量。

一、总产量、平均产量和边际产量的概念

总产量是指企业投入一定的生产要素后所得到的产量总和。平均产量指的是平均每单位劳动投入的产出量。边际产量表示的是新增一单位劳动投入量所能带来的产量的变化。

表 4-1　文印店的劳动要素投入与产出

生产阶段	工人数量	总产量	平均产量	边际产量
Ⅰ	0	0	—	—
	1	10	10.0	10
	2	23	11.5	13
	3	38	12.7	15
	4	54	13.5	16
Ⅱ	5	69	13.8	15
	6	82	13.7	13
	7	92	13.1	10
	8	96	12.0	4
Ⅲ	9	93	10.3	−3
	10	83	8.3	−10

从表 4-1 可以很清楚地看出三类产量之间的关系。平均产量等于总产量除以工人数量。边际产量等于工人数量增加 1 时，总产量的变动值。例如，工人数量从 1 增加到 2 时，总产量从 10 上升至 23，因此边际产量等于 13，即等于(23—10)。边际产量大于 0 时，总产量随着劳动投入的增加而上升；边际产量小于 0 时，总产量随着劳动投入的增加而下降。

二、边际产量递减规律

进一步观察产量的变动规律，可以发现劳动投入并不是越多越好。我们可以根据总产量和边际产量的变动情况，将生产过程大体分成 3 个阶段。在最开

始的阶段Ⅰ(劳动量从 0 到 4)中,随着工人数量的增加,总产量的确是递增的,边际产量此时为正,并且递增,即总产量是以越来越快的速度递增的;到了阶段Ⅱ(劳动量从 5 到 8),总产量仍然是递增的,但是边际产量开始出现递减,即总产量以越来越慢的速度递减;而在阶段Ⅲ(劳动量从 9 到 10)中,边际产量为负,总产量递减。

表 4-1 中文印店的例子反映了企业生产中的一个基本规律:边际产量递减规律。边际产量递减规律指的是,当其他要素投入不变,随着某种可变要素投入的增加,到达某个点后,每增加投入一单位的该要素,其所带来的产量增加量是递减的。

之所以存在边际产量递减规律,是由于企业的各种生产要素之间存在一个最优的组合比例。比方说,在文印店的生产阶段Ⅰ中,固定投入(店面、打印机等)的数量相对于可变投入(劳动力)的数量而言是过剩的,此时增加劳动要素的投入能够帮助闲置的固定投入充分发挥作用,因此这一阶段劳动的边际产量是递增的;而超过某一临界点(劳动投入超过 4)之后,由于固定投入已经充分发挥作用了,此时新增的劳动力只能和原有的劳动力共享有限的固定投入,那么新增的劳动力所能产生的边际产量是非常有限的,劳动的边际产量递减;而当劳动投入进一步增加到一定阶段(超过 8 之后),新增的劳动力不仅没有用武之地,甚至于还会和原有的劳动力相互阻碍,相互扯皮,边际产量因此开始变成负值。

三、边际产量递减规律的应用

边际产量递减规律在生活、生产和社会管理中的例子可以说是数不胜数。

在管理中,我们常说"一个和尚挑水喝,两个和尚抬水喝,三个和尚没水喝"就是边际产量递减规律的反映。当水桶(固定投入)的数量既定的时候,两个和尚能帮助充分利用既定要素,因此边际产量递增;而如果增加到 3 个和尚,如何将有限的固定投入分配给过剩的可变投入呢?当过剩的可变投入之间发生相互阻碍的作用时,新增的劳动力反而带来了总产量的下降。

在农业的生产中,如果在固定的土地上增加化肥的投入,开始时,每增加一单位的化肥所增加的农作物产量是递增的,但是当所施化肥超过一定数量时,由于土地的肥力总是有限的,从每单位新增的化肥中所能得到的农作物产量则开始递减,而如果继续增加化肥投入,由于土地利用过度,肥力下降,那么总产量有可能不仅不会增加,反而会出现下降的趋势。我国曾经有一次典型的实验对以上规律进行了验证。1958 年"大跃进",当时经济学界对"边际产量递减规律"进行了口诛笔伐,强调"人有多大胆,地有多高产",希望通过将"两季稻"改成"三季稻”，在土地等固定投入不变的情况下，通过增大可变投入(劳动)，来扩大农业产量。而事实却证明了，违背经济规律必然要受到规律的惩罚。“两季稻”改成“三季稻”后，边际产量递减规律开始发挥作用，“三季稻”的产量反而低于了“两季稻”。与此截然相反的是，江苏省邢江县1980年从“三季稻”变回成了“两季稻”，节约劳动投入后，土地等固定投入反而和可变投入之间重新回到了最优比例，产量因而从每亩1510斤提高到了每亩2014斤。

在企业或政府机关的人员配置中不难发现，有时会出现机构庞大、机构臃肿、人浮于事的现象。人多了，推诿扯皮现象也增加了，办事效率随之降低了。本来一个人能办的事情，却安排了一群人来办；本来一天就能办好的事情，却在这群人之间相互推诿，结果三五天还没办好。这种情况下，就需要“减人增效”，精简机构，清理冗员，合理分工，从而提高办事效率。

在时间管理上，是一整天都复习英语学习效率高呢？还是，前两个小时复习英语，中间两个小时复习数学，接下来两个小时复习经济学，最后两个小时复习会计，这种将时间“分而治之”的学习方式效率高呢？很显然，后者的学习效率要高于前者。如果一整天都复习英语，最后几个小时学习效率肯定是非常低的。而如果“分而治之”的话，我们在每门课的时间的边际产量变为负值之前，转向其他课程的复习，则能更好地提高学习效率。正如英国作家毛姆在《书与你》中提到的那样，“就我自己而言，我发觉同时读五六本书反而更合理。因为我们无法每一天都保持有不变的心情，而且，即使在一天之内也不见得会对同一本书具有同样的热情。”经济规律告诉我们，在时间管理方面，不要过长时间地只做同一件事情，以防边际产量递减。

案例4.1

马尔萨斯人口论与边际产量递减规律

经济学家马尔萨斯(1766—1834)的人口论的一个主要依据便是报酬递减定律。他认为，随着人口的膨胀，越来越多的劳动力耕种土地，地球上有限的土地将无法提供足够的食物，最终劳动的边际产出与平均产出下降，但又有更多的人需要食物，因而会产生大的饥荒。幸运的是，人类的历史并没有按马尔萨斯的预言发展(尽管他正确地指出了“劳动边际产量”递减)。

在20世纪，技术发展突飞猛进，改变了许多国家(包括发展中国家，如印度)的食物的生产方式，劳动的平均产出因而上升。这些进步包括高产抗病的良种，更高效的化肥，更先进的收割机械。在第二次世界大战结束后，世界上总的食物生产的增幅总是或多或少地高于同期人口的增长。

粮食产量增长的源泉之一是农用土地的增加。例如,从1961—1975年,非洲农业用地所占的百分比从32%上升至33.3%,拉丁美洲则从19.6%上升至22.4%,在远东地区,该比值则从21.9%上升至22.6%。但同时,北美的农业用地则从26.1%降至25.5%,西欧由46.3%降至43.7%。显然,粮食产量的增加更大程度上是由于技术的改进,而不是农业用地的增加。

在一些地区,如非洲的撒哈拉,饥荒仍是个严重的问题。劳动生产率低下是原因之一。虽然其他一些国家存在着农业剩余,但由于食物从生产率高的地区向生产率低的地区的再分配的困难和生产率低地区收入也低的缘故,饥荒仍威胁着部分人群。

(本案例选自平狄克、鲁宾费尔德著;高远等译.微观经济学[M].北京:中国人民大学出版社,2009.)

思考:马尔萨斯人口论的依据是什么?为什么马尔萨斯人口论没有成为现实?

提示:边际产量递减的前提是存在固定投入,就土地的生产而言,边际产量递减意味着,固定投入(包括土地面积、土地肥力、生产技术)等不变的前提下,仅仅是劳动力增加了,新增的劳动力带来的产量的增量将会越来越少,甚至为负。但是本案例中,技术进步了。因此,产量的上升并不是意味着边际产量递减规律的失效,只是由于固定要素也变动了。

第三节 规模报酬

规模报酬和边际产量是不同的范畴。边际产量针对的是短期的生产,它要回答以下问题:短期内企业固定投入不变,它仅改变可变投入时,企业的产量会如何变动呢?而规模报酬针对的则是企业的长期生产,在长期中企业所有要素投入都可以改变,规模报酬要回答的问题是:当所有要素投入都同比例发生改变时,企业的产量会如何变动呢?规模报酬的变动可以分成三种情况:规模报酬递增,规模报酬不变和规模报酬递减。当所有要素投入都同比例变动时,如果产量的增加倍数大于要素的增加倍数,这种情况被称作规模报酬递增;如果产量的增加倍数等于要素的增加倍数,则属于规模报酬不变;如果产量增加倍数小于要素的增加倍数,则被称为规模报酬递减。

一、规模报酬递增

规模报酬递增意味着规模扩大后，将会有更大的力量。比方说，一个筷子容易折断，一把筷子却折不断。“做大做强”是很多企业的目标，企业追求更大的生产规模，目的正是在于希望能够实现规模报酬递增。那么为什么规模扩大后企业有可能能够实现规模报酬递增呢？其原因有二：

第一，更大的生产规模有助于实现分工和专业化生产。亚当·斯密就在《国富论》中举了一个非常经典的大头针行业的例子。做大头针需要很多工序。如果仅由一个人完成所有工序，由于他精力过于分散，因此他无法在每个工序上都特别精通，那么即使他努力工作，也许一天也制造不出一枚针来。而如果按照工序进行分工，“一个人抽铁线，一个人拉直，一个人切截，一个人削尖线的一端，一个人磨另一端，以便装上圆头。要做圆头，就需要有二三种不同的操作。装圆头，涂白色，乃至包装，都是专门的职业。这样，扣针的制造分为十八种操作。有些工厂，这十八种操作，分由十八个专门工人担任。”由于有了专业的分工和合作，劳动效率大大提高，一人一日可成针四千八百枚。可见专业化的分工和合作，既有利于工人提高工作的熟练程度，也有利用减少工人在工序之间转换的时间，进而可能导致劳动生产率成百倍甚至千倍的提高。

在大规模生产中，生产流水线的引入进一步证明了规模报酬递增现象的存在。以福特公司 1908 年推出 T 型车时所采取的“流程分解”为例。按照工头们对活塞杆组装生产效率的记录，没有进行流程分解之前，28 个人每天装配 175 只——每只 3 分 5 秒；工头用秒表分析动作之后，发现每个人要作六个动作，因此有一半时间用于来回走动，于是工头改造了流程，把工人分成三组，工人再也不需要来回走动了，凳子上装了滑轮传动，现在 7 个人就能每天装配 2600 只。生产规模很小的时候，工厂曾需要 17 个人又累又脏地专门清理齿轮的毛边；有了专门的机器，4 个人能轻松干几十个人的活。曾有 37 个人专门司职弄直炉子里的凸轮轴，用了新型炉子之后，产量大增之下也只要 8 个人。亨利·福特在对生产流程的彻底分解和优化的基础上，创造了前所未有的流水线。生产效率的提高效果是非常显著的。工人装配一台飞轮磁石电机曾经需要 20 分钟，后来工作被分解成 29 道工序，装配时间最终降低到 5 分钟，效率提高了四倍；直到 1913 年 10 月，装配一台发动机还要十个小时，半年后用传动装配线降低到六小时。福特公司后来日产量达四千辆，工人还不到 5 万——如果没有流水线，将不得不雇佣 20 多万人。

第二，出于几何因素，规模扩大有可能导致产量更大倍数的扩大。以输油管道的生产为例。生产输油管道的一种重要投入是钢材。输油管道的运输能力与管道的截面积密切相关，而输油管道所需的要素投入则与管道的截面周长相关。将输油管道的直径扩大到原来的2倍，则输油管道所需的要素投入也将变成原来的2倍，但是按照几何原理，其运输能力（与直径相关）却变为原来的4倍。既然产量的增加倍数大于要素投入的增加倍数，也就是出现了规模报酬递增。

二、规模报酬不变

规模报酬递增是许多企业力争扩大生产规模的原因。但是一味追求大规模，却并不一定能实现高效率。当生产规模达到一定程度后，规模报酬递增的好处可能开始消失，企业将进入规模报酬不变的阶段。此时产量增加的倍数刚好等于要素投入的增加倍数。规模报酬不变意味着，当企业希望扩大生产规模到原来的2倍时，它既可以将原来的企业所有投入都增加到原来的2倍，也可以将原有企业复制一份，成立一家完全一样的新的企业，两种方法得到的产量增加将是一致的。

三、规模报酬递减

当生产规模进一步扩大时，企业则可能会进入规模报酬递减的阶段。此时产量的增加倍数小于投入的增加倍数。在现实生活中，可以通过分拆企业的方式来规避规模收益递减。即如果出现了规模报酬递减，那么企业完全可以将一个大企业拆成数个小企业，每个小企业的规模都控制在合理的范围。规模报酬递减的出现可能是出于以下三点原因。

第一，分工和专业化虽然可以提高劳动效率，但是当分工细化到某一个程度后，它无可避免地会带来副作用。专业化分工下的工人长期做着技术含量低、单调而重复的工作，久而久之，机械化的劳动必然使工人产生厌倦情绪，消极怠工，同时也将丧失创新性的思维，这些都将降低工人的工作效率。

案例 4.2

富士康跳楼案折射出什么

近日，富士康员工连续跳楼事件引发广泛关注。甚至，富士康的主要客户如苹果、惠普、戴尔、诺基亚、索尼和任天堂等，都开始表达对富士康工厂工作环境的关心，并展开对富士康深圳厂区员工工作状况的调查。

富士康这家企业有两大典型标签：其一，它是一家典型的台资企业，而台资企业一向崇尚的日式管理特色在这家企业表现得非常鲜明。其二,它是一家典型的劳动密集型制造企业,在大陆拥有近80万员工。跟所有制造型企业一样,在流水线上,工人们分工明确,做着技术含量低、单调而重复的工作。

那么,从跳楼事件我们究竟能看到什么?是社会问题在这样一家庞大的社会化的企业内部的集中体现,还是这家企业的管理出现了问题?

毛寿龙(中国人民大学公共政策研究院执行副院长)认为,应该反思"机器人式"的管理。富士康员工频频跳楼,一个原因是跟工厂的性质有关。富士康工人被机器化,感觉是机械化。但人是喜欢变化,喜欢成就感的。人不是机器,会抗拒,一旦想不开就会自杀。第二,工厂大规模管理会产生官僚体制,人与人之间缺乏交流。相比之下,小规模管理人际关系更密切,上班的时候,大家还可以相互说话,交流一下。还有,跟工厂竞争的激烈程度有关系。在中国大陆,劳动力很充足,工人们致富的愿望又很强,为了挣钱,可以放弃很多自己感兴趣的事。

鲁小均(露笑集团董事长)认为,人性化管理需要新思路。企业员工接二连三地跳楼,我认为富士康本身管理上是有问题的。尤其是在富士康员工工作时间长,人就像机器一样,缺少了人性化。随着社会的发展,我们制造型企业的管理理念也应该不断改变。以前我们提倡"四千"精神,很符合那个时代的发展需求。但是在今天,我们制造企业不能再以过去的思路进行管理了,要适应社会的变化,要适应员工层次和心理的变化。我们企业现在提倡的是"四化"精神,也就是说要追求"经营全球化、理念现代化、管理人性化、员工知识化"。作为一家企业,把企业办好是对社会的最好回报。如果我们还是用老一套思路去管理,缺少人性化色彩,那在今天的时代是很难做强做好的。

南方朔认为,富士康跳楼事件与台企企业管理模式的变迁有关。早年台商从中小企业起家,老板和伙计一起干,老板娘和厨师一起下厨房为员工烧饭。由于有这种一家人的感情,所以早年的台湾企业劳资关系良好。台湾许多后来成为大老板的企业家,甚至包括王永庆在内,都有过这种阶段。这种企业纵使后来不断变大,他们的公司仍比较重视"家庭感"的培养,制度上也会往这个方向去制定。这乃是台湾企业界最好的传统之一,可称之为"儒家式的管理"。随着企业规模的扩大,特别是台商企业在大陆的急速扩张,"儒家式的管理"愈来愈淡,把劳工当成机器的"机器人式的管理"则开始增强。对有些台商,他们的事业在短期内庞大化,因而如何处理及制定劳资制度都有待学习;另外,大陆目前以就业为主,劳资关系似乎也并非重点,这遂使得有些台资企业表现得很像19世纪末和20世纪初的西方工厂——厂区犹如一个监狱,上工后大家拼命按照生产线的方式干活。劳工的生理及心理健康、合理的工时及福利等根本不在老板考虑范围内。因此,富士康公司的员工跳楼自杀案,不容掉以轻心。劳资问题不只是劳工的供需问题而已,劳资关系里还有更重要的人权与人道问题。如何改善这些,才是富士康这种大企业应该努力的方向,也是台商公司应努力的方向。当老板的不能用"我发了薪水给你"当作理由,来合理化自己在人权福利上的不用心和不努力!台湾企业界一些老牌的公司都懂得在公司内部塑造家庭感,大家荣辱与共,利益共享。富士康和其他台商企业应该努力把这种"儒家式的管理"带进中国大陆。

(资料来源:苏旭,http://finance.sina.com.cn/review/fmbd/20100628/22168195251.shtml)

思考:富士康跳楼案中反映了生产中的那个阶段?你认为导致这一现象的原因是什么?

第二,几何因素来规模收益递增必须符合一定前提条件。例如,输油管道的体积不能无限制地扩大,过大的储油罐无论在生产、运输还是使用方面都存在很多困难,抵消了钢材消耗量降低所带来的成本优势。

第三,企业规模过大会带来管理上的很多问题。生产规模越大,管理系统越复杂,管理层级越多,企业内部的沟通和协调问题也就越突出。比方说信息的传递更容易失真、延误甚至是缺失,高等管理者与下级之间的联系和交流更加困难,针对各类变动情况作出正确决策以及执行决策所需要的时间更长,等等。这些都可能导致规模报酬递减。

案例 4.3

丰田总部迁移北京 或需要一场深刻改革

丰田首次将日本总部的中国部转移到北京,将职能全都迁到中国,一切决策在中国完成,实现决策"本地化"。面对不太乐观的中国市场占有率,丰田准备放手一搏了。在微博上,大家纷纷讨论,至目前,已有 219 条评论。多数人都认为,丰田在中国步子太慢,决策失误,张毅(微博)说:丰田要向通用汽车和日产学习,在本地化上多下功夫。小企鹅答:让听到炮声的人做决策,是现代化企业决策最基本的需要。丰田保守的企业机制,已经严重制约了快速响应市场需求和适应市场变化的能力!而汪川更是出语惊人:就怕早已听不到炮声了。

总结起来,大家都认为,丰田在中国设立中国总部是早就该行之事。拖到如今,无非是决策太慢,对中国市场不重视或曰没有清醒的认识。

仅仅只是如此吗?中国是全球最大市场已然三年,即使在三年之前也是以两位数的增速延续二十几年，作为一个曾经的全球老大企业，会没有发现这个现实，而且一直没有发现？

绝不可能。这绝不只是一个官僚主义就可以解释的事情。丰田章男一再对媒体宣布，中国很重要。可是有谁会相信他这句话的诚意？面对中国这么大一个市场，面对滚滚而至的巨额利润，没有人会怀疑他的诚意。

只是，市场不是仅有诚意就可以解决的。再想想，早在丰田汽车进入中国之前，丰田就派出各路工程师深入中国东南西北考察和测量数据，甚至连每天各个地点的气温变化，都每天编表汇到总部，为的是制定适合中国的汽车策略。也正是由此，丰田在中国口碑良好，早在其做合资之前，就已经拥有了大批的用户和忠实粉丝。说实在话，三十年前中国人对丰田的喜爱，不弱于如今的“韩粉”之于韩寒。所以，丰田对于中国，决然不可能不重视。

事实是，丰田已经成为巨无霸，成了一个行动迟缓，效率太低，有心无力的企业。丰田，也需要改革！

在企业生产规模方面，丰田已是超大规模，由此引发了一系列恶果。在内部信息传递方面，丰田决策变慢，下面的信息不能及时传导到决策层，比如上次美国国会对丰田汽车的强制召回而引发的一系列连锁反应。其实，丰田一线层面员工早就收到了相关投诉，但是一层层递上去，却最后了无声息。以至于矛盾不断发酵，最终爆发，导致美国国会对丰田章男的质疑。在生产流程方面，丰田已然是全球巨无霸企业，而且丰田有一套严格的研发、采购、生产模式，全球统一标准，因此，不说物流、管理等等上面的繁琐，单是其零部件体系上，一旦有一个小零件出现问题，就足以成就一个阿喀琉斯之踵，引至全部用到此零件的车辆出现问题。丰田2010年的全球大召回，就仅只是一个踏板小细节问题。另外，由于车型研发的平台化，“看得见的都不一样，看不见的都一样”，其零部件都在其体系内生产，无形中增加了物流成本。万一某地有什么不可抗力变化，其全球各地企业都会受到影响，进而停滞，上次日本大地震带来的影响，大家有目共睹。

还有就是各个企业都非常在意的核心零部件的技术控制，2011年日本大地震，使得本就居于日本本土的核心零部件供应中断，造成的损失，可谓惨痛。

综上所述，丰田就算在中国设立中国总部，也难以达到迅速提升效率改头换面的效果。但是，设立总部当然比不设立要好得多。只是，这个中国总部到底有多大权力？又能在多大程度上推动或者改变这种规模不经济？一切都要看丰田自己的。

（资料来源：http://www.enorth.com.cn）

思考：以上案例中丰田处于生产中的哪一阶段？导致一系列问题的原因是

什么？你认为应该采取怎样的措施来解决上述问题？

第四节 最优生产要素组合

规模报酬是长期生产中的一种特殊情况，它要求所有要素投入都同比例地变化。但是现实生活中，企业想要扩大生产规模时，会像规模报酬所要求的那样，同比例地增加所有要素的投入么？

一、长期中生产要素组合方式的变动

以动漫电影的制作为例。20 世纪 90 年代以前，动漫电影市场由迪士尼统治，迪士尼通过以下方式生产动漫电影：先聘请成千上万的漫画电影家画出几十万张单独的漫画图片，然后再将这些漫画图片转化为电影。1994 年《狮子王》的制作采用的就是这种方式。《狮子王》取得了巨大的成功，仅耗资 5000 万美元，却给公司带来了 10 多亿美元的利润。《狮子王》的成功刺激了企业，随后迪斯尼和其他一些电影制片厂开始制作更多的动漫电影。1995 年皮克斯动画制片厂成功了发布了电影《玩具总动员》，这是第一部成功使用计算机制作的动漫电影，也是一座里程碑。从这一年开始，动画制片开始越来越多地使用电脑，而越来越少地聘请电影漫画家。

可见，在长期中，当企业想要增加生产数量时，企业并不一定会同比例地增加所有生产投入，生产要素的组合方式在长期中是不断变动的。那么是动漫电影厂是依据什么原则改变动漫电影生产要素组合的方式呢？

二、最优生产要素组合的基本原则

事实上，从 1995 年起，有两件事情影响了动漫电影的制作。第一件事情是，由于《狮子王》的成功刺激了企业的生产，从 1995 年起对电影漫画家的需求开始猛增，从而他们的工资也开始不断上升，这使企业觉得聘请电影漫画家的成本过于高昂。第二件事情是，技术的不断进步降低了制作动漫电影所需要的计算机以及软件的成本。这两件事情都导致电影漫画家的价格相对于计算机和软件的价格大幅上升。既然电影漫画家和计算机都能够带来动漫电影的生产，那么企业自然而然的更多地使用相对更便宜的生产要素——电脑，来降低成本。

在企业生产中，企业考虑的不仅仅是要素投入所能带来的产量增加，同时还

应该考虑要素投入的价格。如果两种要素能带来同样产量的增加，那么企业出于利润最大化的考虑，应该优先使用相对便宜的生产要素。假设，新聘请一个电影漫画家一个月的工资是5000元，他在一个月内能带来3000张漫画图片（可转化为5分钟的电影），而新购置一台电脑和相关软件，算上折旧、利息等后平摊到每月的成本是1万元，它一个月内能带来9000张相关图片（可转化为15分钟的电影）。从成本效率的角度而言，用在电影漫画家身上的平均每元钱所能带来的产量增量（3000/5000）要小于用在电脑和软件上平均每元钱所能带来的产量增量（9000/10000），企业理性的选择是更多地使用电脑，而更少地聘请电影漫画家。

因此，在企业最优生产要素组合中，要满足以下原则：平均每元钱用在每种生产要素上所能带来的边际产量应该是相等。如果1元钱用在生产要素甲上所能增加的产量（边际产量）小于同样的1元钱用在生产要素乙上所能增加的边际产量，企业理性的选择必然是调整生产要素组合，在生产要素甲上减少投入1元钱，在生产要素乙上增加投入1元钱，如此一来，总支出保持不变，但是总产量将增加。企业将不断调整生产要素组合，直至平均每元钱在每种要素上的边际产量相等为止。

案例 4.4

用机器代替人工缓解用工荒浙江制造：机器人来了！

在工厂的流水线上，它们时刻不停地安装着零件，把一块块钢板焊接起来；在仓库里，它们轻巧地搬运着一箱箱货物，并整齐地堆放起来；在肮脏的下水道里，它们飞快地清理着污垢……

虽然功能形态各异，但它们有个共同的名字——机器人。

这个春天，随着“用工荒”席卷全国，机器人开始受到越来越多的关注。一些浙江制造企业也开始用机器人来破解用工难题，不仅减少了对人工的依赖，而且顺应了技术进步和产业升级的潮流。

专家认为，机器人的出现，是一个资本和技术取代人工的过程，随着劳动力短缺日益明显，企业对人工的依赖必然会逐步减少，高智能、高科技的机器人会越来越多地出现在生产线上。

生产线上机器人越来越多

如果你细心留意，会发现新买的瓶装水和饮料很少有瓶盖没盖好，或者标签贴歪的情况呢。因为在生产线的最后一道检测环节，一旦有不符合规格的饮料出现，一个叫“打点机”的“检测机器人”会聪明地把它们“揪”出来。

康师傅顶津公司公关部的陈先生说，在使用打点机之前，检测工序必须依靠工人用肉眼识别，并及时分拣。流水线上平均一秒钟就有几十瓶的瓶装水通过，为了减少误差率，检测关的两端需要各安排两个工人。而有了这个聪明的检测机器人之后，检测环节从两侧各两名员工，减少为各一名员工，“工人只要做一些辅助工作就可以了”。

同样是用机器人代替人工，浙江力霸皇集团的自行车生产线上，机器人的占比正在迅速提高。

“一个电焊工的年薪已经涨到5万多元，我们预计未来5年还会有年均10%的涨幅，采用机器设备来代替掉一部分人工，是一条解决用工难题的捷径。”力霸皇副总经理李家亮说。

早在2009年，力霸皇就启动了“引进机器人代替部分焊接工人”的计划，目前已经从日本购买了38台机器人自动焊接机。李家亮说，公司在日本考察了三个公司，最后决定购买OTC公司的产品，每台机器人折合人民币30万元，不过却可以代替6个电焊工人的工作，“一个工人操控一个机器人，实行两班制，每天开动16个小时，负责自行车上所有的焊接部位，和人工产品相比，机器人做出来的部件品质更加均衡，质量更容易掌握。”

因为国际石油价位居高不下，加上低碳环保理念的流行，和去年相比，力霸皇的自行车订单量同比又提高了20%。李家亮透露，目前公司焊工数量大约还有200多名，但随着用工荒在浙江地区逐年加重，而且又存在管理上的难度和人员流动量大的特点，公司计划未来三年内，将机器人自动焊接机的台数增加到100台，取代焊接环节80%的人工。

浙江有企业专门研发机器人

随着“用工荒”的步步紧逼，浙江很多制造企业都在试图提高自动化水平，具有精密化、智能化等先进科技的工业机器人，自然成了不少企业热捧的对象。因此，机器人的市场空间十分巨大。

杭州拓锋科技有限公司就是一家专业从事智能传感器、工业自动化控制系统、机电一体化装备和信息化平台设计研发的高科技企业。通俗地说，就是为浙江的传统制造业制造智能“机器人”。

拓锋科技董事长徐先生说，浙江很多制造企业想用自动化设备，但是成本非常高，比如像饮料行业里目前比较普及的检测设备，进口一台需要100多万元，一些小企业并不一定舍得花这个成本。国产的设备价格优势相当明显。

2008年以来，拓峰科技的订单量迅速增加，“去年下半年以来增长得更明显。”徐董事长说，除了饮料生产企业，包装企业等制造行业，也是公司服务比较多的行业之一，“传统制造行业大量依赖人工，使用自动化的控制系统之后，一台机器可以顶几个，甚至几十个工人。”

在巨大的市场需求面前，不仅是浙江，国内不少高科技企业都将机器人研发作为重中之重。目前，中国在机器人应用技术和成套化方面，已达到了国际先进水平。

在国内A股市场，就有一只名为“机器人”的股票，去年以来业绩表现一直很抢眼。这家上市公司的最新年报显示，公司2010年实现净利润1.08亿元，同比增长63.09%。新签合同额8.33亿元，同比增长51%。目前，这家公司的机器人产品主要为焊接机器人。未来，还会有清洁机器人、军用机器人，以及能帮助电动汽车自动更换电池的换电池机器人系统。

“这是一场新的机器革命。”浙江发展与改革研究所所长卓勇良认为，这场机器人革命按照经济学解释就是资本取代人工的过程，劳动力短缺是长期趋势，企业必须要有长期的应对策略。要加快产业结构调整，善于用机器替代人工，尽快实现技术进步和产业升级换代，以此减少对日益昂贵的人工的依赖。

（资料来源：http://stock.jrj.com.cn/2011/03/2517209569008.shtml）

在本章中，我们了解了企业的短期和长期生产行为。在短期中，企业至少存在一种生产要素其投入量来不及改变。此时企业无法改变固定投入，只能通过改变可变投入，来改变其产量。而随着可变投入的变动，企业产量的变动会符合边际产量递减规律。

在长期中，企业所有要素投入都可以发生改变。如果所有要素都同比例的变动，企业产量的改变可以分成三种情况：规模报酬递增，规模报酬不变和规模报酬递减。如果生产要素的比例可以发生改变，最优生产要素组合要满足以下原则：平均每元钱用在每种生产要素上所能带来的边际产量应该是相等。

通过对企业长期和短期生产规律的分析，我们对企业的生产行为有了初步的了解。

小　结

1. 短期是指至少一种生产要素的投入量来不及改变的时间段。这种不能迅速改变的生产要素称为固定投入。所对应的成本是固定成本，可以迅速调整的生产要素称为可变投入，所对应的成本是可变成本。长期指的是所有要素投入都可以发生改变所需的时间段。在长期和短期中，企业做出的决策是截然不同的。

2. 短期内，企业生产符合边际产量递减规律，当其他要素投入不变，随着某种可变要素投入的增加，到达某个点后，每增加投入一单位的该要素，其所带来的产量增加量是递减的。

3. 长期中，所有生产要素都可以改变，如果所有要素都同比例的变动，企业产量的改变可以分成三种情况：规模报酬递增，规模报酬不变和规模报酬递减。如果生产要素的比例可以发生改变，最优生产要素组合要满足以下原则：平均每元钱用在每种生产要素上所能带来的边际产量应该是相等。

关键术语

短期　长期　固定投入　可变投入　边际产量递减规律　规模报酬递增　规模报酬不变　规模报酬递减

复习题

一、选择题

1. 如果连续地增加某种生产要素，在总产量达到最大时，边际产量　（　　）

A. 大于 0　　B. 等于 0　　C. 小于 0　　D. 大于或等于 0

2. 一个工厂雇佣工人的工作时间从 5000 小时增加到 6000 小时，产量从 120000 公斤增加到 135000 公斤，则额外一小时的边际产量是（　　）

A. 5 公斤　　B. 10 公斤　　C. 15 公斤　　D. 20 公斤

3. 经济学中短期与长期的划分取决于　（　　）

A. 时间长短　　B. 企业可否调整生产规模

C. 企业可否调整产量　　D. 企业可否调整产品价格

4. 当雇佣第 7 个工人时，每周产量从 100 单位增加到 110 单位，当雇佣第 8 个工人时，每周产量从 110 单位增加到 118 单位，这种情况是　（　　）

A. 边际产量递减　　B. 边际成本递减

C. 规模收益递减　　D. 边际效用递减

5. 产量的增加量除以生产要素的增加量的值等于：　（　　）

A. 平均产量　　B. 边际成本　　C. 边际产量　　D. 平均成本

6. 关于边际产量递减和规模报酬递减，以下正确的是　（　　）

A. 两者是同一个含义

B. 前者针对的是短期生产，后者针对的是长期生产

C. 前者针对的是长期生产，后者针对的是短期生产

D. 无论是前者，还是后者，企业的生产要素组合方式都是可变的

7. 以下哪项不是可能导致规模报酬递增的原因　　（　　）

A. 分工和专业化　　B. 几何因素

C. 采用了更好的机器设备　　D. 边际产量递增

8. 以下哪项不是可能导致规模报酬递减的原因　　（　　）

A. 分工过于细化导致工人出现倦怠情绪

B. 边际产量递减

C. 管理层级过多

D. 几何因素

9. 关于企业最优生产要素组合，以下争取的是　　（　　）

A. 企业总产量达到最大化时，企业实现了最优生产要素组合

B. 企业平均产量达到最大化时，企业实现了最优生产要素组合

C. 企业边际产量达到最大化时，企业实现了最优生产要素组合

D. 平均每元钱用在每种生产要素上所能带来的边际产量相等时，企业实现了最优生产要素组合

二、思考题

1. 请找几个身边的事例证明边际产量递减规模。

2. 想一想你所听过或见过的出现规模报酬递增的企业有哪些？出现规模报酬递减的企业有哪些？

3. 想一想你身边的例子，当要素价格发生改变时，企业是如何改变其生产要素组合的？

4. 边际产量递减和规模报酬递减有什么区别？

第五章

成本理论

【学习要点及目标】

了解机会成本的含义；区分显性成本和隐性成本；区分会计利润和经济利润；区分固定成本和可变成本；区分关闭企业和停止营业；了解沉没成本；掌握边际成本递增规律；了解规模经济和规模不经济。

【引例】

法国巴黎大学校长让·布里丹曾经讲述过一头驴子的故事。有头驴子非常饿，于是它到处寻找吃的，千辛万苦地寻找之后，驴子终于看到前面有两堆干草。于是驴子迅速跑了过去。但是跑到干草堆前，驴子却开始为难了：究竟应该先吃哪一堆干草呢？驴子在两堆干草之间犹豫不决，最终由于实在无法作出抉择而被活活饿死了。后来人们把这头犹豫不决的驴子称作"布里丹之驴"。"布里丹之驴"的故事说明了选择是需要成本的。任何的资源都有不止一样的用途，当你选择把资源用于这种用途时，你就必须放弃其他的用途。经济学把为了得到某样东西而放弃的其他东西称为机会成本。人们常说的"天下没有免费的午餐"，以及"鱼与熊掌不可兼得"都说明了同样的道理：在资源既定的情况下，当你选择了某一样东西的时候，你常常不得不放弃另外一样东西。考虑到机会成本之后，企业生产的成本与会计师所核算的成本有所不同。本章将从企业成本的概念出发，详细阐述机会成本、沉没成本的概念，并描述企业成本的变动规律，进而对企业的行为加以深入了解。

必备知识点

机会成本的含义　显性成本与隐性成本的区别　经济利润与会计利润的区别　固定成本和可变成本的区别　关闭企业和停止营业的区别　沉没成本的含义　边际成本递增规律　规模经济与规模不经济的含义

拓展知识点

企业长期定价策略和短期定价策略　沉没成本误区的规避　企业生产的最优规模

第一节　经济成本理论

一、生活中的机会成本

机会成本这一概念在生活中的应用可以说是无处不在。比尔·盖茨放弃哈佛大学法律系的学士学位，辍学创办软件公司，这是盖茨认真比较了读书和创业的机会成本后的理性选择。继续学习的机会成本是无法及时创业，从而失去创业的最佳时机；辍学创办软件公司的机会成本是放弃别人梦寐以求的哈佛大学毕业文凭。比尔·盖茨经比较后认为，创业的机会成本要小于读书的机会成本，两相比较，自然要选择机会成本小的事情。类似的，小巨人姚明在 19 岁入选国家篮球队，而不是像同龄人一样去读大学，原因在于对姚明而言，读大学的机会成本过于高昂，他得放弃到 NBA 打球的机会，再加上做广告的收入，每年放弃的收入至少有 1000 万美元以上。因此姚明选择打球而不是上大学是一个明智的选择。

清末同治年间鄞县曾发生一起非常有趣的"斗米斤鸡"案。这个案件的背景是，一个农民进城后不小心踩死店主的一只雏鸡，店主声称，雏鸡虽小，但是品种特殊，只需饲养几个月，就能长到九斤重。按照当时鸡肉的价格，每斤可卖百文钱，因此要求农民共赔偿 900 文钱。当时的知县段广清认为，店主说得有理，因此命令农民照价赔偿。店主很高兴，正要歌颂知县的英明神武时，知县又开口了，"斗米斤鸡，要给鸡喂一斗米，鸡才能长一斤肉，所以，为了让鸡长到九斤，还需给鸡喂九斗米才行。店主你既然得到了九斤鸡肉的赔偿，那么你就应该支付鸡吃米的成本，所以店主你还需要支付给农民九斗米"。知县的判决正是巧妙地运用了机会成本的概念：当你得到一样东西的时候，你必须考虑为此放弃了什么。

二、企业生产中的机会成本

假设张三原来是一家国有企业的员工，他每年可以拿到 5 万元的年薪。后来张三辞职，自己开了一家文印店，年总收益10万元，扣除他付给工人的工资(2万元)、支付的水电费(1万元)、纸张和油墨(1万元)等支出后，张三每年可以净赚6万元。那么张三辞职开文印店的决策是否划算呢？表面上看，开文印店每年能赚取的6万元，似乎是个不错的决策。但是仔细看下去却发现其实不然。就张三而言，为了开文印店赚6万元，张三其实放弃了很多。首先，张三为了开文印店放弃了5万元的国有企业的工作；其次，张三开文印店的店面是自家的店面，虽然不需要为自己支付门面租金，但是这家店面由于用于文印店，就没有办法出租给他人换取店面租金了，假设同地段同类门面的年租金为3万元，这3万元就同样应该属于放弃的收入；再次，张三为了开文印店，使用了自有资金10万元，用于购买桌子、椅子、打印机等设备，如果这10万元购买理财产品，每年可以获得1万元的利息，这1万元的利息收入为了开文印店同样也被放弃掉了。因此，综合起来看，以上放弃的机会成本至少应该有9万元(放弃的5万元的工资收入＋放弃的3万元的租金收入＋放弃的1万元的利息收入)。为了6万元的收入，放弃了9万元的收入，这显然是得不偿失的。

表5-1　张三开文印店每年的成本和利润

会计师眼中的文印店		经济学家眼中的文印店	
总收益	10万元	总收益	10万元
支付员工工资	2万元	支付员工工资	2万元
水电费	1万元	水电费	1万元
纸张和油墨	1万元	纸张和油墨	1万元
		放弃的工资收入	5万元
		放弃的店面租金	3万元
		放弃的利息收入	1万元
显性成本	4万元	经济成本	13万元
会计利润	6万元	经济利润	－3万元

表5-1列出了张三开文印店所有的成本。会计师关注的成本有支付员工的工资、水电费、纸张和油墨，这部分成本的特征是有现金流入或流出，会计师会将这部分成本登记入账，因此这类成本被称作会计成本，又称显性成本。即会计成本或显性成本指的是涉及现金流入或流出的，应该登记入会计账簿中的成本。而张三为了开文印店所放弃的工资收入、店面租金和利息收入，并不涉及现金的流入或流出，是会计师记账时没有考虑的部分，但是同样也应该算在张三的总成

本中，这类成本被成为隐性成本。即隐性成本是指不涉及现金流入或流出的，没有反映在会计账簿中的成本。隐性成本的存在，是由于企业使用了自有生产要素，而放弃了其他收入所造成的。虽然隐性成本并不涉及现金流入或流出，但是在经济学的分析中隐性成本是不可或缺的。经济分析中考虑隐性成本，是为了反映这一事实：当我们得到一样东西的时候，我们不仅仅要考虑得到了什么，还应该考虑为了得到这样东西放弃了什么。只有综合比较得到的和放弃的东西，才能作出最理性的决策。因此，经济学家所考虑的经济成本，就是显性成本和隐性成本之和。即经济学家在做决策时，既要考虑显性成本，又要考虑隐性成本。

对于会计师和经济学家而言，他们所考察的成本范畴不同，进而他们所计算的利润也不同。会计利润，既会计师所计算的利润，等于总收益减去会计成本。经济利润，也就是经济学家所计算的利润，等于总收益减去经济成本。由于经济成本总是大于会计成本，因此经济利润总是小于会计利润。

在现实生活中，经常可以观察到一些微利企业，它们的经济利润等于0，可以它们仍然愿意继续生产。其原因在于，经济利润等于0时，说明总收益刚好弥补了包括显性和隐性成本在内的所有成本，即该赚的钱已经都赚到了。

天津有一个鞋城，打出促销广告“公开成本价让顾客自由加价”。广告一出，鞋城开始门庭若市。顾客根据标价，有加价2元的，有加价5元的，有加价10元，甚至也有一元不加的。为什么即使一元不加，鞋城也同意成交呢？一元不加的话，鞋城的收益岂不是只能弥补成本，赚不到钱了吗？鞋城为什么愿意做无用功呢？问题的关键在于广告“公开成本价让顾客自由加价”中的“成本价”的定义。鞋城所公布的成本价并不是老百姓普遍认为的会计成本，而是包含了会计成本和隐性成本在内的经济成本。假设包括了店面租金、水电费、营业员的工资，以及鞋子的进价在内等所有显性成本是20万元，鞋城老板为了开鞋城所放弃的其他工资收入是5万元，老板使用自有资金所放弃的利息收入是1万元，那么鞋城所公布的成本价就是26万元（20万元的显性成本＋放弃的5万元工资收入＋放弃的1万元利息收入）。即使顾客一分钱也不加，收益也能弥补掉所有的成本，即除了显性成本得到了弥补之外，该赚的工资收入和该赚的利息收入也一分不少的赚到了。对于鞋城老板而言，顾客一分钱不加的情况下，经济利润刚好等于0，这意味着对鞋城老板而言，从事鞋城的经营，和从事其他生产所能产生的利润情况刚好是一致的。而如果部分顾客在“成本价”的基础上有加价，那么鞋城老板就能比从事其他生产赚更多的钱。

➯案例 5.1

白领揭秘换工作"隐性成本"

高薪跳槽一定划算？揭秘换工作的隐性成本

高职位和高薪的诱惑常常让人心生跳槽念头，然而要成功地完成人生一"跳"谈何容易？殊不知，在跳槽的过程中，还有各种显性和隐性的成本。职场专家提醒，务必事先对各种成本和风险因素做一次综合评估，做到心中有数。

人往高处走，跳槽已成为职场人追求高职位和高薪的重要方式，然而要干脆利落地完成人生一"跳"谈何容易？今天我们要关注跳槽中的另一个重要环节——成本。

职场专家认为，不少人认为，只要跳槽后的工资收入比以前高，跳槽就是合算的。殊不知，在跳槽的过程中，还有各种显性和隐性的成本，如果不在事先对这些成本和风险因素做一次综合评估，做到心中有数，也有可能出现"越跳越糟糕"的尴尬局面。

显性成本和隐性成本

典型案例：小夏大学毕业之后进入一家中型广告公司工作，两年之后有了一定的积累，在业务方面已经能够独当一面，而且在业界也积累了一定的人脉关系。在这段时间内，领导器重她的工作能力，故得到了更多的晋升机会。而由于她平时比较善于处理与同事之间的关系，因此在同事间口碑也很好。但是还有一件事令她感到有些不满意，由于公司刻意控制成本，在这两年时间内，她的工资水平虽然十分稳定，但也从没有增长。而她的同学，有些职位虽然比她低一点，但是工资却要高她不少，这常常让她在同学聚会时感到有些抬不起头来。

如果继续留在公司，工资水平在短时间内不会有变化。经过一番考虑，小夏决定跳槽。她很快找到了新的工作单位，在一家中资银行信用卡推广中心得到了经理职位。工资水平当然也如她所愿，只要能够完成任务，与原来相比要翻三番。

办理辞职手续时，由于与原公司签订的劳动合同并未到期，提前结束合同需要支付 10000 元的违约金，小夏想到新工作能够挣到原来 3 倍的工资，为了尽早获得自由身，于是咬牙自掏腰包做了了断。

在新的工作环境，小夏所面对的一切都是新的，因此她要花费精力来适应，而在银行卡发行方面，她毫无经验可谈，所以只好加班加点地干，希望通过自己的勤奋来弥补经验上的不足。除此之外，由于新公司距离自己的住址更远，她花费在上下班方面的时间、金钱也多出不少；为了尽快与新同事建立良好的关系，她还“破费”请过几次客。但是3个月的时间过去之后，工作上没有起色，收入根本就没有达到原来预想的水平。

事后，小夏估算了一下，她为跳槽直接付出了将近20000元的代价，其中包括违约金、放弃年终奖等。然而，在半年时间内，她的收入锐减，这也是间接损失。当然，以前人脉积累的流失等损失无法以金钱来确定。

专家点评：

（威职业顾问总经理兼首席咨询师：郭策）

作为一个成熟的职场人士，在跳槽的过程中，新职位高薪的诱惑固然是一个重要的方面，而各项跳槽成本也是不容忽视的。

一般情况下，跳槽所产生的成本包括两大部分，即显性成本和隐性成本。显性成本是指那些可以明确预见的成本，如违约金、培训费等。如案例中小夏的跳槽所产生的显性成本，至少包括10000万元的违约金和8000元的年终奖等。

在显性成本中，还有一种是由于竞业禁止协议引起的赔偿，而且往往数额较大，这也是跳槽者必须注意的。如2005年7月，原微软副总裁李开复加盟Google，这次行为让微软大为光火，并指控李开复受聘Google违反了他与微软签下的“非竞争协议”。这是目前最为著名的由“竞业禁止”协议引发的官司。目前较为常见的是公司高级管理人员与公司会签订竞业禁止协议，因为这部分人掌握着公司的商业机密，因此离职之后，为了避免机密泄漏，原公司会要求该人员在一定的时间内，不得到与原公司有竞争关系的公司就职，或者自办与原公司有竞争关系的公司，以及生产与原公司商业秘密相关的产品。如果违约，根据协议规定，原公司会提出高额索赔，如有的公司约定一次性支付违约金，金额为员工离开企业单位前一年的工资收入的50倍。

而形形色色的隐性成本更是许多跳槽者不容易发现的，如在新单位要重新投入精力、财力建立人际关系、赢取信任等。比如说，新公司离家较远，就可能会租住离公司较近的房子或购置车辆等交通工具；初到新公司，对人员不熟悉，要与新同事搞好关系需要花费人际交往费；接触新的工作，对各种规定不熟悉，加班加点、牺牲休息时间以便跟上同事的步伐等；或者放弃了原有的专业，自己需掏钱“充电”适应新工作。这些都是需要花大量时间、精力、金钱。因此跳槽也许在工资上能够带来进一步的提高，但是由于不断更换环境而有着更大的花费。

所以在跳槽之前，一定要对显性成本和隐性成本进行通盘考虑，分析这两种成本会对自己形成多大的影响，然后做出综合测评，确定自己的应对方式。

（资料来源：http://www.ce.cn/life/zclc/zcjh/201009/20/t20100920_21834023_3.shtml）

第二节　沉没成本和沉没成本误区

我们来对比以下两种场景。

场景一：你的朋友送给你两张舞台剧的门票，舞台剧的内容以及座次都是你和你女朋友所喜欢的，每张票的市价 500 元，两张票的市价合计 1000 元。舞台剧的时间是周六晚上六点开始。你和你的女朋友对去看这场舞台剧充满了期待。可是天公不作美，周六白天还天气晴朗，可是从傍晚五点你们正要出门的时候开始，风雨大作，电闪雷鸣。眼看要到六点钟了，雷雨还是愈演愈烈。请问，你们这时会如何抉择？是不畏艰辛地坚持去看舞台剧呢？还是放弃？

场景二：你和你女朋友喜欢某舞台剧，在得知该舞台剧终于要在本市上演的消息后，你省吃俭用节约下 1000 元买了两张舞台剧的门票，准备在周六晚上六点带女朋友去看。可是从傍晚五点你们正要出门的时候开始，风雨大作，电闪雷鸣。眼看要到六点钟了，雷雨还是愈演愈烈。请问，你们这时会如何抉择？是不畏艰辛的坚持去看舞台剧呢？还是放弃？

经过调查发现，大多数人在前一种情况下会选择放弃，原因是这 1000 元的门票是别人送的，并没有花费自己什么时间和精力。而在后一种情况下会选择坚持，理由在于：自己已经付出了这么多的时间精力和金钱，这时放弃太可惜了。

那么大多数人这样的选择是否合理呢？遗憾的是，经济学告诉我们，大多数人在这种情况下都陷入了一种“沉没成本误区”，进而作出了非理性的选择。

所谓沉没成本，指的是已经发生的，并且无论做怎样的决策都无法收回的成本。既然无论做怎样的决策都无法改变沉没成本，人们就应该在做决策时把它忽略掉。正如在场景二中看到的，无论你们是坚持看，还是放弃看舞台剧，你之前为购买门票所花的 1000 元都已经无法收回了。既然无法收回，那么你的做决策时，就不应该再考虑这 1000 元。你这时理性的思路应该是：如果从看舞台剧中所能得到的心灵享受超过了你去剧院路上所付出的艰辛，那么你就应该坚持去看；而如果心灵享受不能超过艰辛，那么你就应该放弃。也就是说，场景一和场景二中的答案应该是一致的，如果在场景一中你选择了放弃，那么在场景二中也应该选择放弃。你的选择依据应该与门票来源无关。

再假设你以 26 美元的价格从中国银行购买了黄金的看涨期权，这一期权赋予了你以 915 美元/盎司的价格买入黄金的选择权，从而如果你真的选择买入黄金的话，你实际所支付的价格将是941美元(26＋915)。现在假设黄金价格上升至930美元/盎司。那么你是否应该行权买入黄金呢？答案是应该行权买入黄金。原因在于26美元是一项沉没成本，一旦支出后，无论你是否行权都已经无法改变，它不应该影响的现在的决策。如果你行权的话，你可以以915元的价格买入价值930元的黄金，当然应该行权。

问题是，大多数人在做决策时，很容易受过去所支出去的成本困扰，过多地考虑沉没成本，从而陷入沉没成本误区。

现在中国大多数家庭都有一种“不要让孩子输在起跑线”上的想法，于是各种类型的早教机构遍地开花。受周边教育风气的影响，某小男孩的妈妈给小男孩办了一张钢琴培训班的年卡，价值7000元。小男孩刚开始的时候还兴致勃勃，可是学习了几次以后，就不感兴趣了。几乎每次去钢琴教室，都得妈妈威逼利诱才会动身。妈妈考虑转让年卡，但是失败了。请问这时应该怎么做？钢琴培训应该坚持下去么？小男孩的妈妈和爸爸商量：“既然年卡都办了，就得好好学，要不年卡就浪费了。”最后他们决定买一台特价钢琴(价值1万元)，放在家里，增加小男孩与钢琴接触的次数，希望能提升小男孩的兴趣。结果是非常糟糕的，这个小男孩天生就喜欢运动，而不是音乐，爸妈威逼着学习钢琴，反而导致小男孩对钢琴产生厌烦情绪，能不练琴就不练，即使练琴也很敷衍。于是一年以后小男孩的爸爸妈妈只好宣布放弃培养小男孩在钢琴方面的能力，并将钢琴转让出去(转让价6000元)。我们经过一个简单的算数可以发现，为了不浪费7000元的钢琴年卡，结果小男孩的父母不仅没有能够充分利用这张年卡，反而继续浪费了4000元(10000－6000元)的钢琴费。

由此可见，如果发现一个决策是错误的，切记一定要悬崖勒马，尽早止损。“坚持就是胜利”，在这里是错误的口号。因为如果坚持下去的话，不仅无法收回过去的成本，反而会错上加错，导致更大的损失。

➩案例5.2

光伏人应警惕“沉没成本误区”

冬去春来，2013年的年报季渐近。但对于光伏制造业而言，春暖花开的日子恐怕还为时尚远。市场普遍预计，多家上市公司可能在年报中计提大额违约和减值准备，估计尤以硅片、设备环节为“重灾区”；不彻底整合淘汰落后产能，恐怕很难走出全行业亏损的泥潭。

然而，放眼光伏行业，昔日的造富游戏如今似乎成了比拼耐力的竞赛。一些亏损累累的企业非但不见主动关停产能，还在四处砸钱救场，甚至有些还在逆市招工扩产。厂商也有自己的苦衷：身家都套在里面呢，砸锅卖铁也得死扛，就看谁先死。笔者想说的是，谁在“沉没成本误区”里陷得最深，谁必先亡！

无处不在的“沉没成本陷阱”

沉没成本是指由于过去的决策已经发生了的，而不能由现在或将来的任何决策改变的成本。如果一项开支已经付出并且不管作出何种选择都不能收回，如时间、金钱、精力等，都可能成为“沉没成本”(Sunk Cost)。

而“沉没成本陷阱”在我们的日常生活中可谓无处不在。比如你花高价买了一张电影票，走进影院半小时就发现这是一部烂片。那么，你是应该马上离开电影院，还是哪怕睡觉也要坚持撑到散场？也许大部分人都会选择后者，不然会觉得“对不起”票钱。其实，你恰恰不需要考虑的正是电影票；因为不管是去是留，影院都不可能再把票钱退还给你。

说到这里，想起印度的圣雄甘地曾有一段脍炙人口的小故事。他生前有一次外出，在火车将要启动的时候，急匆匆地踏上车门，不小心把一只鞋子掉在了门外。火车启动了，他随即将另一只鞋脱下来也扔出窗外。一些乘客不解，甘地的回答是：“如果一个穷人正好从铁路旁经过，他就可以得到一双鞋。”甘地悲天悯人的情怀固然令人动容，但大师面对“沉没成本”的超然和睿智，显然更值得我们这些凡夫俗子去体悟。

“沉没成本”之所以成为陷阱，不在于它有多难识别，而在于人心的执念和对损失的恐惧，会令大多数人最终做出错误的决策。做过投资的朋友都知道，对于一只股票或基金，如果它已经让你亏损太多，且短期内没有改善迹象，与其盲目追加投资、换来无期限的望眼欲穿，不如果断止损，开始一段新的投资体验。正是“知易行难”，面对暴涨暴跌的市场，试问又有几人能够如此淡定？

当然，如果这里的“沉没成本”不是一只鞋子或者区区几十钱的电影票，而是庞大的产能、上亿的资产；面对的不再是个人的得失，而是一个产业的前景，相信更会让很多企业家心生彷徨。其实，从经济学上来看，无论是多大的“沉没成本陷阱”，本质都是一样的，在于决策者基于毫不相关的信息而做出决定，从而错误分配了资源。

及时止损，放弃即是获得

对于企业而言，无论是决策失误，还是大环境的转向，如果发现方向错了，果断放弃其实也是一种收获。面对形形色色的“沉没成本陷阱”，不要与之纠缠，还应坦然承认失败、从头再来。英特尔公司(Intel)2000 年 12 月决定取消整个 Timna 芯片生产线就是这样一个例子。Timna 是英特尔专为低端 PC 设计的整合型芯片。当初在上这个项目的时候，公司认为今后计算机减少成本将通过高度集成（整合型）的设计来实现。可后来，PC 市场发生了很大变化，PC 制造商通过其他系统成本降低方法，已经达到了目标。英特尔看清了这点后，果断决定让项目下马，从而避免了更大的支出。

同样，中国光伏产业也不乏这样“壮士断腕”的范例。英利的“六九硅业”项目于 2010 年 8 月投产，不料 2011 年国际光伏产品价格剧烈跳水，多晶硅从 70 美元/公斤暴跌到了 30 美元/公斤，而“六九硅业”的技术是硅烷法，无论是产品的质量和成本在当时都没有竞争力。英利遂于当年第四季度以 22.75 亿元的高昂代价终止了这个项目。倘若没有这样的勇气，时至 2012 年这样惨淡的年景，英利将要付出的代价将远远超过这一数额，甚至为之倾家荡产也未可知。

沉没成本也是强者的通行证

另一方面，如果用“拿钱买教训”、“交学费”的观点来看待沉没成本，也是片面的。事实上，除了投资决策失误造成沉没成本这一极端的情况外，很多时候沉没成本是一种必不可少的支出。中国有句古话“舍不得孩子套不着狼”，说的就是这个道理。

这方面的反面教材并不鲜见。中国研发国产干线大飞机的“运十”（Y10）项目的功败垂成，至今令人扼腕叹息。从 1970 年 8 月启动，到 1983 年 10 月无疾而终，Y10 项目共花费了 5.377 亿元，最终却是因为第三架 Y10 飞机 3000 万元组装费用未能拨付，整个项目最终停顿。1970 年代的 5.377 亿元按照通胀率、汇率以及连续投入等综合因素换算，相当于今天 150—200 亿元的投入！孩子都舍出去了，却舍不得再下本钱；到头来狼没套着，孩子也没了。

对一个行业或产业来说，其沉没成本的状况往往构成了进出壁垒的关键，并最终决定市场结构。那些具有明显规模经济和庞大硬件投入的资本密集型产业，其超额回报可谓诱人，但其惊人的初始投入和高退出成本则往往使许多市场“准进入者”却步，因为这首先是一场“谁输得起”的比拼，“输得起”的一方最终会成为市场的赢家。

就光伏产业来看，“战略性新兴产业”光环的另一面，就是高风险和高沉没成本。即便各项政策最终能成功地促进产业长足发展，产业初生期也注定产生大量“沉没成本”。问题是，这部分巨大的沉没成本，究竟该由谁来承担？在光伏产业刚起步的时候，没有人意识到这个问题。如今正是“覆巢之下焉有完卵”，在光伏业债务违约的阴影下，地方政府、商业银行乃至于企业自身，都成了一根绳上的蚂蚱：任谁都无法单独背负那些债务黑洞，谁又都脱离不了干系。

“往者不可谏，来者犹可追。”中国发展光伏这一类新兴产业，必然面临政策缺位、经济周期性波动等系统性风险;对于那些勇于试水的先行者,即便如何小心谨慎,"交学费"也几乎是必然的。如果这部分风险和沉没成本完全由企业背负,变成了"棒打出头鸟",对于行业发展显然不利。笔者认为,与其让地方政府和商业银行过多插手、政商关系盘根错节引发"三角债"的迷局,今后对于光伏企业的信贷支持还应统一归口于国家开发银行这样的政策性银行,为相关企业的起步做到"扶上马送一程"。

(资料来源:http://guangfu.bjx.com.cn/news/20130225/419243.shtml)

第三节 短期中与长期中的成本

正如上一章所介绍的,在短期中,企业存在难以改变的生产要素,而在长期中,企业所有生产要素都是可变的。与此相对应的,在长期和短期中,企业生产所涉及的成本变动也是不同的。

一、固定成本与可变成本

企业要生产产品,必然要付出成本。考虑投入要素的价格之后,可以将表1中的投入与产出之间的关系,转化为产量与成本之间的关系。假设文印店的资本设备、店面等固定投入折旧到每个月价值1万元,可变投入——每个工人的月工资是2000元,则文印店的产量和成本情况可以概括如表5-2所示。

表 5-2 文印店的产量与成本

生产阶段	工人数量	总产量(千张)	边际产量(千张)	固定成本(万元)	可变成本(万元)	总成本(万元)
Ⅰ	0	0	—	1	0	1
	1	10	10	1	0.2	1.2
	2	23	13	1	0.4	1.4
	3	38	15	1	0.6	1.6
	4	54	16	1	0.8	1.8

续表

生产阶段	工人数量（L）	总产量（千张）	边际产量（千张）	固定成本（万元）	可变成本（万元）	总成本（万元）
Ⅱ	5	69	15	1	1	2
	6	82	13	1	1.2	2.2
	7	92	10	1	1.4	2.4
	8	96	4	1	1.6	2.6
Ⅲ	9	93	−3	1	1.8	2.8
	10	83	−10	1	2	3

其中，购买固定投入所需花费的开支，属于固定成本，即不随着产量变动而变动的成本。固定成本是个常数，即使企业产量为零，企业仍需要支付固定成本。在表2的例子中可以发现，即使产量为零，文印店仍需支付资本设备的折旧、店面租金等合计1万元，这1万元就属于固定成本。类似的，如果企业购买了某商业保险，或雇佣了全日制的按月发工资的雇员，那么即使某日企业产量为零，商业保险的费用，固定员工的工资都得照常支付，这类费用同样应该属于固定成本。消除固定成本的唯一方法是关闭企业。只有企业彻底退出生产，关闭企业，转让所有生产要素，企业才不需要支付固定成本。

购买可变投入所需花费的开支，属于可变成本，即随着产量变动而变动的成本。例如，文印店想要扩大产量，就必须投入更多的劳动力，更多的劳动力则带来了更多的工资成本，这类工资成本随着产量增加而增加，就应该属于可变成本。假设文印店老板发现，由于放寒假，学校里不见人烟，文印店生意冷清，因此决定解雇所有临时工，暂时停止营业一个月。此时临时工的工资支出将会降为零。

注意，这里已经涉及企业两类决策：关闭企业与停止营业，这两类决策看着相似，但是本质上是不同的。关闭企业针对的是长期，指的是企业把所有固定投入都转让掉，永远退出生产，此时无论固定成本还是可变成本都等于零。企业停止营业针对的是短期，指的是企业暂停生产，虽然此时可变成本为零，但是仍需支付固定成本，由于固定投入要素仍在，因此当经营环境转好以后企业又能迅速进入生产。

正如在上一章所区分的那样，短期中存在固定投入与可变投入之分，长期中所有投入都是可变投入。类似的，短期中存在固定成本和可变成本之分，但是到了长期所有成本都会变成可变的，因为长期中企业可以选择买入或者卖出固定投入，从而所有成本都能发生改变。

二、固定成本、可变成本与企业短期决策

固定成本和可变成本之分，能帮助企业清楚地知道，当其改变产量时，哪些成本会发生变化，从而有助于企业作出很多重要的生产决策和定价决策。关注过飞机票价的人可能留意过以下现象：有时候飞机票价的折扣简直低得离谱。比方说，从重庆飞广州的航线，曾卖出过低至 0.7 折的 84 元特价机票。对比之下，重庆到广州的硬座火车票最低也得 198 元。这不由得让人产生疑问：航空公司为什么愿意推出如此便宜的低价机票呢？在了解背后的原因之前，需要先分析航空公司的成本是如何随着航班入座率的上升而变动的。在短期内，航空公司存在很多难以改变的固定成本，如飞机的日常维护费、相关工作人员的工资等。即使航班的入座率仅为 1/5，这些固定成本也必须支出。同样，即使航班的入座率达到了 100%，这些固定成本也不会因此而增加。由于增加入座率而导致的成本上升，仅仅包括新增乘客的食物、饮料等可变成本，而这些可变成本与 84 元的机票价格相比，显然是微不足道的。因此，航空公司特价机票的推出是符合经济学逻辑的：只要新售的机票价格能够弥补新增乘客所增加的可变成本，这张机票的推出都是合理的。当然，有人可能会进一步追问：既然只要机票价格大于额外的可变成本就是划算的，那为什么不把所有的机票都卖 84 元呢？这里涉及一个价格歧视的问题，我们之后会在市场结构理论这一章节中详细阐述。

企业在经营决策中广泛地应用了固定成本和可变成本的概念。杭州不少旅行社在旅游淡季推出了 100 元一日游的活动。100 元中包含了空调旅游车、景点首道门票、旅游责任险，以及优秀导游服务。旅游景点包括了西湖三潭印月、岳王庙、虎跑、龙井问茶、灵隐飞来峰、黄龙吐翠这六个著名景点。不少游客觉得不可思议：为什么会这么便宜呢？100 元看似连司机和导游一天的工资都发不出来，更何况还得支付油费、门票费等。其实按照经济学的分析，旅行社推出这样的活动即使可能会导致旅行社短期亏损，但是仍然是有道理的。在旅游淡季，旅行社的客源不足。即使如此，旅行社的固定成本——包括客车的维护费、旅行社工作人员的工资等，都无法减少。如果旅行社由于在淡季无法拉到客源而停止营业的话，这些固定成本就成了旅行社的净损失。反过来，只要旅行社的 100 元收入大于油费，以及团购后的景点门票等可变成本，得到的收入就至少能在弥补可变成本的基础上部分地弥补固定成本，这样一比较可以得出：对于旅行社而言，推出特价旅游虽然仍有可能是亏损的，但是亏得要比在淡季停止营业来得少，因而更为划算。当然，推出特价旅游只是旅行社的短期行为——针对的是旅

游淡季，在旅游旺季时，旅行社肯定会上调旅游价格。否则如果长期处于亏损状态的话，企业在长期中必然退出生产，转向其他赚钱的行业。

第四节　边际成本递增规律

上一章我们考察了边际产量递减规律：当其他要素投入不变，随着某种可变要素投入的增加，到达某个点后，每增加投入一单位的该要素，它所带来的产量增加量是递减的。这一规律反映了企业的产量是如何随着可变投入的增加而变化的。

现在我们换一个角度，考虑以下问题：企业的成本是如何随着企业的产量增加而发生改变？这个问题和上一段所提出的问题是紧密相关的。在要素价格不变的情况下，更多的要素投入，则必然带来更高的成本。

这里我们引入一个新的概念：边际成本。边际成本指的是新增加一单位产量所带来的成本的增加。很显然，企业为了增加产量，并不需要改变所有的成本投入。其中固定成本是保持不变的，只有可变成本随着产量增加而增加。因此边际成本也可以理解成新增加一单位产量所带来的可变成本的增加。

回顾之前在上一章中所描述的生产的三个阶段。在第一个阶段中，随着工人数量的匀速增加，企业的产量是以越来越快的速度逐渐增加。第 1 个单位的劳动力能带来 10 个单位的边际产量，第 2 个单位的劳动力可以带来 23 个单位的边际产量，以此类推。那反过来，我们可以这样理解：前 10 个单位的产量需要增加 1 个单位的劳动投入，接下来 10 个单位的产量则需要新增不到 1 个劳动力的投入，再接下来的 10 个单位的产量则只需要更少的新增劳动投入了。由于更少的新增劳动投入意味着更少的边际成本，因此这一阶段的边际产量递增可以转化为边际成本递减。类似的，在生产的第二和第三阶段中，边际产量是递减的，新增的劳动力只能发挥越来越小的作用，这反过来就意味着到了生产的第二和第三阶段，为了继续新增产量，每一个单位的新增产量都带来越来越高的边际成本。

因此，与边际产量递减规律相对应，企业生产中要符合边际成本递增规律。边际成本递增规律指的是，随着企业产量的增加，企业生产的边际成本刚开始的时候是递减的，但是超过某一个临界点后，就会出现递增的趋势。

因此，在企业固定投入保持不变的情况下，企业并不是追求产量越大越好。

当产量超过某一临界点时，继续增大可变投入，只能导致企业不合理的固定——可变投入比例，进而新增的可变投入只能发挥越来越小的作用，边际成本会越来越大。除非企业产品的价格能够随之有足够的提高，否则这时提高产量将是得不偿失的。

案例 5.3

铃木新奥拓的生产规模选择

以铃木的新奥拓为例，它上市后的销售价格是 1.4 万—5.6 万元。不少消费者对新奥拓予以了肯定。然而公司在销售中却很快发现，由于产能不足，每个月总有部分消费者买不到车。因此，消费者采取了预定或者加价的方式，希望能够确保购买到。这里的问题是，新奥拓的生产企业长安集团，为什么不愿意扩大产量来满足旺盛的市场需求呢？答案是：边际成本是递增的。就目前的固定投入（厂房、生产流水线等）而言，长安集团目前的产量已经达到了一个最优的规模。如果扩大产量的话，固定投入短期内难以改变，边际成本将会大幅上升。而新奥拓在市场上的销售价格并没一个巨大的上升空间来弥补企业增加的边际成本。因此维持现有产量，是长安集团在短期内所能作出的理性选择。

第五节　规模经济与规模不经济

值得注意的是，在上述长安集团的例子中，长安集团的“最优生产规模”只是针对短期的。在短期内，企业难以改变固定要素投入，因此，产量达到一定规模后，企业的边际成本会开始上升。当边际成本超过了每销售一辆汽车的边际收益时，企业扩大规模将是得不偿失的。但是，如果考虑另一种情况：如果长安集团的新奥拓销售情况一直非常火爆，那么长安集团会不会考虑增加固定投入（如：厂房、生产流水线等），来满足订单的需求呢？换句话说，在长期中，企业会不会考虑增加所有生产要素投入，进而扩大产能呢？这里企业的决策要依据企业产能对企业长期成本的影响。而产能对企业长期成本的影响，可以分成三种情况：规模经济、规模收益不变、规模不经济。

一、规模经济

规模经济指的是，企业的长期平均成本随着企业产量的扩大而下降。比方说，如果某汽车厂每月生产 2000 辆汽车时，平均成本是每辆 3 万元；当汽车厂通过扩大所有要素投入将产能扩大到每月 20000 辆时，平均成本下降到每辆 2 万元。这一成本的下降就表示汽车行业存在规模经济。为什么规模更大的汽车厂平均成本会更低呢？

一个重要的原因是规模报酬递增规律。回顾之前在生产理论中提到的，随着生产规模的扩大，分工和专业化变得更加细致，从而工人的工作效率更高，当要素投入扩大 n 倍时，产量的扩大倍数大于 n 倍，因此平摊下来，平均每单位产出的成本也就下降了。

规模经济另一个重要的原因是，有些机器设备必须在较大生产规模的时候才能使用，随着生产规模的扩大，企业能够利用更加先进的生产技术、更加高端的机器设备。因此规模扩大对于企业效率的提升是有帮助的。

另外，规模扩大有利于提高大企业对于其供货商及融资对象的议价能力，使这类大企业能相对于小企业以更优惠的价格采购到原材料，以及获取资金。更大的规模同时也有有利于企业的更高的产量上分摊一些必要的固定投入，如广告、研究、废物的综合利用等。比方说，沃尔玛就凭借其采购规模在采购价的谈判上具有相当大的优势。

在我们身边，有很多凭借规模经济而取得成功的企业案例。其中一个典型的代表就是格兰仕。格兰仕的主打产品是微波炉。早在 1996—1997 年，格兰仕微波炉的生产规模就达到了 100 万台。此时，由于规模经济，格兰仕微波炉的成本比规模为 80 万台的企业成本要低，而格兰仕将出厂价定在规模为 80 万台的成本价以下，这样既保证自己有一定的利润，又确保本产品的价格优势；随后企业的规模进一步扩大，随着规模的扩大，企业成本进一步降低，企业则进一步降价。当格兰仕规模达到 400 万台时，它将出厂价定在规模为 200 万台的企业成本价以下，规模达到 1000 万台以上时，又把出厂价降到规模为 500 万台企业的成本价以下。这样格兰仕形成一个良性循环：更大的规模——更低的成本——更低的价格——更大的规模。长期下来，规模小成本高的企业竞争不过格兰仕，一批批地被淘汰，格兰仕的规模则不断地壮大。难怪后来格兰仕达到了 70%的市场占有率。

案例 5.4

王永庆的成功之路

台塑集团老板王永庆被称为“主宰台湾的第一大企业家”,“华人经营之神”。王永庆不爱读书,小学时的成绩总在最后10名之内,但他吃苦耐劳,勤于思考,终于成就了一番事业。王永庆大概也没有读过什么经济学著作,但他的成功之路却与经济学原理是一致的。

王永庆的事业是从生产塑胶粉粒PVC开始的。当时名不见经传的王永庆就像吃了豹子胆似的,竟筹措50万美元,创建了台湾第一家塑胶公司。塑胶原料生产出来了,但是日本同类产品物美价廉,充斥着台湾市场,而王的产品严重滞销,仓库爆满,股东们心灰意冷,王几乎陷入绝境。

王永庆对失败有自己独特的理解,他认为失败并不可怕,只要从失败中找出失败的原因,就可能取得成功。

王永庆认为,自己的产品卖不出去,是因为自己的产品售价高,售价高是由于产品成本过高,而成本高是由于企业的产量太少。当时王永庆的企业每月产量只有100吨,是世界上规模最小的,所以成本高。这实际上是一个恶性循环:产量越低成本越高,越打不开市场;越打不开市场,产量越低成本越高。PVC王永庆知道,要降低PVC的成本只有扩大产量,所以扩大产量、降低成本,打入世界市场是成功的关键。于是,他冒着产品积压的风险,把产量扩大到1200吨,并以低价格迅速占领了世界市场。事实证明,王永庆的决定是正确的。

(资料摘自:梁小明:《微观经济学纵横谈》,生活·读书·新知三联书店2000年版)

二、规模收益不变

规模经济并不能无限制地持续下去。当企业规模扩大到一定程度后,企业的长期成本将不会随着产量的扩大而继续下降。在一定产量范围内,企业的平均成本保持在一个常数,这个阶段被称作规模收益不变的阶段。在这一阶段中,企业生产更多一点,或者生产更少一点,都不会影响企业的平均成本。

三、规模不经济

对于规模过大的企业而言,它将可能经历规模不经济:企业的成本平均成本随着企业产量的扩大而上升。规模不经济的原因和导致规模报酬递减的原因是类似的。随着规模的扩大,当机械化的劳动导致工人出现倦怠情绪时,当几何因素导致的负面作用出现时，以及当沟通和管理都变得低效率时，企业的产量扩大倍数都难以赶上投入的增加倍数，因此，平摊到每单位产品的成本也就上升了。2003 年，丰田遭遇规模不经济。丰田在乔治敦的车间主管无奈地发现，规模扩大后，自己无法阻止成本的上升，此时，他说了一句话："永无止境的追求会榨干你的生命"。这句话已经成了对规模不经济的经典描述。企业并不应该无休止的追求规模的扩大。凡事"适度"才是最佳的。

案例 5.5

规模为何不经济

因规模增大而带来经济效益的提高，这种"规模经济"是连锁经营追求的目标，通常认为，企业经营规模足够大时，多种固定费用被分摊，单位产品成本降低，同时因巨大的交易量会形成买方垄断或卖方垄断，产生高额利润。因此，连锁药店期望通过快速扩张来获得网络资源，实现采购物流的规模经济效应或分摊总部费用，实现更高的市场份额，获得更高的边际利润与营运现金流。但现实与理论显然存在着巨大落差。

几大全国性连锁药房，普遍面临"规模不经济"的尴尬境遇。一些连锁药房在扩张过程中，平均单店盈利能力持续下降，管理费用过高，而采购物流成本的下降不能达到预期水平，亏损店的数目在增加，因而导致企业整体净利润率下降——这种规模与利润呈反比例增长的结果，就是企业陷入"规模不经济"的陷阱。进入"规模不经济"瓶颈的企业会出现规模扩大、边际效益却逐渐下降的趋势。

为什么会出现赚规模不赚利润？

从造成规模不经济的原因角度，包括两种情况：一是外在不经济，即企业的长期平均成本随着行业规模的扩大而上升，如要素价格的上升、市场行情的下跌等；二是内在不经济，即企业规模扩大时，内部结构因规模扩大而更趋复杂，这种复杂性会消耗内部资源、降低管理效率，削减了规模扩大本应带来的好处，因此出现规模不经济的现象。

外在不经济带来投资成本的上升，如开店增加的店铺资金成本、劳动力成本、采购渠道资源成本及培训成本等；内在不经济则主要表现为非投资成本，如店铺数量增加引起的交易成本、管理成本、供应链协同成本、跨区域的本土化成本等。

门店扩张能够推动销售同步增长

新店铺投资成本的上升是行业性难题，房租、人工等硬性成本逐年攀升，极大地制约了药品零售业的发展，有可能导致"产出增加的比例小于投入增加的比例、销售额的增速小于规模扩大的增速"。连锁药店的门店数与销售额增长比例的变化，可以看出投资成本对于规模经济的影响情况。

表 5-3 可见，除了 2010 年国大药房(50%：62.7%)和 2011 年老百姓大药房(16.2%：41.84%)、一心堂(9.3%：14.97%)的门店增长较高于销售增长外，其余企业在销售额增速与规模扩大的增速之间较为均衡，海王星辰、成大方圆、大参林、健之佳、上海华氏等企业的销售额增速在近两年一直快于门店规模的扩张速度。可见，这部分国内较具规模的连锁药房，其整体产出增加的比例高于投入，因此，新店铺的投资成本并非造就某些企业规模不经济现象的主要因素。

表 5-3　2009 年、2010 年几大连锁销售额与门店增幅对比

连锁企业	2009 销售额(亿元)	2010 销售额(亿元)	2011 销售额(亿元)	2009 门店数(家)	2010 门店数(家)	2011 门店数(家)	2010 销售额增长率(%)	2011 销售额增长率(%)	2010 门店数增长率(%)	2011 门店数增长率(%)
国药控股国大药房有限公司	21.66	32.48	37.2	1069	1751	2000	50	14.53	62.7	14.2
广东大参林连锁药店有限公司	25.6	30.6	36.7	800	1000	1100	20	20	25	10
辽宁成大方圆医药连锁有限公司	20.5	23.55	26	716	795	828	14.88	10.4	11	4.15
老百姓大药房连锁股份有限公司	26.8	31.5	36.6	372	423	600	17.5	16.2	13.7	41.84
中国海王星辰连锁药店有限公司	31	34	36.2	2867	2990	2883	9.68	6.47	4.3	−3.58
云南鸿翔一心堂药业集团股份有限公司	20.66	23.64	25.84	1122	1309	1505	14.4	9.3	16.7	14.97
云南健之佳健康连锁店股份有限公司	8	9.6	11.3	600	700	800	20	17.7	16.7	14.29
上海华氏大药房有限公司	19	20.05	24.97	811	791	771	5.53	24.54	2.47	−2.53

规模扩张的正效应弱化、负效应增强

非投资成本主要考察企业内部的管理效率，包括交易成本、管理成本、供应链协同成本、跨区域的本土化成本等。当企业扩张到一定规模后，规模经营的正效应和规模扩大后所带来的负效应并存，且在连锁扩张过程中此消彼长。处于规模不经济阶段的企业，通常面临规模扩张的正效应弱化、负效应增强的趋势。

正效应弱化：1. 当连锁药房扩张到规模经济的技术性要求的上限时，收益会随着投入的增多而逐渐递减，继续扩张产生了规模不经济；2. 设备损耗、技术更新等，要求连锁企业进行巨额重置投资；3. 采购折扣下降具有刚性；4. 跨区域扩张的物流成本。

负效应增强：1. 企业规模扩大后，控制幅度增加，导致市场激励的弱化和官僚主义作风；2. 信息链加长，导致信息在从直接面向市场和顾客的门店向连锁企业管理总部的传输过程中出现停滞甚至失真；3. 门店与总部之间组织协调成本增加；4. 跨区域扩张时的本土化学习成本。

上述正、负效应所体现的问题，在药品零售业都能看到，尤其是做全国性架构的企业，其表现在单店产能下降、区域竞争力较弱、商品与市场需求不匹配等。行业成长期过短，大局未定，因此企业的市场战略呈现多样性，管理学上认为，如果企业规模扩大不能继续带来效益，应停止扩张活动，从而确定规模边界。实践中，一部分连锁药店会考虑关闭亏损门店，提高收益率，但亦有企业先求做大、继而做强，保持扩张战略。

从 2011 年的数据来看，国大药房、一心堂、大参林、健之佳等企业都有 10% 以上的门店增速，老百姓大药房甚至达到了 41%。不过相比 2010 年，表 5-3 中例举的企业，门店增速基本都在放缓，国大药房更从 62.7% 直降至 14.2%。此举表明，这些扩张势头一度强劲的连锁药房，或试图控制规模扩张速度，从而取得规模与效益之间更好的均衡。

（资料来源：http://www.51emo.com/Read.Asp?PPNewsID=11703）

小　结

1. 经济学把为了得到某样东西而放弃的其他东西称为机会成本。企业生产的机会成本，即经济成本，包括了显性成本和隐性成本。

2. 沉没成本，指的是已经发生的，并且无论做怎样的决策都无法收回的成本。既然无论做怎样的决策都无法改变沉没成本，人们就应该在做决策时把它忽略掉。

3. 短期中，企业生产符合边际成本递增规律，随着企业产量的增加，企业生产的边际成本刚开始的时候是递减的，但是超过某一个临界点后，就会出现递增的趋势。

4. 长期中，随着产量的变动，企业成本的变化可分为三个阶段：规模经济、规模收益不变、规模不经济。

关键术语

机会成本　显性成本　隐性成本　经济利润　会计利润　固定成本　可变成本　关闭企业　停止营业　沉没成本　边际成本递增规律　规模经济　规模不经济

复习题

一、选择题

1. 假如厂商生产的产量从2200单位增加到2202单位，总成本从5000万元上升到5020万美元，那么它的边际成本等于　(　　)
   A. 10万元　B. 20万元　C. 5020万元　D. 2万元
2. 某厂商每年从企业的总收入中取出一部分作为自己管理企业的报酬，这部分报酬属于　(　　)
   A. 显性成本　B. 隐性成本　C. 经济利润　D. 正常利润
3. 对经营者而言，下列哪种投入最有可能是一个企业的固定成本　(　　)
   A. 电费　B. 材料费　C. 办公设备　D. 工资支付
4. 有关经济学中的生产成本与企业会计的生产成本的叙述不正确的是　(　　)
   A. 经济学中的生产成本是指隐性成本
   B. 经济学中的生产成本包括生产过程中所有的显性成本和隐性成本
   C. 企业会计的生产成本指会计成本
   D. 会计成本仅包括经济学中的显性成本
5. 以下说法中正确的是　(　　)
   A. 会计利润是厂商的销售收入与机会成本之间的差额
   B. 会计利润小于经济利润
   C. 经济利润是厂商的销售收入与会计成本之间的差额
   D. 即使经济利润为负，企业也有可能有正的会计利润
6. 不受决策影响的非相关成本被称为　(　　)
   A. 机会成本　B. 沉没成本　C. 边际成本　D. 会计成本

7. 边际成本递增是以下哪个原因的结果　（　　）

A. 规模经济　B. 规模不经济

C. 边际产量递增　D. 边际产量递减

8. 当企业的总收益小于企业的总成本，但是大于企业的可变成本时，企业　（　　）

A. 亏损，应立即停产　B. 亏损，但应继续生产

C. 亏损，生产或不生产都可以　D. 获得正常利润，继续生产

二、思考题

1. 短期内，当某企业存在亏损时，它一定会停止营业么？请说明原因。

2. 你是否陷入过沉没成本误区？请举例说明。

3. 请举例说明边际成本递增规模。

4. 请分别举出你所见过出现规模经济以及规模不经济的企业例子。

5. 你认为下列哪些说法体现了经济学思维，并请说明你的理由。

(1)我为这件衣服付了 3000 元，所以虽然现在看着这件衣服并不喜欢，我也会经常穿它。

(2)我有 100 股股票，8 元是我的买入价，现在股价跌了。不涨回到 8 元我不能卖。

(3)提供民办学校的教育是有成本的，而公办学校是免费的。

(4)我自主创业的起始资金是我自有的，不需要从银行贷款，所以即使听说银行利息涨了，这也不关我的事。

6. 假设某企业生产电脑，该企业的会计报表能反映电脑生产的机会成本吗？为什么？会计报表反映的是什么成本？企业的决策应该以会计报表为依据吗？请解释原因。

7. 下列哪项与企业增加产量的决策有关：(1)短期平均总成本；(2)边际成本；(3)长期平均总成本。请说明原因。

8. 边际产量递减和规模报酬递减有什么区别？

9. 研究表明，某行业产能最大的工厂比产能最小的工厂平均成本大约能下降 20%。该报告的结论是：这一成本差异就是小规模工厂消失的原因。请解释该报告结论背后的原因。

10. 某学者对出版行业作出评论：“如果出版商能够准确知道哪些因素决定了书籍的销售情况，则他们会削减出版的书籍种类，但是每一种书的印量会增加。”如果这一结论是正确的，那么出版行业的成本情况必须满足什么条件？

第六章

完全竞争市场

【学习要点及目标】

了解市场结构的分类；掌握完全竞争市场中企业的价格行为；了解完全竞争厂商如何实现利润最大化；了解短期亏损和停止营业行为；了解长期中企业的进入和退出。

【引例】

1999年末，摩托罗拉的一款名为天拓 A6188 的手机问世，这是手机史上的一个里程碑，象征着智能手机时代的开端。当时这款手机的售价远远高于其他普通手机。高昂的售价使得生产智能手机比生产其他普通手机更加有利可图。而今天，智能手机已兴起了普及高潮。许多手机生产厂商都已经从只生产传统手机转向大批量生产智能手机。产量的增加迫使利润下降，从而使智能手机相对于普通手机的利润优势逐渐消失。2013年的数据显示，众多手机行业的大佬不约而同陷入了亏损或者利润下滑的困境。在手机生产领域中发生的故事告诉我们，一旦人们发现在某个领域有利可图，那么这一领域的利润空间就只能维持很短时间。

进一步观察可以发现，以上描述的高利润的短期性特征并不是在所有行业中都适用。比方说，微软、烟草等公司却能长时期维持暴利。那么为什么有些企业能维持高额利润，有些企业却不能？为什么有时候一家企业可以垄断整个市场？为什么同一航班会卖出许多不同的票价？石油垄断集团 OPEC 因什么原因而成立？为什么 OPEC 对原油价格的控制并不是总能取得成功？

要回答以上以及一些其他的相关问题，我们首先要了解市场结构，例如企业数量、产品特征、企业进出市场的难易程度等。不同的市场结构中，市场特征不同，处于市场之中的企业的行为模式也截然不同。

必备知识点

市场结构的区分依据 不同市场结构的特征 价格接受者的含义 完全竞争厂商实现利润最大化的基本原则 停止营业的条件 长期中自由进出市场的结果

拓展知识点

市场集中度的应用 完全竞争市场中“适者生存”的启示

第一节 市场结构分类

我们身边有成百上千的行业。虽然不同的行业具有不同的特征,但是有些行业还是有足够的相似性的。比方说,你去逛农贸市场,你就会发现,大米和鸡蛋市场具有相类似的特征:许多人会去买大米或者是鸡蛋,同时出售大米和鸡蛋的摊位也很多,并且不同摊位所卖的大米或鸡蛋,无论是在产品质量上,还是在价格上都是差不多的。而如果你希望购买的产品不是大米和鸡蛋,而是水和电,你却发现这时是没有选择余地的,因为你身边只有一家电力公司和水利公司,你只能选择从这家购买。水力市场和电力市场在这一点上是类似的。

类似于以上的逻辑,经济学家选取了以下三个关键的特征,将所有行业进行分类:行业中企业的数量和规模;企业产品的相似性;新企业进入这一行业的难易程度。

根据这三个特征,经济学家将所有行业分为四大基本类型:完全竞争市场、完全垄断市场、寡头垄断市场、垄断竞争市场。其基本特征概括如表6-1所示。如果一个行业中只有一家企业,例如电力市场,那么这个行业就属于完全垄断市场。如果一个行业中只有几家为数不多的大企业,例如,移动通讯行业中主要包含了中国移动、中国联通等为数不多的几家企业,那么这个行业就属于寡头垄断市场。如果一个行业中有非常多的企业,而且每个企业的规模都不是特别的大,那么就需要进一步观察产品特色。如果这么多的企业市场的产品都是标准化的,例如,大米市场,你买这家企业产品,和买另外一家企业的产品没有什么区别,那么这种市场结构就属于完全竞争市场。而如果不同的企业生产的产品有自己的特色,例如,我们身边有很多的快餐企业,但是不同快餐企业所提供的快餐具有不同的风味,你订购不同快餐企业提供的快餐,给你带来的产品明显是不同的,那么这类行业就被称为垄断竞争行业。

表 6-1 四种市场结构

市场结构	企业数量	产品的相似性	进入难易程度	例子
完全竞争市场	非常多	同质	容易	大米、鸡蛋
垄断竞争市场	非常多	差异化	容易	快餐、手机
寡头垄断市场	为数不多的几家	同质或差异化	困难	汽车、原油
完全垄断市场	一家	只有一种	困难	水、电

更进一步的，我们可以把除了完全竞争市场以外的，其他三种市场结构合称不完全竞争市场，具体包括完全垄断市场、寡头垄断市场和垄断竞争市场。不完全竞争市场中或多或少的存在着一些垄断性的力量。在本章中我们将具体介绍完全竞争市场中企业的产量和定价决策，下一章将详细介绍不完全竞争市场。

案例 6.1

服装网购市场的结构

从理论上看，经济学家对于市场结构的划分标准是非常明确的。比方说，寡头垄断市场针对的是市场上只有为数不多的几家企业，而垄断竞争和完全垄断针对的则是市场上有非常多的企业。但是在现实生活中，要判别市场结构并不是那么容易。具体而言，多少家叫作“为数不多”？多少家就可以被称为“非常多”了呢？10家叫做“为数不多”，还是叫做“非常多”？20家呢？

因此，在划分市场结构时，我们还需要一些参考的指标。其中一个应用范围比较广泛的指标是市场集中度。所谓市场集中度，指的是市场中主要品牌的集中程度，即行业内排名前几位的品牌其销量累加所占总量的比例。业内人士和研究专家通常以 CR4（四企业集中度，即行业内前四位品牌市场份额之和）来计算市场集中度的高低。例如，某市场总销售额是 5000 亿元，其中前四大企业销售额之和为 2000 亿元，那么 CR4 就等于 40%(2000 亿元/5000 亿元)。一般而言，CR4 越高，说明市场集中度越高，即垄断程度越高。在完全垄断市场中，CR4 等于 100%。CR4 大于 60%，市场高度集中等，可视为寡头垄断市场，CR4 介于 30%和 60%之间时，市场中度集中等，可视为垄断竞争市场，而 CR4 小于 30%时，市场品牌分散，可视为完全竞争市场。

接下来我们利用市场集中度这一思路来分析我国服装网络购物市场的市场结构。

艾瑞咨询的统计数据显示，2010 年中国服装网络购物市场规模达到 903 亿元，其中消费者间(C2C)服装网络购物市场规模为780.2亿元，占比86.4%；商家对客户(B2C)服装网络购物市场规模为122.8亿元，占比13.6%。总体上看，服装网络购物市场规模超过900亿元，已经成为重要的服装销售渠道，其中C2C占据服装网络购物市场的绝大多数份额。

艾瑞咨询日前发布的2010年中国服装网络购物市场统计数据显示，我国服装网络购物市场规模越来越大。靠疯狂的广告投放，凡客诚品火了，麦考林也在2010年撞响了美国纳斯达克的上市钟声。行业大佬们把服装电子商务的前途描绘得十分美好，以至于后来者众多。服装电子商务看起来十分繁荣，前途似锦。

去年年初在淘宝网上开设服装网店的“80后”从业者刘洋借助了淘宝网这个平台。不过，与其他在淘宝网上开设网店的卖家不同，刘洋选择了自己加工生产的模式，这与垂直B2C模式类似。在她看来，一些服装同样的面料、做工，如果是一个知名度高的品牌身价就不一样了，而她希望把市场上款式新颖、面料较好的服装以较低的价格销售。“把最精致的服装平民化，让消费者花最少的钱达到最大牌最精致的效果。”

谈到困难，刘洋认为，因为网店开在淘宝网上，获得信誉、成为钻石卖家对她来说很重要，但这需要时间。她现在正在竭尽全力做的事情是，“承诺24小时无理由退换，以抢占市场份额；在面料价格、人工工资上涨的情况下，争取服装价格不涨，积累更多的好客户”。

“这是淘宝网店上的交易截图，有一个顾客一天就交易了27笔，金额近2万元。而像这样的消费者在网上越来越多。有这么大的市场，我和我的团队不应该继续加油么?”刘洋憧憬着未来的美好“钱途”。

刘洋只是服装网购市场大海中的一滴水。事实上，不仅服装网购市场激流澎湃，整个垂直B2C领域都是一片“红海”的惨烈态势。尽管如此，仍然有很多的创业者选择这一领域，期望能在此获得一桶金。

服装网购市场厂商人数众多，看似完全竞争市场，实则不然。艾瑞咨询日前发布的2010年中国服装网络购物市场统计数据显示，整个行业的市场份额基本被淘宝商城、凡客诚品、麦考林瓜分。在122.8亿元的B2C服装网络购物市场规模中，淘宝商城交易额达66.5亿元，占比54.2%；凡客诚品交易额达18.5亿元，占比15.1%；麦考林交易额达8.1亿元，占比6.6%。但看似前途美好，其“钱途”并不乐观。

对此刘洋表示，虽然服装网购市场前途看好，但盈利之路漫漫。“服装网购市场集中度很高，像我这样的草根型网店知名度较低，要打开市场还需要更多的时间和精力。”

（资料改编自《市场集中度高 淘宝商城凡客麦考林盈利难料》,《中国高新技术产业导报》2011-05-01 http://news.itxinwen.com/2011/0501/271315.shtml）

第二节 价格接受者

考虑烟台的某苹果种植者张三的处境。张三通过农产品商务平台发现，苹果现在的市场价格是4元/公斤。虽然张三的苹果产量非常大，但是他发现他基本无法影响苹果的市场价格。其原因在于，市场上有成千上万个种植苹果的农民，张三的供给量仅占整个苹果市场的很小一部分，并且张三种植的苹果和许多其他农民种植的苹果并没有什么区别。如果张三提价的话，比方说，把自己的苹果销售价定为4.05元/公斤，他将找不到买家。既然有大量的卖家都以4元/公斤的价格卖同质的苹果，消费者为什么要从张三这里以更高的价格购买呢？因此，提价将使张三的销售量降为零；并且由于张三的苹果供应量占市场供给总量的比例是微乎其微的，张三可以以市场价格4元/公斤卖出任意数量的苹果，张三也不会有动力降价。综合起来，张三既不敢提价，也不愿意降价，那么张三将接受市场价格，以市场价格卖出他所希望卖出的数量。

我们把类似于张三的完全竞争市场中的企业称为价格的接受者。在完全竞争市场中，由于有大量企业都生产同一种产品，任何一个企业的产量仅占市场供给总量的很小一部分，并且所有企业生产的产品是无差异的，因此任何一个单独的企业只能接受市场价格，即“要么接受要么放弃”。价格接受者的例子包括农产品，如玉米和猪肉的买家和卖家；股票交易中的买家和卖家；外汇交易市场中的买家和卖家等。他们都具有类似的特征：由于市场中有太多的买家和卖家以至于他们中的任何人都难以影响市场价格。

作为价格接受者，完全竞争市场中的企业没有控制价格的能力，不必作出定价决策，只需要接受市场价格就可以了。这类企业在生产经营中所需要解决的问题是：在现有价格水平和成本条件下，究竟应该生产多少产量呢？在市场价格给定的前提下，产量是越大越好么？

第三节　完全竞争厂商的利润最大化

张三正在考虑是否应该雇佣更多的工人从而扩大苹果产量。三位热心人士分别从不同角度为张三提出了做出这个决策的三种方法。

方法一：应该考察一下生产率，即每个工人的年产量，究竟会上升还是下降。如果上升的话，就应该扩大产量。

方法二：应该考察一下平均成本，即分摊在每个工人身上的平均成本，究竟是上升还是下降。如果上升的话，就不应该扩大产量。

方法三：应该考察一下，多生产一单位苹果的额外收益大，还是额外成本大。如果前者大于后者，就应该扩大产量。

那么究竟哪种决策方法更加理性呢？

要回答这个问题，首先要了解企业经营的目标。现实生活中的企业有时会以市场占有率最大化，或者是政治、名誉等目标作为导向，但是对大多数企业大多数的行为决策而言，都是以利润最大化作为目标的。因此我们接下来的分析都是基于以下假设：企业经营的目标为利润最大化。

那么什么是利润？企业所得到的全部销售收入称为总收益（TR），它等于销售价格（P）乘以销售数量（Q）；企业在生产过程中的全部支出被称为总成本（TC），企业的总收益减去总成本之后剩下的部分就是企业的利润（π）。即：$\pi=TR-TC=P\times Q-TC$

表 6-2　张三的利润最大化

Q(万千克)	P(元/千克)	TR(万元)	TC(万元)	π(=$TR-TC$)	MR	MC
1	4	4	3	1	—	—
2	4	8	4	4	4	1
3	4	12	6	6	4	2
4	4	16	9	5	4	3
5	4	20	13	7	4	4
6	4	24	18	6	4	5
7	4	28	24	4	4	6

张三在各种产量情况下的利润情况如表6-2所示。该表的第一栏是张三生产的苹果数量。第二栏表示苹果的价格，在完全竞争市场上，无论张三生产多少，他都只是市场中微不足道的一部分，因此张三不影响市场价格，只能接受市场价格——4元/千克。第三栏为张三的总收益，它等于苹果的价格4乘以苹果的数量。第四栏表示苹果生产的总成本。正如前两章企业生产与成本理论所介绍的，随着产量的变动，企业成本并不是匀速变动的，而是要遵循边际成本递增规律。第五栏为利润，等于总收益减去总成本。在这个例子中，当产量等于5万千克时，张三实现了利润最大化，此时利润为7万元。

考虑另一种方法来帮助张三找到利润最大化的产量。张三可以比较额外生产一单元苹果的边际收益和边际成本来作出决策。表6-2中从右边数起第二栏为边际收益(MR)，即额外生产一单位的产量时所带来的额外的收益值。例如，当产量从2变为3时，总收益从8变成12，即额外一单位的产量带来了4单位(等于12－8)的额外收益，因此边际收益等于4。其他产量下的边际收益也以此类推。由于完全竞争市场中任何单位的产品都以相同价格出售，因此边际收益就等于价格。表6-2中最右边的一栏为边际成本，即生产额外一单位的产量收益带来的额外的成本值。例如，当产量从2变成3时，总成本从4变成6，生产额外一单位的产量将带来成本2的增加，因此边际成本等于2。其他产量下的边际成本也以此类推。观察张三的边际收益和边际成本，可以发现，随着产量的增加，张三的边际收益是一个常数，而边际成本则是递增的，在产量比较小(产量小于5时)的阶段，边际收益大于边际成本，这意味着此时新增产量所带来的额外收益将大于额外成本，那么此时扩大产量将有助于利润的增加。而当产量增加到一定阶段后(产量大于5)，边际成本大于边际收益，此时扩大产量所带来的额外收益无法弥补所带来的额外成本，在这一阶段扩大产量利润反而会下降。因此张三将选择5的产量进行生产，此时边际收益等于边际成本，张三实现了利润最大化。

总结以上：只要边际收益大于边际成本，扩大产量将会增加利润。只要边际收益小于边际成本，扩大产量将会减少利润。因此厂商实现利润最大化的条件是：边际收益等于边际成本。

第四节　亏损和暂时停止营业

现在我们进一步假设由于今年气候情况特别的好，从而苹果产量大增，苹果的市场价格下降至1元/千克。而张三的成本情况不变。苹果价格下降后张三在各种产量情况下的利润情况如表6-3所示。

表6-3　苹果价格下降后张三的利润最大化

Q(万千克)	P(元/千克)	TR(万元)	TC(万元)	π(=TR−TC)	MR	MC
1	1	1	3	−2	1	—
2	1	2	4	−2	1	1
3	1	3	6	−3	1	2
4	1	4	9	−5	1	3
5	1	5	13	−8	1	4
6	1	6	18	−12	1	5
7	1	7	24	−17	1	6

如表6-3所示，当苹果的市场价格下降至1元/千克时，无论张三生产多少苹果，他都是亏损的。面对这种情况，张三应该怎么做？答案是这要取决于长期还是短期，以及张三的可变成本是多少。

我们先来看短期的情况。随后将在下一节介绍长期的情况。在短期内，张三存在难以改变的固定投入，如土地租金和保险费等都不随着产量变化而变化。这意味着无论张三生产多少的产量，固定成本保持不变。假设固定成本是1.5。如果张三暂时停止营业，那么张三将亏损固定成本，即1.5。而如果继续经营，那么根据表6-3，他仍然在边际收益等于边际成本处达到最优产量2，此时亏损最小化，亏损额为2。比较可以发现，此时张三还是停止营业来得更加划算。

而如果固定成本为2.5，张三的决策就不同了。如果张三暂时停止营业，他将亏损2.5；如果张三继续营业，他将生产2的产量，此时亏损等于2。比较而言，还是继续营业来得更加划算，虽然此时仍是亏损的，但是亏损额比停止营业要更小一些。

请牢记这一点：在短期内，企业的固定投入是难以改变的。因此短期内企业是继续营业还是停止营业，并不取决于企业是盈利还是亏损，而应该取决于企业的总收益与可变成本的比较。只要总收益大于可变成本，说明继续营业的收益至少能弥补可变成本，甚至能部分的弥补固定成本，此时继续营业要更为划算。反过来，如果总收益小于可变成本，此时继续营业不仅不能减少固定成本，而且还得为继续生产的额外单位承担更多的损失，那么暂时停止营业则更加划算。

案例 6.2

生意冷清的避暑胜地、滑雪胜地和保龄球馆

在一些行业中，暂时停止营业是经常可以看到的。比方说，许多避暑胜地和滑雪胜地在旅游淡季时经常暂时停止营业。对于经营者而言，虽然暂时停止营业仍然不能避免固定成本(如设备维护费、房屋租金)的支出，但是至少保证了亏损额不会超过固定成本。只有当这些企业预测到需求足够大，足以弥补可变成本时，它们才会营业。

在另外一些企业的例子中，我们可以看到截然相反的另一种情况：企业是亏损的，但是企业仍然不得不硬着头皮继续营业。比方说，有些生意冷清的保龄球馆，虽然看起来寥寥几个顾客的收入不可能弥补球馆的所有经营成本，但是球馆仍然坚持开门营业。原因就在于球馆即使暂时停止营业，球馆的许多成本，如房屋租金等都无法减少。因此球馆老板在做出是否开门营业的决策时，这些固定成本是不加以考虑的。只要顾客所能带来的总收益能大于继续营业的可变成本，继续营业看起来都是划算的。

第五节　长期中企业的进入与退出

再来看长期中的情况。虽然短期内由于存在难以消除的固定成本，企业有可能即使亏损仍然不得不继续营业的情况，但是在长期中则不然。

一、长期中的盈亏相抵

长期中，如果企业预测市场销售情况一直不乐观，那么企业有可能退出该行业，转让机器设备，不再续租土地，从将固定成本和可变成本都降为零。即对企业而言，是不存在长期亏损的可能性的。类似的情况对其他企业也同样成立。完全竞争市场中，所有企业的产品都按照同样的价格出售，成本高的企业难以忍受亏损，只好退出市场。只有那些具备成本优势的企业才可能在完全竞争市场中生存下来。而对整个市场而言，随着部分企业退出市场，市场供给减少，供给曲线左移，市场价格将会有所上升。市场价格的上升将导致市场上剩下的企业盈利情况好转，直至市场上所有企业都不存在亏损了，企业的退出过程才会停止。

那么反过来，对完全竞争市场中的企业而言，他们在长期中是否一定存在盈利的可能性呢？答案是：不可能长期盈利。回到表 6-2 的例子。张三在产量为 5 的时候，达到了利润最大化，此时利润等于 7。但是注意，张三的盈利只是短期的。在完全竞争市场中，张三不可能在长期都获得这种正的经济利润。原因在于完全竞争市场的另一个重要特征：企业是自由进出的。这意味着，当发现张三生产苹果有不错的正的利润时，原本生产其他产品的利润情况不佳的企业也会有动力转向生产苹果。如此一来，随着苹果生产厂商数量的增多，苹果市场上供给增加，供给曲线右移，苹果的市场价格逐渐下降。价格的下降将会逐渐减少原盈利企业的利润空间，直至市场上所有企业的经济利润降为零，新企业的进入过程才会停止。

综合以上两种情况，只要短期内存在正的经济利润，新的企业将会进入该市场，从而导致市场价格下降，企业利润减少；只要短期内存在亏损，就会迫使部分企业退出市场，从而导致市场价格上升，企业利润增加。因此在长期中，完全竞争市场中企业的自由进出促使价格不断调整，最终市场上剩下的企业经济利润必然等于零。

当然，你可能会有疑问：既然长期中经济利润等于零，企业为什么还要留在这个行业呢？这里注意区分经济利润和会计利润。我们所说的经济利润是指从总收益中扣除掉显性成本和隐性成本之后剩下的部分。经济利润等于零时，会计利润必然大于零。假设张三在从事苹果生产之前在某企业工作，年薪 4 万元，那么这 4 万元所放弃的工资收入就包括在隐性成本之内。经济利润为零，意味着总收益除了弥补各类显性成本(如农药费、肥料费、水电费等)之外，也刚好弥补了张三在其他地方能赚到的工资(4 万元)。因此完全竞争市场上长期中企业经济利润等于零，这表示这一行业的回报和从事其他行业的回报是相等的，即该赚的都刚好赚到了，这足以确保有大量企业仍然愿意留在这一市场中。

二、完全竞争与社会进步

当然，在完全竞争市场中，所有企业都不希望只是获得零的经济利润，而是希望能比其他竞争者赚得更多的钱，因此他们会不断地寻找新的技术、新的管理手段和新的商业模式。在不断尝试和突破中，部分企业取得了短暂性的成功，他们通过把成本降得低于其他企业，从而获得正的经济利润。但是正如之前所分析的那样，如果其他人看到了这一经济机会，很快就会加以模仿，新的技术或商业模式得到推广，从而整个市场所有企业的成本都降低，市场价格也随之下调，因此最初进行创新的企业所能获得的正的经济利润并不会持续很久。正如经济学家 Sharon Oster 所说："如果每个人都会，你将无从赚钱。"

正的经济利润只能持续很短的时间，这对处于完全竞争市场中的企业而言是一件非常残酷的事情。没有及时采用新技术降低成本的企业很快会被市场淘汰，而采用了新技术的企业只能获得短期的正的经济利润，随后将不得不面临大批同样采用了新技术的竞争者。19 世纪达尔文所描述的"物竞天择，适者生存"，对完全竞争市场同样非常重要。

虽然对企业而言，市场竞争的力量对他们而言意味着无穷的压力。但是这对消费者和整个社会而言，却是一个福音。企业为了不被淘汰，或者为了获得短期的高利润，不得不尽力以所能达到的最低成本给消费者提供最好的产品。因此，可以这样说，完全竞争是社会进步的重要源泉。在竞争压力下，企业技术不断进步，产品不断更新。长期来看，消费者从成本下降中获益。一个典型的例子就是开篇案例中所提到的智能手机。手机厂商从智能手机的技术进步中获得的高额利润只是暂时的，而消费者却能以越来越低的价格享受到越来越好的产品和服务。正如经济学创始人亚当·斯密所说："我们每天所需的食物，不是出自屠户、酿酒师和烤面包师的恩惠，而是出于他们自利的打算。我们要赞美的不是他们的慈爱，而是他们的自爱；我们不说自己有需求，而说对他们有利。"竞争利用个人私利不断提高了人们的生活水平。

小　结

1. 根据行业中企业的数量和规模、企业产品的相似性、新企业进入这一行业的难易程度这三个特征，经济学家将所有行业分为四大基本类型：完全竞争市场、完全垄断市场、寡头垄断市场、垄断竞争市场。

2. 完全竞争市场中的企业被称为价格的接受者。厂商实现利润最大化的条件是：边际收益等于边际成本。在短期内，无论是否亏损，只要总收益能够弥补可变成本，厂商都会继续营业，只有当总收益小于可变成本时，厂商短期内才会停止营业。在长期中，完全竞争市场中企业的自由进出促使价格不断调整，最终市场上剩下的企业经济利润必然等于零。

关键术语

完全竞争市场　完全垄断市场　寡头垄断市场　垄断竞争市场　价格接受者　边际收益　边际成本　暂停营业

复习题

一、选择题

1. 对于完全竞争市场中的厂商而言，最好或最优短期产出水平将使厂商　（　　）

A. 取得最大利润　B. 使总损失最小

C. 使总损失最小，或使总利润最大　D. 使单位产品中所获利润最大

2. 下列哪类产品市场比较接近完全竞争市场类型？　（　　）

A. 农产品市场　B. 汽油市场

C. 高等教育市场　D. 电力市场

3. 作为市场价格接受者的厂商是　（　　）

A. 完全竞争厂商　B. 完全垄断厂商

C. 垄断竞争厂商　D. 寡头垄断厂商

4. 厂商获得最大利润的条件是　（　　）

A. 边际收益大于边际成本，且两者差额达到最大

B. 边际收益等于边际成本

C. 价格大于平均总成本，且两者的差额为最大

D. 总收益大于总成本，且两者的差额为最大

5. 在完全竞争厂商的短期均衡产量上，平均收益小于平均总成本但大于平均可变成成本，则厂商　（　　）

A. 亏损，立即停产　B. 亏损，但应继续生产

C. 亏损，生产或不生产都可以　D. 获得正常利润，继续生产

6. 竞争市场的厂商　（　　）

A. 边际收益等于价格　B. 边际收益等于总收益

C. 边际收益与价格的差为正常数　D. 以上都不对

7. 完全竞争市场中以利润为最大化目标的厂商将以（　　）为目标来设定

产量。

A. 价格超过边际成本　　B. 边际成本大于价格

C. 价格等于边际成本　　D. 总成本等于总收益

8. 如果在完全竞争市场的厂商面临边际收益小于边际成本的局面，以下正确的是　（　）

A. 如果厂商增加产量便会增加利润

B. 如果厂商增加产量便会减少利润

C. 厂商一定在亏损

D. 如果厂商减少产量便会减少利润

9. 完全竞争的厂商不能控制　（　）

A. 产量　　B. 成本　　C. 价格　　D. 生产技术

10. 当一个完全竞争行业实现长期均衡时，每个厂商　（　）

A. 都实现了正常利润　　B. 经济利润都为零

C. 行业中没有任何厂商再进出　　D. 以上说法都对

二、思考题

1. 某公司处于高度竞争的行业中，你认为该公司会如何为自己的产品定价？

2. 假设你决定开设一家奶茶店，你租了一家店面（租期一年），并从银行获取了一笔贷款，用这笔贷款购买了相关的设备（收银机、奶茶机等）。半年后，别人在你的奶茶店附近新开设了一家奶茶店。结果你的收入大大降低。虽然收入还能够弥补员工工资和一些原材料的成本，但是已经无法弥补房租和贷款利息。请问你是否还应该继续经营？

3. 经常听到种水果的农民抱怨，现在机器、劳动力、化肥成本都在上升，因此他们认为自己的利润率在不断下降。如果农民的抱怨是合理的话，现在假设劳动力价格下降20%，请问种水果会变得更加有利可图吗？并请解释你的答案。

4. 下列市场分别属于哪种市场结构，并请解释你的答案：

(1) 自来水

(2) 啤酒

(3) 移动通话服务

(4) 牙膏

5. 据报道，在萧条年景中，航空公司虽然亏损，但是仍然可以坚持较长的时间。因为他们的收入仍足以支付大部分的成本。比方说，泛美航空在最终倒闭之前，坚持在亏损状态下经营了十年之久。在印度，印度第三大航空公司翠鸟航空（Kingfisher Airlines）自从2005年投入运营开始就从未实现单一季度盈利，且 2011 第四季度亏损 9000 万美元。为什么这些航空公司虽然亏损,但仍然坚持经营而不是马上倒闭？这里所说的“收入仍足以支付大部分的成本”中的成本指的是固定成本,还是可变成本？

第七章

不完全竞争市场

【学习要点及目标】

了解垄断出现的原因；了解自然垄断的含义；了解垄断的普遍性；掌握垄断者短期和长期中的盈利状态；了解价格歧视的含义、原因、前提条件以及具体形式；掌握寡头市场的特征；了解博弈论的基本分析方法；掌握垄断竞争市场的特征。

【引例】

2008年10月，微软“黑屏门”事件爆发。微软从10月20日起开始启动针对Windows XP和Office盗版清查工作，使用盗版的用户在每个小时都会遭遇到电脑黑屏以及不断重复的盗版提示。有舆论将微软此次闪击盗版行为喻为“史上最黑的反盗版措施”。这一事件引发了人们的普遍关注。同时也引起人们思考以下问题：微软的行为是否涉嫌垄断？事实上，微软并不是第一次被认为是“涉嫌垄断”，时至今日，它已以“涉嫌垄断”的名义被起诉多次，并曾因此多次遭遇巨额罚款。那么究竟什么是垄断？为什么会产生垄断？垄断的市场力量会如何影响企业的生产以及产品定价行为？在接下来的内容里，我们将对以下三种不完全竞争市场结构：完全垄断、寡头垄断和垄断竞争进行详细介绍。

必备知识点

进入壁垒的来源　自然垄断的含义　垄断者的利润最大化　价格歧视的含义、原因、前提条件以及具体形式　寡头市场的特征　囚徒困境的含义及启示　垄断竞争市场的特征

拓展知识点

打破垄断的两种力量　寡头厂商的定价博弈　产品差异化策略

第一节　完全垄断市场

“垄断”在常人的观点中是意味着暴利。但是我们在接下来的分析中却可以看到垄断者并不总是能够高枕无忧地赚取高额利润。

一、垄断和进入壁垒

“垄断”一词来自希腊词汇，意思是“单一卖者”。具体而言，垄断指的某商品或服务只有一个卖家，并且该商品或服务没有与之相近似的替代品。要成为某商品或服务的单一卖家，一个非常重要的前提条件是：必须存在一个足够高的进入壁垒，从而没有其他厂商能够进入这一行业。那么究竟有哪些进入壁垒使得潜在竞争者难以进入一个市场呢？答案包括以下三个：对关键资源的控制；政府创造的进入壁垒；自然垄断。

（一）对关键资源的控制

创造进入壁垒的第一种方法是控制一种关键的资源。一个例子是中国对熊猫市场的垄断。美国亚特兰大动物园以每年 110 万美元的租金从中国长期租借大熊猫向公众展出。全世界所有其他动物园也是如此，如果他们想要展出大熊猫，就必须向中国付钱进行租借。类似的，在“二战”之前，美国铝业公司通过完全拥有产权，或者是订下长期购买合同的方式，几乎控制了所有的矾土矿。而矾土矿是制铝所必需的关键原料。通过控制这种关键资源，美国铝业公司在很长一段时间内都成功地阻止了潜在竞争者的进入。此外，戴比尔斯公司通过控制了世界上绝大多数的钻石矿，由此控制了世界上大部分钻石的供给。

虽然对关键资源的控制是垄断的一个重要来源，但是现实生活中的垄断很少产生于这一原因。随着时间推移，获利机会会吸引竞争者，他们会不断地寻找新的资源和新的技术，进而打破之前的进入壁垒。比方说，其他矾土矿的发掘，使得美国铝业公司逐渐失去了对铝供给的控制，新钻石矿的发现同样也对戴比尔斯的垄断地位提出了挑战。为了继续强化对资源的控制，戴比尔斯公司需要不断地收购新的钻石矿，但是这一购买成本却日益成为公司沉重的负担。因此，通过控制关键资源而长期实现的垄断是非常少见的。

（二）政府创造的进入壁垒

政府有时候会用法律的方式阻止新企业进入市场。专利和许可证都属于政府创造的进入壁垒的具体形式。

专利赋予了发明者在一段时期内生产一种产品或提供一种服务的专有权利。在专利期间,其他人在没有专利持有者的许可的情况下不允许复制产品或工艺。这就在法律上创造了新企业的进入壁垒,也为专利持有人带来了获取高额利润的可能性。专利带来的潜在利润,极大地激发了研发的积极性,鼓励着科学研究和技术进步。

此外,许可证通过赋予特定企业提供一种特殊物品或服务的专有权,而限制其他企业进入。例如,在我国没有办理烟草专卖许可证的企业,不能进行烟草经营和销售;食盐零售须持有当地盐业主管部门核发的《食盐零售许可证》;中石油、中石化等通过拥有原油进口许可证而控制了原油的进口,等等。甚至于在特定区域收集垃圾、提供公交服务、提供有线电视服务都需要事先拥有许可证。当然,拥有了许可证并不一定保证拥有着一定处于垄断地位,但是一般情况下,大多数许可证的获取费用都十分高昂,这对潜在竞争者会形成一个威慑,从而创造了进入壁垒。

案例 7.1

煤炭经营许可证将取消 中央放权或致地方垄断

颁行了近 20 年的煤炭经营许可证在一片质疑声中或将退出历史舞台。在存续的 17 年里,这张证照并没有给更多人留下好印象。"早该取消了"成为业内人士的普遍共识。

《中国企业报》记者日前向国家发改委求证,一工作人员给出的答复是"还没有得到消息,一切以官网信息为准"。

"取消很有可能。"河南一大型煤矿相关负责人这样告诉《中国企业报》记者。

"我们也在等消息呢,省里面已经 3 个月没批证了。"张先生在电话那端述说着自己的担心,"国家最近要取消一些行业的行政审批,涉及煤炭行业。"

张先生是湖北省的煤炭贸易商,1999 年办了第一张煤炭经营许可证,"当时花了 1 万元左右"。今年煤炭价格整体滑落,他想低价转让许可证,"有意向者只是打电话询问一下,就不了了之了。"

一位不愿具名的相关人士告诉《中国企业报》记者:"确定取消与下放不同,但具体的配套措施目前还不清楚。"

据一位业内人士介绍,有的地区注册资本金为 500 万元的煤炭经营许可证,转让费用就高达三四百万元。

煤炭经营许可证是煤炭生产贸易企业的核心证照，决定企业是否有资格参与煤炭经营，其初衷是为了维护煤炭经营秩序。

“但在执行的这些年里，并没有起到什么好效果。”上述煤矿负责人直言不讳地说。

“而且现在也没啥用了，小煤矿都关了，就适合煤贩子。”在上述煤矿负责人看来，“所谓煤炭经营许可证的作用就是允许一些人办个证，租个站台开始贩煤。”

“煤炭早就应该完全市场化，买方卖方谈妥签订合同就可以了，不需要中间那么多人‘跑来跑去’的，造成市场的混乱。”厦门大学能源经济研究中心主任林伯强认为，这个许可证造成了很大的寻租空间，也抬高了交易成本。

随着近年煤炭价格节节攀升，获得这张证照的交易成本也水涨船高，与此同时也催生了“灰色地带”。“换证、审批、车皮等环节，都需要逐个公关。”上述业内人士表示。

“改革是必需的，早应该取消，对今后整个能源行业竞争、发展都将更加有效。”林伯强表示。

令林伯强感到担忧的是，“如果国家放手，是否会形成地方定价垄断，比如山西、内蒙古等煤炭大省。”全国目前有煤炭企业上百家，应该不会形成企业价格垄断，但资源在地方，“容易做文章”。

（资料来源：陈玮英：《中国企业报》，2013-5-14）

（三）自然垄断

这里以电力传输为例。电力传输的固定成本比较大，需要大面积地铺设电网，以扩大服务面积。而电力传输的可变成本却很低，一旦电网被铺设到了某社区，多接入一个家庭的边际成本是相对小的。因此电力传输的平均成本将随着用户的增多而逐渐下降。在这种情况下，企业规模越大，意味着平均成本越低。新进入者要在市场中占有一席之地，就必须也实现比较大的规模从而达到同样低的成本。而这对新进入者而言，无疑是非常困难的。大规模所导致的成本优势会保护垄断企业避开潜在对手的威胁。

与基于关键资源的垄断以及政府控制的垄断不同的是，这种垄断源于成本的自然属性。新进入者难以迅速实现足够大的规模来享受低成本，潜在竞争者的进入就被自然而然的阻碍了。因此，这种垄断被称为自然垄断。即由一个厂商来提供某个行业所有产品生产的平均成本，要比由两三家厂商来生产的平均成本低时，就形成了自然垄断。

二、垄断的普遍性

值得注意的是，虽然垄断者凭借可以进入壁垒在一定程度上控制市场上产品的供给，但是垄断者并不能高枕无忧。至少有以下两种力量会对垄断者的垄断地位提出挑战。

第一，潜在竞争者的威胁。正如之前提到的那样，垄断的高利润会吸引大量潜在的竞争者，他们会千方百计地绕开进入壁垒，或者通过发掘新的资源及技术创新，或者设法也获取许可证，等等。当然，垄断企业也可以参照戴比尔斯的做法，不断收购新钻石矿，来减少潜在竞争者的威胁，但是这种做法代价同样是高昂的。

第二，相近似的替代品。垄断者的产品必须具有难以替代性，才能具有垄断力量。但是现实生活中，能有多少产品是完全无法替代的呢？比方说，对于铁路客运而言，虽然铁路集团至今仍是独家经营，但是铁路客运却不断面临来自于高速公路客运服务的竞争；类似的，固定电话通话服务虽然至今仍然被中国电信垄断经营，但是它同样受到来自移动通话领域的竞争。

当然，几乎难以替代的例子也是有的。比方说，蜡烛和电灯虽然都能照明，蜡烛在一定程度上也能替代电灯，但是这种替代程度非常的微弱，无论蜡烛多便宜，也很少有人会在生活中愿意用蜡烛替代电灯。这种类似的难以替代的例子在生活中是非常罕见的。几乎所有的产品都或多或少的存在某些种类的替代品。区别只是在于替代品的多少，以及替代程度的高低而已。

因此，可以这样认为，具有独一无二的垄断力量的企业其实是非常少见的。我们常说的“垄断”是广义上的，大多数企业在其生产领域中或多或少具有一定的垄断性。例如，几公里内唯一的加油站具有一定的垄断力量，因为虽然几公里之外的加油站能在一定程度上对其形成替代，但是这种替代并不完全。类似的，虽然小镇上唯一的湘菜馆和杭帮菜馆之间存在竞争关系，但是湘菜馆和杭帮菜馆之间的替代同样并不是完全的，因此这家小镇上唯一湘菜馆在一定程度上也是垄断的。可见，垄断力量是一个程度问题。大多数企业都具有一定程度上的垄断力量。

三、垄断者的利润最大化

在大多数的观点中，既然垄断市场存在高进入壁垒，既然垄断者不用和其他生产非常近似的产品的对手企业直接竞争，那么他们就能够通过抬高物价，来持续获得高利润，甚至是暴利。那么事实是这样吗？

案例 7.2

铁路总公司的亏损经营

《21世纪经济报》称，2012年，上海、南昌、广铁大幅亏损，2013年一季度中国铁路总公司的财务报表显示，中国铁路总公司当期的税后利润为负68.76亿元。无独有偶，近些年，铁路、石油、机场、地铁、电力等垄断企业，也一直对外宣称自己是亏损运营。对此，你可能和许多其他人一样对此持不相信的态度：垄断者制定更高的价格总会带来更高的利润吗？还有，垄断者总会获利吗？

要回答以上问题，必须先了解垄断者面临的市场需求。与完全竞争市场不同的是，完全竞争市场中单个的厂商只是市场中的一个微不足道的参与者，当其提价时，消费者转向其竞争对手进行购买，因此提价的厂商需求量变成零。而完全垄断市场中，垄断厂商面临的需求来自于整个市场，没有人与他相竞争。当垄断厂商提价时，对其产品的需求量并不会下降到零。这对垄断厂商而言无疑是个好消息，也符合公众对垄断的一贯看法：垄断者可以通过提价来获得暴利。但是值得注意的是，当垄断厂商提价时，这对他而言并不是无代价的。价格上升时，虽然消费者无法转向其他厂商，但是消费者可以"用脚投票"，放弃购买，因此提价的代价就在于需求量会下降。考虑一个极端的情况，当价格特别的高，以至于需求量降为零时，垄断厂商的总收益（等于销售价格乘上销售数量）也将降为零，进而利润将为负值。因此，对垄断者而言，提价并不一定总是最优的，有时降价反而会提高利润。

对垄断者而言，他可以通过不断的尝试调整价格，总会发现有一个价格能使其利润最大化。但是通过调整价格，总能确保垄断企业一定盈利么？答案为否。假设你有一个非常绝妙的创造发明，为此你在缴纳了为数不菲的申请费和维护费后拥有了一个关于这个发明的专利，并花费一笔资金进行了该项目的投资，把该发明推向市场。毫无疑问，你在这一产品领域是一个垄断者。但是这并不是确保你一定赚钱。一种可能的情况是，市场对这个产品的反应非常冷淡，甚至可以说是无人问津。在需求不足的情况下，你的销售收益远远不能弥补你的成本，即使没人与你竞争，你同样也难以获利。因此，牢记：利润最大化不等于一定盈利，利润最大化有时也意味着亏损最小化。这就是为什么在许多偏远的小城镇甚至连一家打印店也没有的原因，在这里，即使是一个垄断者也不愿意经营。

四、价格歧视

在垄断的市场结构中，我们经常可以观察到一些差别定价的例子。比方说，坐火车时，如果你有学生证，你可以买到半价火车票；电影票白天时段打折出售；某品牌化妆品持有会员卡可以打88折，等等。这种对不同消费群体收取不同价格的做法被称为价格歧视。

案例7.3

苹果公司的价格歧视

2010年9月17日，苹果公司在中国开售Wi-Fi版iPad。Wi-Fi版iPad中国建议零售价为：16G版3988元（约590美元），32G版4788元（约708美元），64G版5588元（约826美元）。分别比在美国的售价区间499—699美元高出约18%。对比数据一出来，消费者中不乏义愤填膺者：苹果公司对不同国家的消费者为什么要区别对待？我们接下来将了解为什么要实施价格歧视，以及企业实施价格歧视的前提条件和具体方式有哪些。

（一）价格歧视的原因

价格歧视其实是企业实现利润最大化的一种手段。之前已经分析过，对于垄断企业而言，如果他对所有消费者都统一定价的话，当他降价时，虽然能够扩大销售量，让一些支付意愿低的消费者变得也愿意购买了，但是单件产品的利润率降低；当他提价时，好处是单件产品的利润率增加了，但是代价是销售量将随之下降。高价与高销量，在统一定价时，就像鱼和熊掌一样，难以兼得。垄断企业这时会考虑另一种定价策略：对支付意愿高的消费者收取高价格，对支付意愿低的消费者收取低价格。如此一来，既保证了在支付意愿高的消费者身上获取高回报率，又能确保不会将支付意愿低的消费者挤出市场。价格歧视所产生的利润无疑高于统一定价。

（二）价格歧视的前提条件

要实现价格歧视，必须满足以下前提条件。

第一，厂商必须具有一定程度的垄断势力。我们首先来思考，在完全竞争市场中，有可能实现价格歧视么？答案是：不可能。原因在于完全竞争市场中厂商众多，当某厂商实施价格歧视时，被“歧视”，即被征收高价的消费者会怎么做？当然是转向其他卖家进行购买。因此，要实施价格歧视的第一个前提条件就是，生产者必须具有一定的市场力量。

第二,不同的市场是分割开的,即以低价购买到商品的人不能再将商品转卖给高价市场上的消费者。比方说,火车票有学生票和成人票之分。持有学生票的乘客,在检票时,还必须拿出学生证加以证明。这种机制,有效地防止了以低价购买到火车票的人再将火车票转让给只能原价购买的乘客。另外,飞机票是实名的,购买到打折机票的乘客,同样也无法将低价机票转让给其他乘客。

第三,必须要有一个容易执行的客观标准,能对消费者进行有效的划分,区分出哪些是支付意愿高的消费者,哪些是支付意愿低的消费者。接下来我们将通过分析价格歧视的不同具体形式,来看看企业究竟是如何区分消费者的。

(三)价格歧视的具体形式

实现价格歧视有助于企业利润最大化。那么厂商怎样才能低成本地对消费者进行区分呢?厂商理想中的价格歧视是针对每个不同的消费者根据他们不同的支付意愿来收取不同价格,这种理想中的价格歧视被称为一级价格歧视。但是在现实生活中,这种歧视是很难做到的。现实生活中厂商所采用的价格歧视主要有两种类型:二级价格歧视和三级价格歧视。

所谓二级价格歧视,指的是对一定数量的商品收取某个价格,对另一个数量的商品收取另一种价格。比方说,电信公司根据客户每月累计上网时间的长短,对不同的客户收取不同的价格,对使用量小的客户,收取较高的价格,对使用量大的客户,收取较低的价格。其理论依据在于:消费者对最初几个单位产品的消费,支付意愿总是较高的,因此可以对他们收取高价格;而随着消费数量的增多,消费者从中新增的满足逐渐减少,支付意愿逐渐降低,如果此时产品不降价的话,消费者将不愿意购买,因此此时应该对他们收取低价格。类似的例子还有品牌商品的贵宾卡,累计消费满一定数额后,可以打 88 折;累计消费更多金额后,折扣则更低。

三级价格歧视是市场上最常见的一种歧视形式,指的是对需求价格弹性高的消费者收取低价格,对需求价格弹性低的消费者收取高价格。比方说,同样是乘飞机旅行,商务出差者的支付意愿往往要高于家庭旅行的支付意愿。为了区分商务出差者和家庭旅游者,航空公司设置了商务舱,商务舱的价格比经济舱的价格要高得多。虽然商务舱的座位比经济舱更宽敞,设备更好,但是票价的差别远远高于这种服务成本的差别。这样航空公司可以以更便宜的价格将飞机票卖给家庭旅行者,而不用减少从商务出差者身上赚取的利润。

案例 7.4

IBM 的价格歧视

IBM 在生产和销售激光打印机时，为了区分商业用户和家庭用户(其中前者的支付意愿要高于后者)，在前者的打印机中多加了一片芯片，在打印每页时插入间隔，从而将打印机的速度从每分钟 10 页减慢到每分钟 5 页，面向家庭用户出售。比专门针对每类顾客设计完全不同的产品相比，这种区分顾客的方式成本要更为低廉一些。

案例 7.5

旅游景点的价格歧视

一些旅游景点在确定门票价格时，区分了本地居民和外地游客。外地游客在花费了大笔路费和住宿费后，对门票的需求价格弹性要非常低，尤其是要低于本地居民。因此这些旅游景点愿意对本地居民收取低价格来获得更大的利润。一个例子就是杭州的西溪湿地，西溪湿地景点门票是 80 元，但是曾经有很长一段时间，只要持有杭州市民卡，就可以以 10 元的价格买到门票。

第二节 寡头垄断市场

如果某一行业中只有为数不多的几家企业，那么这种行业就属于寡头垄断的市场结构。由于卖者数量少，当其中一家企业降价时，会对同一行业的其他企业产生影响，其他企业会做出相应的反应。而其他企业的应对措施，又会反过来影响最初降价的企业。因此，寡头市场的典型特征是：这些为数不多的卖者之间具有相互依赖的关系，他们既可以联合起来，像一个垄断者那样统一规则行事，也可以互相竞争，互相影响。

此外，类似于完全垄断市场，寡头市场中同样存在着比较高的进入壁垒。现实生活中，寡头市场常出现在一些“两高一低”的行业中，即大规模投入、大规模生产、高科技支撑的行业，如汽车、钢铁、石化等。企业必须达到一定的规模，才能在这个行业中生存下去。比方说，就汽车生产而言，据估算，一家汽车生产企业每年至少生产100万辆汽车才能达到成本最小化。当市场需求仅为600万辆时，这意味着这个行业仅能支撑不超过6家企业，多出的企业难以达到有效的规模，难以降低成本以及在市场上存活。因此，这类行业中，新企业的进入往往是比较困难的。

寡头垄断市场的进入壁垒有时候也表现为“先进入者”对“后来者”的打压上。一些寡头垄断企业经过长期发展，有了相当大的市场势力，为了确保自己的垄断地位和丰厚的利润，他们会采取一些高压的手段打击新进入者。

案例 7.6

互联网进入百度、腾讯、阿里巴巴寡头时代

在中国互联网界，百度、腾讯、阿里巴巴三大巨头，凭借各自的独有优势，掌控了中国互联网的绝大部分优势资源。近日，阿里宣布入股新浪微博、投资高德地图，百度确认收购PPS……互联网江湖寡头之战愈演愈烈。

中国互联网界有一个众所周知的三角格局：百度、腾讯、阿里巴巴三大巨头，凭借各自的独有优势，掌控了中国互联网的绝大部分优势资源。

今年，互联网业界的并购案一件接一件，先是阿里宣布入股新浪微博，然后百度确认收购PPS，随后阿里又宣布投资高德地图。这几天另一个劲爆消息在坊间流传——360欲与搜狗合并，随后又有消息称百度、360、腾讯均在竞购搜狗……互联网江湖寡头之战愈演愈烈。

百度搜索帝国日益强大

作为全球最大的中文搜索引擎，百度坐拥近八成中国搜索引擎市场份额，服务于近60万家中国企业，百度推广正在成为越来越多企业首选的营销方式。2012年，百度全年营业收入为223.06亿元人民币，比2011年增长53.8%。在打造搜索帝国的同时，百度也通过并购等不断扩大自己的版图：视频、音乐、安全领域、LBS、移动互联……

在时下最火的LBS市场，百度也渐成主角。与阿里高价入股高德地图抢滩LBS不同，百度完全是自力更生。百度LBS活跃用户数已经过亿，每天百度LBS接受的定位请求超过二十亿次。而当下绝大部分第三方应用的定位需求也都在调用百度LBS能力，这就意味着百度LBS不仅是一个产品，更是一个平台。服务的对象除了普通网民之外，也包括第三方应用、广大开发者、线下实体商家等。当下，百度公司以地图为基础，为网民提供最便捷的基于位置的服务。

业内人士评论,“相比于电商、视频、在线旅游等领域的惨烈竞争,百度LBS的领先优势和飞速发展,让此行业的格局相对明朗。”

阿里巴巴商业价值潜力巨大

随着阿里巴巴集团去年第四季度财报的出炉,阿里巴巴以净利润6.4亿美元首次超腾讯、百度,成为中国目前最赚钱的互联网公司。

而“阿里浪”的合作无疑是近期最受关注的事件。这项高达35亿的投资,堪称中国互联网界史上最大规模的资本交易。“阿里浪”一牵手,社交化的购物平台“微淘”便迅速与消费者见面。业界推测“阿里浪”将缔造出一个比蘑菇街、美丽说更宏大的社会化电商大船。

此外,新浪微博拥有5亿用户,阿里巴巴旗下淘宝、支付宝、天猫等平台的账号大约有8亿,双方数据一旦互通,有望成为中国最大的账户体系。毫不夸张地说,阿里巴巴已成为中国电商界最大的流量入口,从支付宝所掌控的资金流和淘宝所掌控的信息流,已经形成难以逾越的壁垒。

此外,天猫的品牌效应、淘宝的海纳百川、支付宝的底层渗透……阿里巴巴生态系统下每个物种背后都蕴藏着丰富的数据资源,这是中国互联网最具商业价值的大数据。依靠这个大数据网,阿里能够掌握着庞大的数据流和现金流,迫使其他电商对其依附性与日俱增。

此外,天猫与淘宝联合突破万亿成交额,仅2012年第四季度,淘宝日均独立访问人次就达到1.2亿,相当于六、七个上海市的人口总量。

腾讯平台强大赚钱容易

腾讯如今仍是BAT里面赚钱最容易的公司,一个QQ已经让其赚得盆满钵满。而被认为已经拿到移动互联网船票的微信,让所有互联网企业都羡慕不已。尽管马化腾自谦地表示“微信只是张站台票”,但微信让阿里巴巴、百度都倍感压力。截至2013年1月24日,微信用户已达3亿。与此同时,企鹅还在移动端和360抢安全市场,和门户抢新闻市场,和搜狐优酷土豆等抢视频市场。

在即时通讯领域,腾讯是绝对的垄断,截至2012年其注册用户超过10亿,活跃用户每月近8亿,背靠如此大规模的用户数量,腾讯想做啥子生意都很容易。比如:游戏、邮箱、团购、安全领域、浏览器、音乐、视频、电子商务到如今的微信。只要马化腾想做的事情,不管是否有其他公司已经在做,他都有本事能迅速抢占市场。

近日,腾讯副总裁马晓轶又宣布,腾讯将整合旗下包括微信、手机QQ、手机QQ游戏大厅、手机QQ空间、应用宝等在内的各个移动平台资源,推出“腾讯移动游戏平台”。在业内人士看来,这是腾讯发力移动游戏市场的第一步。

快鱼吃慢鱼的时代

这是一个快鱼吃慢鱼的时代，在互联网业界这个游戏规则更被各大鳄发挥得淋漓尽致。强者愈强，弱者愈弱。中国互联网行业的"马太效应"日益明显，三大巨头都在大肆收购，有一定实力的企业将成为它们的目标，相比以前巨头自己直接复制这是一个进步。但这种情况的出现确实让无数中小型公司崛起的难度加大，这就是中国互联网行业无奈的现实。

（资料来源：刘强：《华西都市报》，2013-5-24）

与完全竞争市场以及完全垄断市场相比，寡头市场的分析更为复杂。一个寡头不可能仅仅根据估算自己的成本以及市场需求来决定产量和价格，从而实现利润最大化。它还必须考虑竞争对手的定价行为。比方说，我国目前的电子商务市场中，几个比较大厂商包括京东、苏宁、国美、阿里巴巴等。假如京东现在要考虑为接下来的国庆大促制定基调。毫无疑问，国庆期间的销售量，不仅取决于消费者对京东服务的偏好以及京东的定价策略，同时也取决于苏宁、国美等其他竞争对手所推出的促销活动。如果京东决定低价促销，那么它的竞争对手会采取哪种价格策略？如果京东制定一个比较高的价格，其他竞争对手又会作出怎样的反应？

为了分析竞争对手之间的相互影响关系，经济学家往往会采用博弈论的分析方法。

一、囚徒困境

博弈论研究的是当自己的目标实现取决于他人的行为时，人们会如何做出决策。我们接下来通过一个简单的例子——囚徒困境，来对博弈论有个粗浅的了解。

假设张三和李四是两个小偷，他们在犯罪现场附近被警察抓住，并分开进行了审讯。警察虽然知道这两人有偷盗行为，但是苦无证据，所以警察希望能让张三或李四主动招供。于是警察给每个小偷设计了以下两种选择方案。方案一：认罪并交出证据；方案二：不认罪。同时警察也告诉了这两个人，如果他们中的某一个人认罪，并交出证据，那么由于有立功表现，这个人就可以免于刑罚获得自由；而另外一个人将会被判处为期十年的有期徒刑。如果两个人都不认罪，那么由于证据不足，每个人只会被判一年。如果两个人都认罪的话，那么两个人就都会被判5年。那么张三和李四会如何选择呢？

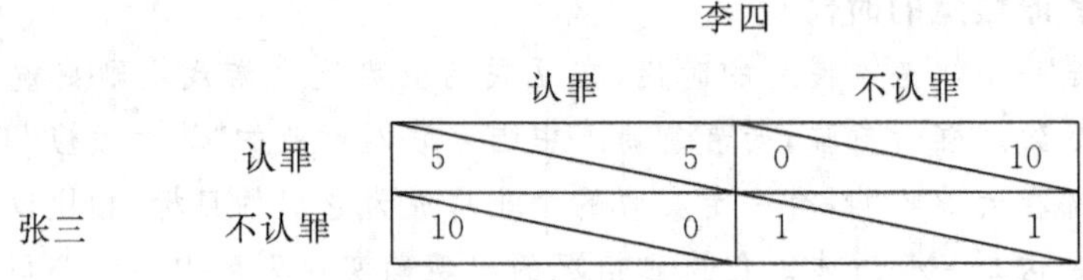

		李四	
		认罪	不认罪
张三	认罪	5 \ 5	0 \ 10
	不认罪	10 \ 0	1 \ 1

图 7-1 张三和李四的收益矩阵

假设张三和李四都努力地想让自己的收益最大化(即损失最小化),那么他们会尽力让自己判的刑罚年限降到最小。图 7-1 给出了张三和李四的收益矩阵,收益矩阵中列出了所有参与者在不同选择下可能得到的收益值。张三选择的收益值表现在左边,李四的收益值表现在右边。我们先来观察张三的选择过程。当张三在一间独立的房间内接受审讯时,他会这样思考:如果李四认罪的话,我最好也认罪,因为这时我认罪会被判 5 年,总比不认罪判 10 年要好一些;如果李四不认罪的话,我最好还是认罪,因为我这时认罪可以获得自由,而不认罪却得判 1 年。总之,无论李四认不认罪,张三认罪都会得到更好的结果。因此,张三必然选择认罪。反之,对李四也是这样,无论张三做出了怎样的选择,李四最好也是选择认罪。所以,每个人最后都会选择认罪,都会被判处 5 年的刑罚。

当然,你可能已经发现,如果张三和李四能够达成一个"攻守同盟",统一起来都不认罪,那么他们将各判 1 年,对这两个人而言,这一结果无疑比之前的各判 5 年要更好一些。这就是为什么之前警察要将两人分开审讯的原因。那么如果警察没能将两人及时分开,张三和李四是否一定能达成强有力的"攻守同盟"呢?答案取决于"攻守同盟"中所设定的违约的代价。如果仅仅是口头约定,没有什么违约的成本,那么在人是自利的情况下,很难相信这个"攻守同盟"能成功。既然认罪对个人而言能有更好的结果,那么每个人都会有动力违约,即认罪,而不是遵守协定。而如果违约的成本高昂,结果就会有所改变。比方说,有些犯罪组织威胁"告密者死",这就是一个非常高昂的违约成本,这种情况下,参与者将会有动力遵守协议,进行保密;而警察则会实施高强度的目击者保护计划,希望通过保护"告密者",降低告密者的违约成本,促使告密者提供证据。

在博弈中,每个参与者都追求对自己最优的结果,反而导致了不合作,并且每个人的收益都减少的情况,就是常说的"囚徒困境"。囚徒困境反映了合作的困难性:虽然合作的结果是最优的,但是出于私利,却很难实现合作的结果。

二、寡头厂商的定价博弈

因徒困境理论被广泛应用于分析寡头市场的定价策略、广告策略和产品策略中。我们接下来通过一个双头——只有两家厂商的寡头垄断的例子，来分析寡头厂商的定价博弈。

假设某偏远小镇上有两家加油站：中石油加油站和中石化加油站。再假设消费者毫不关注品牌，而只关注价格。如果这两家加油站都制定低价，那么他们平分市场，并且每家每天赚取 5 万元的利润；如果两家都实施高价，那么他们仍然平分市场，并且每家每天赚取 8 万元的利润；如果一家实施高价，而另一家实施低价的话，实施高价的一方生意冷清，每天只能赚取 3 万元的利润，实施低价的一方生意兴隆，每天赚取了 10 万元的利润。两家加油站的收益矩阵如图 7-2 所示。

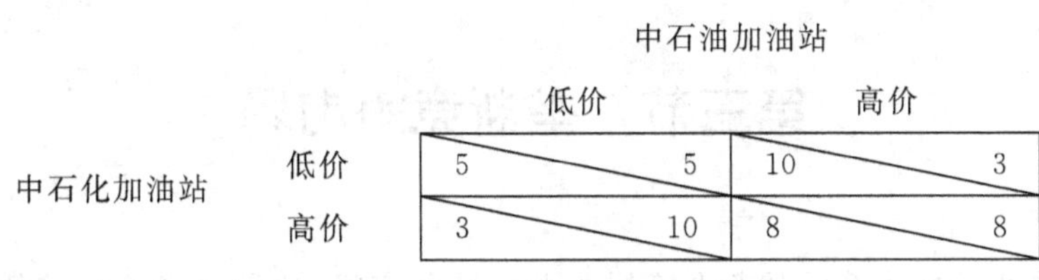

图 7-2　两家加油站的收益矩阵

假如中石油加油站由你进行经营。你在每天定价之前都会思考：究竟应该定高价呢？还是定低价呢？你会通过分析对手企业——中石化加油站的定价对你的影响来决定自己的价格。如果中石化加油站定低价的话，那么你定低价将获得 5 万元的利润，定高价会获得 3 万元的利润，所以定低价更为划算；而如果中石化加油站定高价的话，那么你定低价获利 10 万元，定高价获利 8 万元，比起来当然还是定低价获利更多。因此综合起来看，无论对手企业如何定价，中石油加油站都有实施低价的动力。反过来，对中石化加油站也是如此。这样一来，无论对手企业如何定价，这两家企业都会选择实施低价。

图 7-2 中的双头定价博弈和之前的囚徒困境非常类似，如果两家企业联合起来制定高价的话，每家企业会获利更多，即各获利 8 万元，而不是各获利 5 万元。我们把这种行为称为“合谋”，即厂商之间就制定统一价格或者不相互竞争而达成的协议。这种合谋起来的寡头组织，被称为卡特尔。例如，石油输出国组织 OPEC 就属于卡特尔，OPEC 的 13 个成员方通过协商制定价格，而影响全球原油市场。当石油销路不好时，他们通过限产来维持价格。卡特尔的价格协议

可以避免寡头企业之间的恶性价格战，避免寡头企业的两败俱伤。

对消费者而言，值得庆幸的是，寡头企业之间的合谋往往具有相当大的不确定性。不确定性主要来自于以下两个方面。第一个打破合谋的力量来自于法律：由于寡头企业的勾结阻碍了竞争，因此各国都有《反垄断法》来限制合谋。第二个力量来自于企业的私利。正如图 7-2 所反映的那样，即使形成了合谋，但是企业一旦意识到：如果自己违约，即降价的话，能从中获利，那么寡头之间的价格战就难以避免，卡特尔组织也将走向瓦解。

因此，我们在寡头市场上常常看到的就是以下的场景：激烈的价格战——两败俱伤——合谋——合谋瓦解和新一轮的价格战。寡头企业希望通过合谋，统一制定高价格来获取高利润，但是合谋结果往往以失败告终。这对消费者而言，是一个好消息。价格战中，优胜劣汰。剩下的企业能以更低廉的价格向消费者提供更好的产品。

第三节　垄断竞争市场

日常生活中大多数的行业都属于垄断竞争市场，这种市场有比较低的进入壁垒，厂商数量众多，他们通过出售相似但是不完全相同的产品进行竞争。之所以把这类市场称为垄断竞争市场，是因为这类市场既具有一定的“垄断性”，又具有一定“竞争性”。“垄断性”体现在这种市场中的厂商生产的产品各有各的特色，并不总能被完全替代。“竞争性”体现在厂商生产的产品是相似的，能相互竞争，并且有较低的进入壁垒，新企业很容易加入到竞争队伍中。比方说，餐饮业的竞争非常激烈。街头上大大小小的餐馆星罗棋布。但是不同的餐馆总是具有不同的特色，如不同的风味、不同的装潢、不同的服务，等等，因此可以认为，不同的餐馆之间具有一定程度的但是并不是完全的相互替代性。因此，餐饮业就属于垄断竞争市场。厂商要在这类市场结构中更好的生存，就必须想方设法地凸显自己产品的特色，为消费者提供差异化的，而不是大众化的产品和服务。

案例 7.7

《江南 Style》的产品差异化

一个例子就是《江南 Style》的成功。众所周知，歌唱界明星云集，要在其中占有一席之地并不容易。PSY 无论是在外貌方面，在舞步的专业性方面，还是在音色方面都并不突出。但是《江南 style》从 2012 年 7 月发布日开始，就引起了人们的普遍关注。该曲首次进入韩国国家公认音乐排行榜“Gaon Chart”就登上榜首。2012 年 9 月，这支音乐录像带打破吉尼斯世界纪录，成为 YouTube 历史上最受人“喜欢”的视频。2012 年 12 月 21 日左右，成为互联网历史上第一个点击量超过 10 亿次的视频。截至 2013 年 5 月 1 日，这支音乐录像带在 YouTube 网站的点击量为 15.78 亿次，成为该网站历史上观看次数最多的视频。那么《江南 Style》成功的原因究竟是什么？答案就在于产品的差异化。当帅哥美女随处可见时，PSY 典型的大叔造型显得与众不同；当天籁般的音色和专业的舞步充斥整个市场时，PSY 独特的骑马舞步的确令人印象深刻。

在垄断竞争市场中，企业要取得可持续发展，就必须突出产品特色。独特的产品或服务保证企业至少能在一段时期内获取高额的利润。但是与完全竞争市场相类似的是，由于市场进入壁垒十分低，即使企业通过技术革新、产品革新等方式进行了改进，创新所带来的高利润同样也是难以长期保持的。比方说，《江南 Style》成功之后，骑马舞步开始风靡全球，众星模仿；看到《非诚勿扰》走红荧屏，中国各地省级卫视争相模仿，纷纷推出交友类节目。一时之间，交友类节目充斥了整个市场。看到了某企业的成功，他的成功经验就会被新企业模仿和复制，进而首先进行创新企业的高利润将会终止，除非这家企业能将产品或服务进一步差异化，或者将产品生产成本进一步降低。也就是说，除非企业能比试图复制其成功的其他企业更领先一步，否则他的高利润将会在竞争中消失。

因此，最后的结论与完全竞争市场是非常类似的。市场的竞争给企业带来了无穷的压力，迫使他们不断地提供更好地和更新的产品和服务，并且想法设法地压低成本从而能降低价格。这对消费者和整个社会而言，无疑是有利的。

小　结

1. 完全垄断市场的进入壁垒来自于：对关键资源的控制；政府创造的进入壁垒；自然垄断。对垄断者而言，价格并不是越高越好，有时降价反而会提高利润。利润最大化不等于一定盈利，利润最大化有时也意味着亏损最小化。

2. 不同消费群体收取不同价格的做法被称为价格歧视。价格歧视其实是企业实现利润最大化的一种手段。要实现价格歧视，厂商必须具有一定程度的垄断实力，必须能够有效的区分以及分割开不同的市场。价格歧视的具体形式包括：一级价格歧视、二级价格歧视、三级价格歧视。

3. 寡头市场的典型特征是：这些为数不多的卖者之间具有相互依赖的关系，

他们既可以合谋，也可以相互竞争。囚徒困境理论被广泛应用于分析寡头市场的定价策略、广告策略和产品策略。

4. 垄断竞争市场中厂商要很好的生存，就必须不断地推陈出新，凸显自己产品的特色。

关键术语

进入壁垒　自然垄断　价格歧视　博弈论　囚徒困境　产品差异化

复习题

一、选择题

1. 对完全垄断厂商来说，以下哪条是正确的　（　）

A. 提高价格一定能够增加收益

B. 降低价格一定会减少收益

C. 提高价格未必能增加收收益降低价格未必减少收益

D. 以上都不对

2. 要有效地实行差别定价，下列那一条以外都是必需具备的条件　（　）

A. 分割市场的能力

B. 一个巨大的总需求

C. 每个分市场上不同的需求价格弹性

D. 保持市场分割以防止商品在较有弹性的需求时被雇客再售卖

3. 完全垄断市场中如果 A 市场的价格高于 B 市场的价格，则　（　）

A. A 市场的需求弹性大于 B 市场的需求弹性

B. A 市场的需求弹性小于 B 市场的需求弹性；

C. 两个市场的需求弹性相等

D. 以上都可能

4. 囚徒困境是一个涉及两方的简单的对策，在这一过程中　（　）

A. 双方都独立依照自身利益行事，结果一方赢一方输

B. 双方都独立依照自己利益行事，则双方不能得到最好结果

C. 双方都独立依照自己利益行事，结果没有一方赢，也没有一方输

D. 双方都独立依照自己利益行事，则双方都得到最好的结果

5. 囚徒困境用来分析两个寡头厂商的情况，说明了　（　）

A. 每个厂商在作决策时，不考虑其竞争对手的反应

B. 一个厂商制定的价格对其他厂商的价格没有影响

C. 厂商为了避免最差的结果，将不能得到最好的结果

D. 厂商将得到最好的结果

6. 若一个厂商能以比不止在一家厂商供给市场的条件下更低的平均成本来供给市场所需的一切，这种情形被称为（　）

A. 自然垄断　B. 不完全竞争　C. 完全竞争　D. 歧视的垄断

7. 下列哪类产品市场比较接近垄断竞争市场类型？（　）

A. 农产品市场　B. 汽油市场　C. 高等教育市场　D. 电力市场

8. 广告作用最大的是（　）

A. 完全竞争市场　B. 垄断竞争市场

C. 寡头垄断市场　D. 完全垄断市场

9. 寡头垄断和垄断竞争之间的主要区别是（　）

A. 厂商的广告开支不同　B. 非价格竞争的数量不同

C. 厂商之间相互影响的程度不同　D. 以上都不对

10. 如果寡头进行勾结，并成功地形成一个卡特尔，市场结果是（　）

A. 和垄断起作用时一样　B. 和竞争企业起作用时一样

C. 有效的，因为合作提高了效率　D. 称为纳什均衡

二、思考题

1. 解释下列每对企业中哪个更有可能打广告？

(1)家庭农场或者家庭餐馆？

(2)叉车制造厂或小轿车制造厂？

(3)洋鸡蛋生产厂或土鸡蛋生产厂？

2. 观察发现，虽然地方有线电视一直是独家经营，比方说在杭州人们必须从华数公司购买机顶盒才能收看得到有线电视，但是其垄断力量却是在不断地削弱的。请解释，你认为有哪些力量侵蚀了地方有线电视公司的垄断力量？

3. 在很久以前，人们乘坐蒸汽火车出行。现在随着技术的进步，蒸汽火车早已停止生产。也就是说，如果你决心进军蒸汽火车的生产领域的话，你将成为独一无二的垄断者。请预测一下，如果你成为蒸汽火车的垄断者的话，你将会获得利润还是遭受亏损？

4. 请举出身边的价格歧视的例子，并请说明该厂商实施价格歧视的原因以及前提条件是什么。

5. 请解释合谋如何使厂商利润增加。既然厂商都存在合谋的动机，那为什么很多行业都难以结成卡特尔？

6. 可口可乐和百事可乐都在积极地进行广告营销。市场调研显示：

• 如果两家企业都不进行广告营销，两家公司每年的利润都是 8 亿美元；

• 如果两家企业都进行广告营销。两家公司每年的利润都是 6 亿美元；

• 如果一家打广告，另一家不打，那么打广告的一家获利 10 亿美元，不打广告的一家获利 5 亿美元。

(1)请画出两家企业的收益矩阵；

(2)这个广告战博弈的最后结果是什么？

(3)如果两家企业进行合谋的话，结果是什么？合谋能够持续下去么？

第八章

政府干预市场的原理

【学习要点及目标】

信息不对称引起的问题及解决方法；外部性的内涵和引起的问题及解决方法；公共产品的内涵与如何有效率地供给公共产品；效率与公平的内涵；政府的作用。

【引例】

中国古代有“金玉其外，败絮其中”的故事，讲的是商人卖的货物表里不一，由此引申比喻某些人徒有其表。在日常的消费中，消费者或者看不到商品包装内部的样子，或者看得到、却无法用眼睛辨别产品质量的好坏，因此商品的质量很难在购买时加以检验。如瓶装的酒类，盒装的香烟等。显然，在日常消费中买者和卖者了解的信息是不一样的，卖者比买者更清楚产品实际的质量情况。这时卖者很容易倚仗买者对产品内部情况的不了解欺骗买者。如此看来，消费者的地位相当脆弱，对于掌握了“信息不对称”武器的骗子似乎毫无招架之术。由于信息不对称，价格对经济的调节就会失灵。比如某商品降价消费者也未必增加购买，消费者还以外是假冒伪劣商品；某商品即使是假冒伪劣商品，提高价格后消费者还以为只有真货价格才高。这就是市场失灵造成的市场的无效率。为消除因信息不对称，精明的商家想了很多办法。那么商家到底会采取什么样的措施来消除信息不对称引起的问题呢？

（资料改编自 www.people.com.cn）

必备知识点

市场失灵原因　信息不对称的解决方法　外部性的解决方法　公共产品的属性

拓展知识点

如何解决委托一代理问题　劳动力市场中的逆向选择问题　准公共产品的供给

通过市场,“看不见的手”来配置资源是一种有效率的方式。但通过市场这种方式来配置资源,使得资源有效率的使用需要满足一些条件,包括市场中不存在垄断、不存在信息不对称、不存在公共产品、不存在外部性等。只要上述四个条件中有一个存在,就会使得市场这种配置资源的方式失灵,即资源通过市场配置无法达到最有效率地使用。例如,垄断者往往缺乏技术改进和成本降低的欲望,使得消费者无法购买到更加价廉物美的商品;信息不对称往往存在于消费者和生产者之间,进而会造成低质量产品驱逐高质量产品的现象,温州皮鞋行业就曾经经历过类似困境;如指示大海中船只行驶方向的灯塔这样的公共产品,通过市场也无法提供;大量的污染企业在计算其生产成本时,往往没有将环境污染的成本考虑进去,进而导致生产过多。因此,只要存在上述四种条件中的任何一种,都需要政府干预市场,提升资源配置的效率。除此之外,还有其他情况,往往也需要政府干预。本章将对上述情况加以讨论,分析产生上述问题的原因以及解决上述问题的方法。

第一节　信息不对称

在社会政治、经济等活动中,一些成员往往拥有比其他成员更多的信息,如生产者对产品质量、生产成本等方面的信息往往比消费者拥有更多的信息,由此造成信息的不对称。在市场经济活动中,各类人员对有关信息的了解是有差异的;掌握信息比较充分的人员,往往处于比较有利的地位,而信息贫乏的人员,则处于比较不利的地位。不对称信息可能导致逆向选择(Adverse Selection),道德风险(Moral Hazard),委托—代理问题(The Principal-Agent Problem),进而产生交易关系的不公平或者市场效率降低问题。信息的不对称也会使得有些市场无法产生,这些市场或者只有供方无需求方,或者只有需求方而无供给方,例如我国的针对微小企业的贷款市场就不能有效地形成交易。

一、信息不对称与逆向选择

（一）逆向选择

在市场交易过程中，生产者和消费者往往具有不对称的信息，生产者拥有更多的产品信息，消费者拥有相对较少的产品信息。如果生产者没有提供商品的更多信息时，消费者在对商品质量进行判断时往往很难确定商品质量的好坏。当不同质量的产品由消费者或生产者进行买卖时，消费者缺乏信息来确认商品的真实质量时，消费者往往会选择低价格的商品。低价格的商品往往是相对质量较低的商品，这样高质量的商品就无法在同一市场出售，进而市场上就往往有太多的低质量产品出售，高质量的产品就无法在市场上销售。例如如果你要去买名牌产品，由于你无法判断真伪，因此你不可能在“小商品”市场中买到名牌服装。

由于信息不对称，市场交易的一方如果能够利用多于另一方的信息使自己受益而令对方受损时，信息劣势的一方便难以顺利地做出买卖决策，于是价格便随之扭曲，并失去了平衡供求、促成交易的作用，进而导致市场效率的降低。在现实生活中，消费者很难去判断名牌产品的真伪，因此大量的“山寨”商品出现，进而扰乱了市场，降低了资源配置的效率。逆向选择在经济学中是一个含义丰富的词汇，它的一个定义是指由交易双方信息不对称和市场价格下降产生的劣质品驱逐优质品，进而出现市场交易产品平均质量下降的现象。

最为经典的例子就是二手车市场中的逆向选择问题。中国二手车市场还存在严重的信息不对称、公民诚信体系尚未建立、车辆的维修保养记录、事故记录等信息不公开等问题。二手车交易市场诚信度不高，是目前业内的共识，更是制约二手车交易市场健康发展的关键因素，消费者之所以对二手车心存疑虑，固然是因为二手车本身所具有的不确定性，普通消费者依靠所掌握的知识难以辨别车辆的优劣。更多的还是由于中国二手车市场发展时间较短，行业法规、行业标准不是很完善，行业结构还不完整，经营主体大多数为规模小的经纪公司，从业人员素质偏低，故意隐瞒车辆的质量缺陷、在行驶里程表上做文章等欺瞒现象和不规范经营行为时有发生。

假设某一旧车市场中，消费者只知道有质量相对较高和质量相对较低的两类旧车，而很难去判断一辆旧车是属于高质量还是低质量；而旧车的卖主对其出售的旧车的质量是清楚的。即消费者对旧车的质量没有充分的信息，而卖主对旧车的质量具有相对充分的信息；因此旧车市场中存在信息不对称。如果信息是对称的，那么高质量的旧车和低质量的旧车属于两个不同的市场，分别有各自的买者和卖者，有其各自的需求曲线和供给曲线，进而也会各自形成各自的均衡价格。但由于存在信息不对称，卖者都会声称自己出售的旧车是高质量的，而买者也无法凭自己的观察来判断旧车的质量。所以消费者一般情况下就会将该旧车市场中的旧车进行择中考虑，即把自己买车的价格界定在高质量旧车的价格和低质量旧车价格之间（如图 8-1 所示）。

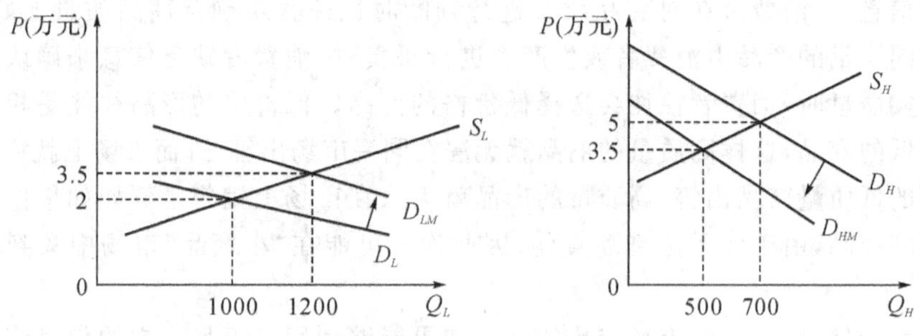

图 8-1 二手车市场中的逆向选择

延伸阅读

C2C 中的逆向选择问题

C2C 市场上的信息不对称是交易风险客观存在且居高不下的主要原因。C2C 电子商务在交易时与传统交易最大的区别是其吸引消费者购买的不是产品，而是“信息”。经营者通过在网络上发布有效信息吸引买家，消费者在网络上搜寻值得购买的产品信息。由于信息很容易被经营者由制造虚假信息、盗用他人图片说明、片面夸大产品功能等手段改变其在消费者心目中的价值，又因为在网络上发布信息基本没有边际成本，因此，市场上将充斥大量“低质量”的弱信息，由于在网络上销售需要获取消费者的注意力，而消费者的注意力往往集中在按价格排序的更低价位上，因此市场上低质量信息越来越获得消费者关注，而需求量将呈现不升反降的趋势。

C2C 电子商务逆向选择现象的形成：信息技术给 C2C 电子商务市场带来低成本优势的同时也给制造虚假的产品质量信息提供了方便。由于产品价格和产品质量对应问题上存在信息不对称，丰富的信息给消费者增加选择的同时，大大加剧了消费者做出非理性选择的可能性。消费者很难通过网上的描述和大多数没有工商注册的卖家的描述来判断产品价值是否和产品价格相符，消费者往往会以行业平均价格来衡量商家的产品，从而导致拥有优质产品的经营者很难使消费者相信其产品物有所值。

在网络环境下实现市场交易的完全信息是很难办到的，通过减少 C2C 交易中因信息不对称产生的影响，如信号发生机制、声誉机制等可以有效地促进交易的进行。

建立有效保证信号传递与信息甄别的信息发布管理机制：电子商务的详细分类在网络出现之初是被强烈指责的，认为其违背了互联网平等自由的原则。但是在电子商务交易发展的现阶段，对信息有效的分类成为消费者快速找到目标的有效且公正的手段之一。各种门户网站、网址站和第三方网站的分类都对这一行为起到了促进作用。目前我国还缺乏具有可操作性的相关法律法规，尽快出台相关政策，净化互联网环境显得尤为重要。

建立有效的第三方机制：由于网上交易存在的信息不对称问题，第三方中介概念被引入 C2C 电子商务中。由于第三方中介有助于提高市场的交易效率、有助于实现传统交易中甄别信用风险的功能、有助于预防信息不对称市场中的逆向选择和道德风险问题，所以在我国目前的电子商务环境下，第三方中介得到了长足的发展，如阿里巴巴旗下的淘宝网等都是行业成功的案例。整个交易流程由于引入了第三方中介，可以避免一些网上交易诈骗，降低风险。在发展第三方中介方向上，需要避免一家独大、变某公司规则为整个行业规则的现象。

声誉管理：声誉是人们对企业过去的行为与结果的认知与评价。信息可能是虚假的，但企业或个体经营者的声誉往往是真实的。享有好的声誉的企业或个体经营者，通常有着较好的履约记录，使经营者节约了大量的广告成本。也就是说，声誉具有稳定性，也可以作为有效的识别信息，来区分不同类型的企业。

在电子商务环境中，通过顾客对交易满意度的打分以及对所购商品的评价来划分商家的信誉水平，不诚信的商家将被驱逐出市场。目前我国电子商务 C2C 市场上的声誉虚假现象也非常严重，信用评价制度有漏洞可钻。建立我国个人的诚信记录和 C2C 电子商务模式中经营者的声誉记录还有漫长的路要走。

信息对称条件下，高质量二手车的均衡价格为每辆 5 万元，低质量二手车的均衡价格为每辆 2 万元。在信息不对称的条件下，消费者会以 3.5 万元的价格来购买二手车，进而导致二手车卖主不愿出售价值高于 3.5 万元的二手车，而低质量的二手车在市场上得以成交。买主开了一段时间的二手车后，才会知道其质量问题，因此就会导致买主对二手车市场上的二手车质量的预期进一步降低，对成交价格也会低于 3.5 万元，进而也会导致相对质量较高的二手车无法成交，退出市场。如此继续下去，高质量的二手车逐渐被“逐出”市场，进而产生了高质量产品被低质量产品驱逐出市场的逆向选择问题。

在现实生活中还有很多信息不对称导致产生逆向选择的例子。其中保险市场,尤其是人寿保险市场上的例子也很典型。为什么超过60岁的老年人几乎任何保险公司都不会向其出售任何的保险产品,因为老年人得严重疾病的概率要比年轻人大得多。在医疗保险市场中,由于投保人比保险商更清楚地知道自己的身体状况,而且投保人尤其是风险较高的群体不仅不愿意诚实地披露与自己的真实风险条件有关的信息,甚至有时还会制造虚假的或模糊的信息。这样,在保险公司与客户订立保险合同时,如果保险公司由于无法鉴别隐瞒信息的投保人而采取"一刀切"的方式,即将风险程度设定为某一平均程度,那么,那些存在患病高风险的人就会倾向于投保,而那些身体状况较好的人则不会购买医疗保险。结果,保险公司就会面临着较大的赔付概率,甚至可能亏损。这类市场失灵的情况正是政府干预市场的原因之一。对于医疗保险,需要由政府提供老年人和大部分公民的基本医疗保险。通过政府为所有老年人提供医疗保险,政府就可以消除这一保险市场上的逆向选择问题。

信贷市场上,信用卡开发公司和客户之间存在信息不对称,客户对自己的信用信息更加了解;古玩和字画市场上,古玩和字画的卖主对其产品的真实性更加了解,信息更充分;食品市场上,饭店的菜是否新鲜,是否卫生,饭店自身比顾客更加了解。

(二)逆向选择的解决方法

信息不对称在很多的市场都存在,销售者对产品质量比消费者了解得更多,客户比保险公司和信用卡公司对自身的健康状况或者信用状况更加了解。要解决上述信息的不对称问题,生产者能够提供产品质量的信息是解决的方法,否则就会产生逆向选择的问题。解决逆向选择问题的方法主要有:政府对市场进行必要的干预和利用市场信号。也就是需要通过市场传递信号,或者政府通过法规来要求销售者提供产品质量的信息。

市场信号的发送方式有很多种,包括生产者的声誉、生产者通过标准化提供自己的产品、提供质量保证书和维修保障书等。在传统市场上,制造与传播的信号主要是厂商通过品牌、广告或者向客户提供质量保证书、保修、允许退回等办法,使消费者把他的产品与"柠檬"产品区别开,以相信它的产品是高质量的。在传统市场上,厂商可能会建立规模和档次都很高的商店和保修店,以便使消费者能从商店的环境优雅外观或卖主的标识判断商品的质量,从而愿意购买该厂商的产品。

现在的电子商务发展很快,消费者在通过网络购买商品时存在高度信息不对称。因此,消费者在进行网络购买时,会通过网络卖家的声誉来判断其销售产品的质量。最典型的案例就是淘宝网上卖家信用评级体系的应用，就部分的解决了信息不对称问题。淘宝网其本质是交易平台，而非生产产品出售产品的卖家。在网络市场上中介也就是网络中间商，它在电子商务市场中扮演了重要的角色，它为降低网络产品质量不确定性发挥特别重要的作用。它们参与市场但自己不消费产品。在买卖双方不能充分解决质量不确定性的情况中，以网络中介为基础的市场机制可以比没有中介或规则制度下的市场机制更有效。网络中介可通过提供质量信息解决信息不对称问题的一个决定性原因是中介可以出售许多厂家的产品。如果单个产品的中介可与生产商勾结以共享利润，不顾消费者的抱怨继续销售劣质品，那么当多个产品的中介与某个供应商相勾结，并且继续卖有问题的产品时，消费者就会同时停止购买这个中介的其他商品。这种信息溢出的机制会促使中介停止销售不道德厂商的产品，并对其进行惩罚，从而鼓励生产商维持高质量。因此，在目前网络市场上，中介将是减少逆向选择问题的一个很好的解决途径。虽然在解决逆向选择问题时中介的参与实际上是提高了交易成本，但更主要的是，它同时增加了市场的交易效率。

有时生产者是很难做出声誉来的，如汽车站、火车站、飞机场等地方的餐馆，消费者一般只有旅行或出差时才会去那儿消费一次或几次，因此这些餐馆就没有机会做出声誉来。那么这些饭馆就需要通过标准化来避免出现逆向选择问题。你可以看到，现在各个城市的火车站、飞机场都会有肯德基。平时你可能不会去肯德基吃饭，但当你到了一个陌生地方或者出差时旅行时，肯德基对你的吸引力就会增加。当你看到肯德基，你就会想到这里会给你提供什么样的食品，价格是多少等，肯德基提供的是标准化的产品，在任何一个国家和地区，或者至少在中国肯德基提供的配料和食品是基本一致的。

在购买如电视机、音响、照相机和冰箱等这样的耐用消费品时，你如果不知道哪个品牌的产品更可靠，较好品牌的产品就可能无法以较高的价格出售。为了避免此问题，生产质量较高的产品的生产者，就会通过质量保证书或者维修与包退包换等政策提供产品质量的信息。因为质量保证书、包退包换保修政策发出了产品质量的信号，这些机制对低质量的产品来说要比高质量产品的生产者成本更高。因为低质量的产品返修率高，进而导致维护成本高，所以低质量产品所做的承诺往往不如高质量产品的好。

二、信息不对称与道德风险

（一）道德风险的内涵

道德风险（Moral Hazard）是指参与交易或签订合同双方中的一方由于面临

另一方可能改变行为，进而损害本方利益的风险。道德风险是指在双方信息不对称的情况下，人们享有自己行为的收益，而将成本转嫁给别人，从而造成他人损失的可能性。道德风险的存在不仅使得处于信息劣势的一方受到损失，而且会破坏原有的市场均衡，导致资源配置的低效率。在信息不对称的情况下，当代理人为委托人工作而其工作成果同时取决于代理人所做的主观努力和不由主观意志决定的各种客观因素，并且主观原因对委托人来说难以区别时，就会产生代理人隐瞒行动而导致对委托人利益造成损害的"道德风险"，道德风险发生的一个典型领域是保险市场。比如说，当某人获得某保险公司的保险，由于此时某人行为的成本由那个保险公司部分或全部承担。此时保险公司面临着道德风险。如果此人违约造成了损失，他自己并不承担全部责任，而保险公司往往需要承担大部分后果。此时某人缺少不违约的激励，所以只能靠他的道德自律。他随时可以改变的行为造成保险公司的损失，而保险公司要承担损失的风险。

在企业中，由于企业中普遍存在契约的不完备性和信息的非对称性，例如老板无法全面全程地监督员工的行为，进而诱发了员工的机会主义行为，员工会尽可能选择以付出较少的努力换取较多的收入或报酬。假定经理目标是以利润最大化为准则的，那么他希望工人多努力以增加利润。如果契约是完备的、信息是对称的，个人的行为及目标选择都置于组织的监控之下，那么个人只有通过完成组织目标并在组织目标的约束下才能实现个人目标。但是，企业契约并不能明确规定未来所有各种可能出现的状态及各方的责权利关系，经理并不能完全观测到员工的工作方式和努力程度，那么，对于一个理性的员工来说，他就有动机利用契约的"漏洞"和行为的不可观测性为谋求自身效用最大化而背离经理所希望的目标。工人可以采用偷懒或"磨洋工"的方式，甚至利用组织资源，如偷窃、泄露企业技术秘密等行动为个人谋取福利。这样，个人目标偏离组织目标，人力资源道德风险也由此而生。

一所大学学生自行车被盗比率约为10%，有几个有经营头脑的学生发起了一个对自行车的保险，保费为保险标的15%。按常理，这几个有经营头脑的学生应获得5%左右的利润。但该保险运作一段时间后，这几个学生发现自行车被盗比率迅速提高到15%以上。何以如此？这是因为自行车投保后学生们对自行车安全防范措施明显减少。在这个例子中，投保的学生由于不完全承担自行车被盗的风险后果，因而采取了对自行车安全防范的不作为行为。而这种不作为的行为，就是道德风险。可以说，只要市场经济存在，道德风险就不可避免。

(二)道德风险的解决方法

解决道德风险的主要方法是建立监督机制，激励机制和风险分担机制。如在企业对员工的管理中，应建立各种机制，加大对员工的考核，加强对员工的监督和管理，通过各种制度的规范来减少道德风险。譬如说，为防范财务资金流失，我们采取会计与出纳分开，互相牵制和监督，来规避财务人员违背职业道德挪用或转移资金的风险。再如采购部，我们可以利用招投标的方法，或是利用询价与采购分开的方法来管理采购部的道德风险。激励可以诱使员工采取经理所希望的行动，因而它能够在很大程度上有效地解决员工道德风险问题。其主要原理是通过改变经理人激励模型来改变员工的行为，主要指员工的薪资收入与员工的福利待遇方面，提高他们的收入，让员工觉得由于道德问题而失去工作会觉得成本太高，从而选择回避"道德风险"。企业也可以通过隐性激励来回避道德风险，经理可以通过及时地、公平地表扬和奖励员工，从而诱使员工在经理面前建立他们的信誉；这样，即使经理不在，为了维护声誉，他们也会努力工作。也可以通过情感激励来规避道德风险，在一些企业中，有些员工往往多年甚至终身服务于一个企业，在长期的共同工作和生活中，员工对企业产生了深厚的感情，这些员工已和组织融为一体。

三、信息不对称与委托—代理问题

（一）委托代理问题的内涵

在大多数的企业中，在雇员是否为雇主努力工作方面的信息，雇员比雇主拥有更多的信息，这种信息不对称引起了委托代理问题。委托—代理问题是美国经济学家伯利和米恩斯因为洞悉企业所有者兼具经营者的做法存在着极大的弊端，于是提出委托—代理理论，倡导所有权和经营权分离，企业所有者保留剩余索取权，而将经营权利让渡，该理论早已成为现代公司治理的逻辑起点。

在委托—代理的关系当中，由于委托人追求的是自己的财富更大，而代理人追求自己的工资津贴收入、奢侈消费和闲暇时间最大化，这必然导致两者的利益冲突。在没有有效的制度安排下代理人的行为很可能最终损害委托人的利益。而世界——不管是经济领域还是社会领域——都普遍存在委托—代理关系，如私人企业中的股东与经理，公共企业中的经理与政府等。

在现代的股份制经营公司中，经营权和所有权分离。股东或者因为缺乏有关的知识和经验，以至于没有能力来监控经营者；或者因为其主要从事的工作太繁忙，以至于没有时间、精力来监控经营者。对于众多中小股东来说，由股东监控带来的经营业绩改善是一种公共物品。对致力于公司监控的任何一个股东来说，他要独自承担监控经营者所带来的成本，如收集信息、说服其他股东、重组企业所花费的成本，而监控公司所带来的收益却由全部股东享受，监控者只按他所持有的股票份额享受收益。这对于他本人来说得不偿失，因此股东们都想坐享其成，免费"搭便车"。而作为企业经理的代理人对自己所做出的努力拥有私人信息，代理人会不惜损害委托人的利益来谋求自身利益的最大化。

因此，现代公司所有权与控制权的分离，股东与经理人员之间委托－代理关系的产生，会造成一种危险：公司经理可能以损害股东利益为代价而追求个人目标。经理们可能会给他们自己支付过多的报酬，享受更高的在职消费，可能实施没有收益但可以增强自身权力的投资，还可能寻求使自己地位牢固的目标，他们会不愿意解雇不再有生产能力的工人，或者他们相信自己是管理公司最合适的人选，而事实可能并非如此。正因为如此，很多的中国中小家族企业主都希望自己的子女或者直系亲属接管其企业。

(二)委托—代理问题的解决方法

委托—代理问题产生的原因是企业经营者和所有者分离，两者的利益不一致，而所有者又无法监督经营者的行为。因此，解决委托—代理问题的关键是设计一个好的激励机制，使经营者和所有者的目标一致。解决代理问题重要的是设计一个合理的报酬激励机制，这需要在分散风险和提供激励目标之间权衡，确定报酬契约的构成及相关的比例，建立一个有效的经营者业绩的考核体系，将反映企业过去业绩的会计或财务类指标与反映企业未来的发展潜力的市场价值指标二者结合起来。既能通过会计指标反映经营者是否具有规范的努力经营行为，使企业具有良好的财务状况；又能通过股票价格之类的市场价格说明经营者是否具有长期化行为，使企业具有良好的发展前景与未来发展潜力。一个典型的收入报酬组合是代表保险因素的固定工资与代表激励作用的变动收入的组合，将股票价格和利润同时写进经理报酬契约，并构建工资、奖金和股票期权的报酬激励体系。如果这种报酬模式是线性的，则可稳定代理人的预期，使其采取一致、有效的行动；若经理收入与企业绩效之间出现非线性关系，绩效评价与实际产出之间的相关关系则是不完全的，这就会增加固定薪金在经理总收入中的比重。

在现代企业管理中，也会使用管理层融资收购(MBO)这一方式来解决委托—代理问题。管理层融资收购是杠杆收购的一种特殊形式，就是目标公司的管理层(管理者)利用借贷所融资本购买所经营公司的股份，从而改变该公司的所有者结构、控制权结构和资本结构，使管理者以所有者和经营者合一的身份主导重组公司，从而获得预期收益。实现经理人对决策权、剩余控制权和剩余索取权的接管，从而降低代理成本，减少对经理人的约束。

【思考题】

1. 想一想如果你去卖二手车，你预期售出的有修车记录的旧车与没有修车记录的旧车相比会怎样？

2. 找几个你亲身经历的事例，想想卖主是怎么让你相信他出售的商品是高质量的？

3. 想一想如何来解决你的代理人与你目标不一致的问题？

第二节　外部性

【引例】

在日常生活中大家可以看到，一条河往往会流经多地，河的上游和下游往往会有一些不同的企业，上游企业如果排污就会导致下游企业受污染，下游居民用水受到污染，这样一种问题应如何处理？还比如，一个湖泊里的鱼的数量是有限的，如果所有的人都可以来捕鱼，湖泊里捕鱼太多会使鱼的数量越来越少，而且往往会导致鱼被过度捕捞，这种情况又有什么解决办法？

这一节我们将分析导致市场失灵的第二个原因即外部性，也即市场价格并不直接反映该商品的全部成本和收益的一种现象。这种现象是市场失灵的重要原因，因而引起了关于公共政策的讨论。例如，是否可以允许生产者向其周边的环境倾倒各种废气、废水和废物等？汽车废气的排放标准应该有多严格？

当外部性存在时，一种商品的市场价格不一定反映它真实的社会价值，结果是要么生产者对这种产品生产得过多，要么就生产得太少，从而导致资源使用的无效率。本节将先详细地分析外部性如何产生低效率或无效率，然后分析外部性的解决方法，一些解决方法是需要通过政府实现，而另一些可以通过市场自身解决。

一、外部性的内涵

外部性又称为溢出效应、外部影响或外差效应，指一个人或一群人的行动和决策使另一个人或一群人受损或受益的情况。外部性可以在生产者之间，消费者之间或者生产者和消费者之间产生。外部性可以分为负外部性（negative externality)和正外部性(positive externality)。

负外部性是某个经济行为个体的活动使他人或社会受损,而造成外部不经济的人却没有为此承担成本。例如,工厂在生产中所排放的污染物就是一种负外部性。它所造成的社会成本包括政府治理污染的花费,自然资源的减少,以及污染物对人类健康造成的危害。再如,上课的时候一些同学如果讲话或者不认真听讲,进而干扰其他同学的正常上课,这也是一种存在负外部性的情况。再如某人养了一只狗,这只狗喜欢每天夜里不停地叫。这个人由于习惯于夜生活,所以并不会对此感到困扰。可是他的邻居习惯于早睡,每天就会被狗的叫声弄得失眠,于是不得不花钱买安眠药。在这里养狗对于这个邻居就是一种负外部性。

正外部性是某个经济行为个体的活动使他人或社会受益,而受益者无须花费代价。例如,当你的邻居在他家的花园中种植了很多的惹人喜爱的花草时,你也可以享受到这种观赏花草带来的愉悦感,而你并没有承担成本,这就是一种正的外部性。再如,某人去注射了甲流疫苗,这场消费不仅对于他自己有好处,对他周围的人也有一定的好处,即接触到病毒的传染源减少,这也是一种正外部性。还有教育尤其是基础教育是一种正外部性,完善的基础教育系统培育出的人才,可以对社会建设做出贡献,这是对所有人都有益的。建设一栋造型美观的建筑,让这个地区的所有人都可以欣赏到这一道风景线,也是一种正外部性。

二、外部性引起的无效率

(一)负外部性引起的无效率

负外部性是导致市场无效率的一个重要来源,因为商品的市场价格没有反映整个社会为此商品生产承担的成本。在有负外部性的竞争市场中,市场的均衡价格向生产者和消费者传递了错误的信息,导致生产者生产了过多的此类商品。由于生产了过多的商品,导致了社会为此承担的总成本就会大于总收益,导致整个社会的无谓损失。在没有负外部性的情况下,社会成本等于私人成本;在存在负外部性的情况下,社会成本大于私人成本,社会成本等于私人成本加外部成本,如图 8-2 所示。

图 8-2 中的左图表示的是没有负外部性的情况下,社会的最佳产出和企业的最佳产出相等,社会成本等于企业成本,所以不存在无谓损失。右图表示存在负外部性的情况下,社会的最佳产量小于企业的最佳产量,即社会的最佳产量为 Q_1,而企业的最佳产量为 Q_2。社会成本大于企业成本,即企业生产 Q_2 数量的产品时,企业承担的成本小于整个社会承担的成本,而社会的收益和企业的收益相等,进而存在的无谓损失为三角形 CEF 的面积。因为企业在决定自己的最佳产

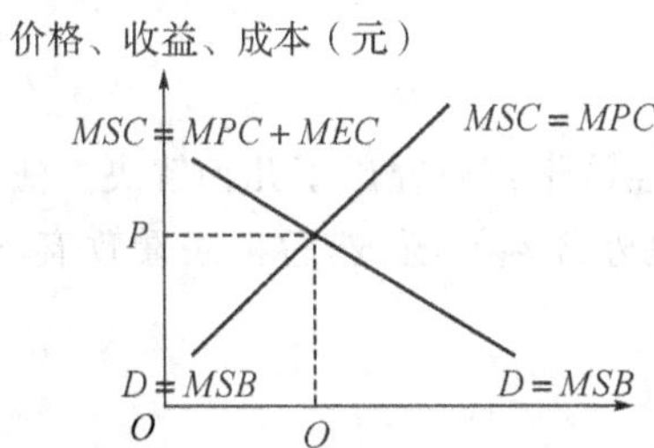

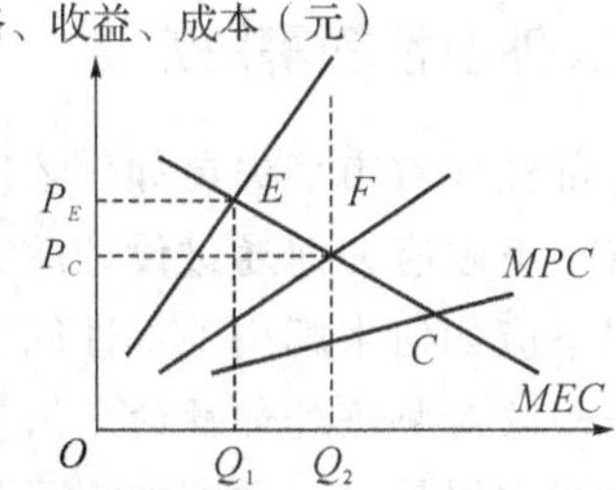

图 8-2

量时，通常是以利润最大化为考虑原则的，其中在考虑成本时，企业会忽略外部成本，仅考虑企业自身承担的生产成本，会忽略其生产过程中产生的外部成本，因为这些外部成本是由社会承担的。

（二）正外部性引起的无效率

正外部性是指某些商品和服务的生产或者消费引起了外部收益。正外部性测存在也会导致市场失灵，因为此时市场的均衡价格无法弥补生产者的收益，导致社会收益大于生产者的收益，进而这类产品的产量往往小于整个社会的最佳产量，如图 8-3 所示。

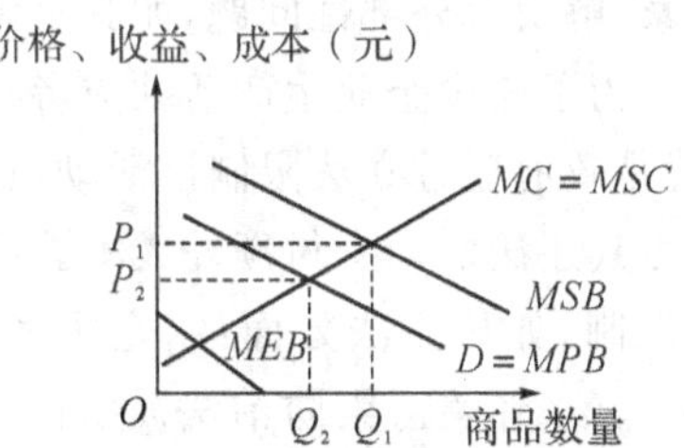

图 8-3　负外部性和社会无谓损失

正外部收益的情况下，没有得到相应的补偿，因此往往会使得生产者或消费者缺乏动力。如图 8-3 所示，存在正外部性时，生产者面临的需求曲线也即其私人收益曲线是 $D=MPB$，其生产的成本曲线为 MC，因此根据收益最大化原则，该生产者将生产 Q_2 数量的该种商品。而从整个社会的角度看，该产品的社会收益曲线为 MSB，在 D 曲线之上，即社会收益要大于私人收益，或者 $MSB=MPB+MEB$，整个社会的生产成本为 $MSC=MC$，对于整个社会而言，该商品的最佳产量为 Q_1。因此，存在正外部性时，私人的最佳产量往往小于整个社会的最佳产量，也即存在生产不足的问题，导致收益损失。

三、外部性的解决方法

外部性导致市场失灵如何才能纠正，经济学家研究出了几种解决方法，我们首先看一下政府如何通过设计政策来解决外部性问题，然后再来看政府不介入的情况下应如何来解决外部性问题。

（一）政府解决外部性的方法

本章主要是讨论政府如何干预市场，当存在外部性导致市场失灵时就需要政府干预市场。政府可以利用直接控制和税收等政策来调节负外部性，政府可以通过补贴或提供产品来调节正外部性。

1. 负外部性的政府干预

当存在负外部性时，政府可以通过设计政策来使得企业将外部成本内部化，即在生产时考虑给社会其他人带来的成本，将 *MSC* 作为自己的生产成本来考虑。企业一旦将外部成本内部化，企业或重新考虑最佳产量，进而使得企业最佳产量和社会最佳产量相等。政府促使外部成本内部化的最有效方法可分为两类，即通过税收和政府直接管制。接下来，我们将着重讨论这两类方法的具体措施。

在世界上的很多国家，解决负外部性问题，尤其是解决环境污染问题的主要方法就是政府直接控制。为了减少企业生产活动或者社会某种活动对环境造成的污染，最直接的方式就是政府通过立法限制该活动，这样的直接控制方式使得违反法律法规的企业要为其违法活动支付额外成本。中国政府也从多方面着手来对环境污染进行直接控制，如从立法方面：制定了各种污染防治法，如《环境法》、《环境与资源保护法》、《水环境污染防治法》、《环境影响评价法》《土地污染防治法》等；在制定环境标准方面，设定了如《地表水环境质量标准》、《工业废水排放标准》、《环境空气质量标准》等标准；并且制定了国家发展战略规划等措施。在美国，这一措施也是主导美国政府干预外部性的公共政策。从历史来看，统一排放标准（即限定可排放量）这一措施是美国空气污染政策的主导政策。“清洁空气法案”迫使企业通过研发投入，科研投入来减少其有毒废气的排放。汽车的尾气排放标准，迫使汽车生产厂商通过研发投入来增加汽油的燃烧效率，降低含硫尾气的排放等。直接控制提高了企业生产的成本，因为企业要不违反相关的环境法规法则，只能通过增加研发投入或者采用并维护污染控制设备来实现，进而也就提高了企业的生产成本，使负外部性得以纠正。从具体措施看，政府可以通过排放标准的制定，排放标准时对厂可以排放多少污染物的法定限制。如果厂商排放的污染物超出政府设定的上限，它就会面临经济惩罚甚至刑事惩罚。

因此厂商为了保证产量，厂商会通过安装减少污染的设备来达到这一标准，增加的减少污染的成本会导致厂商的成本曲线向社会成本曲线靠近，进而实现有效率地生产。

除了政府直接控制环境污染造成的负外部性，还可以通过征收税收的途径来实现外部成本的内部化。政府可以通过排放税或费的收取，可以通过颁发排放许可证等来解决企业的外部性。对企业排放的污染物进行征税，征收排放税(emission tax)，对企业排放的每单位污染物进行收费，为企业有效排污和降低污染建立了一种有效的经济激励。

如图 8-4 所示，对企业每单位的产品征收 T 的税收，增加了企业的生产成本，将 *MPC* 曲线移到了 *MSC* 曲线的位置。在市场上均衡产出从 Q_1 下降到 Q_2，因此税收消除了负外部性引起的资源过度使用于该产品生产上引起的无谓损失问题。

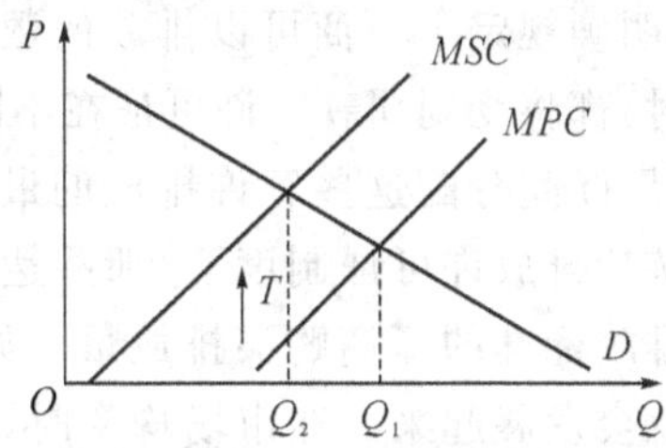

图 8-4　通过征税矫正负外部性

2. 正外部性的政府干预

当市场中存在正外部性时，就存在收益的溢出，这时政府可以通过三种方式来解决正外部性引起的资源配置无效率，即可以通过补贴消费者、补贴生产者或者政府直接提供该类产品来实现。

补贴消费者是指政府可以通过给予消费者补贴来矫正资源的配置不足，比如通过给每位消费者消费折扣券，该折扣券在购买产品时可以使用，这使得消费者购买这种商品的价格降低，进而就提升了市场上产品的消费量和生产量，消除了生产不足。

补贴生产者是指政府对生产者的补贴，是一种负向的税收。税收增加了企业的成本，而补贴则降低了企业生产成本。这样企业生产相同的产量将获得更多的利润，进而将促进生产者增加产品的产量，进而消除产量不足引起的低效率。

最后一种方法就是政府直接干预市场，即政府提供该种正外部性的产品。

当某种产品的社会效益非常巨大时，政府就可能免费提供该种产品(服务)或者只收取一个较低的费用，如基础教育(义务教育)。政府提供了许多具有如下特征的产品和服务。他们的生产和提供能够实现排他性，这些商品可以称作准公共产品，如教育、城市道路、图书馆、消防、疫苗、公共污染的处理和博物馆等。由于可以最大限度地避免搭便车问题，因此他们全都可以被定价，并且可以通过市场机制由私营企业来提供。但是由于这些产品或服务的收益大于购买者所获得的收益，即存在收益溢出，导致市场供给不足，因而政府往往提供准公共产品。

(二)市场解决外部性的方法

市场解决外部性的方法主要是通过创建可转让排放许可证市场来实现。假定政府要减少污染，但由于对企业减少排污的成本，污染造成的社会成本有多大都不清楚，所以排污费和排放标准都无法使用，政府可以利用可转让排放许可证来实现这些目标。在这一制度下，每一个生产厂商都必须有排放许可证才能排放污染物，每张许可证都明确规定了厂商可以排放的数量。任何厂商排放超出许可证允许量的污染物时，都将受到罚款。许可证在不同的厂商间分配，但控制排放的总量，即在不同的厂商间分配这些容许排放的最大量。许可证可以在不同的厂商间买卖。在可转让排放许可证制度下，那些达不到许可证排放规定的厂商可以向有能力达到排放标准的厂商购买排放量。如果有足够多的厂商，一个竞争性的许可证市场就会发展起来。在市场均衡时，许可证的价格等于所有厂商减少排放的成本。如果许可证的价格小于减少排放的成本，那么有些厂商认为购买更多的许可证是有利可图的。因此市场会自我调整，使得政府规定的排放标准以最低的总成本实现。那些减污成本较低的厂商会最多地减少排放，并将政府分配给其的排放量的一部分卖给减污成本高的厂商。而减污成本高的厂商会购买较多的许可证。上述这种可转让许可证制度产生了一个外在性市场，由于这一市场把政府干预中的排放标准和收费这两种方法的优点结合起来，成为很多国家采用的治理负外部性的方法。政府颁发许可证，规定了排放的总量，许可证可以买卖又实现了最低成本控制排放量。

【思考题】

1. 想一想，你生活中是否遇到了存在外部性的事情，试举例说明。
2. 试举例现实生活中解决外部性的一个实际案例。

第三节 公共产品

相对于具有排他性和竞争性(即成本递增性)的特征的私人产品,市场上还存在具有非排他性和非竞争性的公共产品。公共产品无法由私人生产部门来提供,或者私人部门提供该种商品时无法正确地定价,从而导致市场失灵,进而令该种商品供给不足,或者该种商品消费过度。

一、公共产品的特征

公共产品有两个基本特征:非竞争性和非排他性。非竞争性是指一种商品在向额外一个消费者提供时,其变动成本为零。也就是说一部分人对某一产品的消费不会影响另一些人对该产品的消费,一些人从这一产品中受益不会影响其他人从这一产品中受益,受益对象之间不存在利益冲突。例如国防保护了所有公民,其费用以及每一公民从中获得的好处不会因为多生一个小孩或出国一个人而发生变化。对于私人产品而言,如服装,额外提供给一个消费者一件服装,需要有额外成本的增加。非排他性是指产品在消费过程中所产生的利益不能为某个人或某些人所专有,要将一些人排斥在消费过程之外,不让他们享受这一产品的利益是不可能的。例如,消除空气中的污染是一项能为人们带来好处的服务,它使所有人都能够生活在新鲜的空气中,要让某些人不能享受到新鲜空气的好处是不可能的。

另外,纯公共产品还具有非分割性,它的消费是在保持其完整性的前提下,由众多的消费者共同享用的。如交通警察给人们带来的安全利益是不可分割的。可见,具有非竞争性、非排他性而且不能分割的纯公共产品具有公共消费的性质,即在消费这类产品时,消费者只能共享,消费者也可以不受影响的共享,而不能排斥任何人享用。管理以及从事行政管理的各部门所提供的公共产品都是属于这一类。纯公共产品不仅包括物质产品,同时还包括各种公共服务。所以有时把公共产品与劳务联在一起来看,除可供公共消费的物质产品外,政府为市场提供的服务包括政府的行政和事业方面的服务也是公共产品,这就是说,广义的公共产品既包括物质方面的公共产品,又包括精神方面的公共产品。

二、公共产品的分类

从公共产品的两个属性出发，我们可以把非私人产品分为两类，即纯公共产品和准公共产品。准公共产品又可以分为两类，一类是有排他性和非竞争性商品，另一类是有非排他性，但有竞争性的商品。

一般说来，纯公共产品是指那些为整个社会共同消费的产品。严格地讲，它是在消费过程中具有非竞争性和非排他性的产品，是任何一个人对该产品的消费都不减少别人对它进行同样消费的物品与劳务，例如增加一个电视观众并不会导致发射成本的增加。边际成本为零。每个消费者的消费都不影响其他消费者的消费数量和质量。如国防、外交、立法、司法和政府的公安、环保、工商行政管理以及从事行政管理的各部门所提供的公共产品都是属于这一类，不会因该时期增加或减少了一些人口享受而变化。此类产品增加消费者不会减少任何一个消费者的消费量，增加消费者不增加该产品的成本耗费。它在消费上没有竞争性，属于利益共享的产品。非排他性是指某些产品投入消费领域，任何人都不能独占专用，而且要想将其他人排斥在该产品的消费之外，不允许他享受该产品的利益，是不可能的，所有者如果一定要这样办，则要付出高昂的费用，因而是不合算的，所以不能阻止任何人享受这类产品。例如：环境保护中，清除了空气、噪音等污染，为人们带来了享受新鲜空气和安静环境，如果要排斥这一区域的某人享受新鲜空气和安静的环境是不可能的，在技术上讲具有非排他性。

准公共产品亦称为“混合产品”。这类产品通常只具备上述两个特性的一个，而另一个则表现为不充分。在现实生活中，有些商品具有排他性，但是具有非竞争性。例如，在交通不拥挤时，高速公路的通行是非竞争性的，因为道路上增加一辆车并不影响其他车的通行，也不会降低其他车的速度。但是通过设置出入口，高速公路的投资者和管理者就可以阻止不缴费的车辆驶入，这就形成了排他性。正因为这类公共产品具有非竞争性的和不充分的非排他性，因此也称为准公共产品。

另一类准公共产品是指具有非排他，但有竞争性。例如，教育产品就属于这一类。教育产品是具有非排他性的。因为，对于处于同一教室的学生来说，甲在接受教育的同时，并不会排斥乙听课。就是说，甲在消费教育产品时并不排斥乙的消费，也不排斥乙获得利益。但是，教育产品在非竞争性上表现不充分。因为，在一个班级内，随着学生人数的增加，校方需要的课桌椅也相应增加；随学生人数增加，老师批改作业和课外辅导的负担加重，成本增加，故增加边际人数的教育成本并不为零，若学校的在校生超过某一限度，学校还必须进一步增加班级数和教师编制，成本会进一步增加。因而具有一定程度的消费竞争性。这类产品具有一定程度的消费竞争性，因而称为准公共产品。

纯公共产品的范围是比较狭小的，但准公共产品的范围较宽，许多公共商品在消费中是不竞争的，就是排他的，或者两者都是。如教育、文化、广播、电视、医院、应用科学研究、体育、公路、农林技术推广等事业单位，其向社会提供的属于准公共产品。此外，实行企业核算的自来水、供电、邮政、市政建设、铁路、港口、码头、城市公共交通等，也属于准公共产品的范围。与上述公共产品相对应的是，私人产品也可以分成两类，即纯私人产品和俱乐部产品。纯私人产品是指那些同时具备排他性竞争性特征的产品，包括大多数私人产品。此外还有一类称为"俱乐部产品"。这是指在某一范围内由个人出资，并在此范围内的所有个人都可以获得利益的产品，如消费合作社等。

三、公共产品与效率

非竞争性和非排他性的公共产品以零边际成本向人们提供，而且没有人会被排除在享用这些商品的大门之外。公共产品最经典的例子是国防和灯塔。但是这些特征带来了搭便车(free-rider)问题。一旦生产者提供了某件公共产品，包括未付费者在内的每个人都可以获益，但大部分人都不会资源为这些产品分担生产成本，即不愿为这些免费获得的公共产品支付费用。因此，如果公共产品存在非排他性，或者说阻止未付费的消费者来消费此种产品的成本是非常高的，也即阻止未付费的消费者来消费此种商品是不可能的，那么私人企业就不愿意提供该种产品，进而产生供给不足的情况。从消费者的角度看，当消费者知道公共产品具有非排他性的特征时，他们就知道即使自己不承担成本或者说不付费，仍然能够享受到这种公共产品带来的收益，因此这些消费者就会去隐瞒自身的真实偏好。消除空气中的污染是一项能为人们带来好处的服务，它使所有人能够生活在新鲜的空气中，要让某些人不能享受到新鲜空气的好处是不可能的，因此很多人都会怕承担成本而谎称自己对清洁的环境无所谓。

从公共产品的非竞争性看，一部分人对某一产品的消费不会影响另一些人对该产品的消费，一些人从这一产品中受益不会影响其他人从这一产品中受益，受益对象之间不存在利益冲突。例如国防保护了所有公民，其费用以及每一公民从中获得的好处不会因为多生一个小孩或出国一个人而发生变化。因此，这些产品提供给额外一个消费者的边际成本为零，因此有效率的价格应该是零，如果由私人企业来提供这样的产品，这样就会造成过度消费，企业无法收回成本，从而造成低效率。

四、公共产品的供给

公共产品生产和供给的方式有三种：一是由政府部门(公共部门)直接生产；二是有私人部门生产，政府通过购买私人部门的生产来提供；三是政府生产，但以私人部门的方式提供产品，这主要是针对一些接近私人产品的准公共产品而言。

由政府部门(或公有企业)直接生产并提供公共产品是指由公共部门生产出公共产品，并由公共部门向社会提供各种物品和劳务。所谓政府部门直接提供，是指这些公共产品是由政府部门直接供给的，它以不收费的方式免费提供给消费者。纯公共产品，即具有非排他性和非竞争性的产品，主要采用公共生产和公共提供方式来供给。

对于具有排他性而非竞争性的产品，政府可以通过购买私人部门生产的产品的方式提供给消费者。例如政府部门可以买入已经拍好的电视片，然后免费在公共电视台播放，再如，在美国武器由一些私人企业生产，政府对其进行购买武装军队，进而提供国防服务。

对一些接近私人产品的准公共产品，如自来水、煤气等公用事业，医疗服务等，都可以采取收费的方式来提供。这些产品通过适当收费的方式来提供，往往是基于平衡获益者与非获益者的成本分担，提高资源使用效率来考虑的。政府往往采取类似与私人产品的提供方式，向使用这种产品的消费者收取一定的价格。

【思考题】

想一想现实生活中你在消费哪些公共产品？它们是怎么提供的？试举出两种以上的产品或服务。

第四节　政府的作用

政府干预市场的终极目标是实现效率和公平。也就是说，政府公共政策的目标是使得资源的配置既实现效率也实现公平。政策是否能够实现效率目标是实证经济学关注的问题，一项政策要么就是提高了资源配置效率，要么就是没有做到。事实上，要确定一项政策是否提高了资源配置效率并非易事，不同的分析可能会得出不同的答案，但却只有一个正确答案。公平的目标则是一个规范性的问题。个人所得税应该如何征收？根据什么标准来确定政府福利计划的受益者？这些问题在不同人看来都有不同的答案，对这些问题的回答都包含了不同人的价值判断。本节将对效率和公平的内涵进行简单的阐述。

一、效率与公平的内涵

效率一词在不同的学科有不同的解释，从经济学角度看，效率就是指“帕累托最优”(Pareto optimum)，资源的配置已经达到这样一种境地，无论做任何改变都不能同时使一部分人受益而其余的人不受损。也就是说当经济运行已达到高效率时，一部分人进一步改善处境必须以另一些人境况恶化为代价。反之，如果资源的配置是低效率的，那么通过改变资源的配置方法，至少一部分人可以提高福利水平，而没有任何人境况恶化。

对于公平的定义则争论更多，从经济学角度看，公平，是指有关经济活动的制度、权利、机会和结果等方面的平等和合理。但公平绝不等于收入均等或收入平均，对于公平的观点，经济学分为以下四种观点：一是平均主义，即社会所有的成员都能得到相同数量的财富；二是罗尔斯主义，即社会公平体现在社会中的最底层人是否实现了效用最大化；三是功利主义，即社会公平体现在全社会的总财富实现最大化；四是市场主导的观点，即只要是通过充分竞争市场实现的结果都是公平的。

关于效率与公平的关系，它是一个长期存在严重分歧、争论不休的问题。

二、政府的角色

从基本意义上来说，政府的显著特征是规范公民行为而合法使用强制力的一种社会组织。政府的角色可以从两个范畴来看，一是政府从事什么样的活动，以及政府为什么要从事这样的活动。与此相关的一个问题是，政府应该在多大程度上从事这些活动。如警察、公园、高速公路这些服务，是否都应该由政府来提供？如果是，那么应该提供多少？

二是政府如何来实现上述活动，即政府在从事上述活动时需要资金，政府如何来筹集资金。政府筹集资金的方式有征税、发行国债和货币。此外，政府有时还会出售它的资产。

从另外一个角度看，政府为什么要从事上述活动，原因有三个：其一是假如没有一定的政府活动来保护从事生产和交换的社会公民的产权，那么市场机制就无法发挥有效率地配置资源的作用；其二是市场经济有效率地配置资源是有条件的，如充分竞争市场的条件、信息充分的条件、不存在外部性和公共产品等，上述条件如不满足，政府的参与可能比市场更有效率；其三是市场在资源配置方面的结果可能导致某些人处于贫困和不幸的境地，这时就需要政府来根据公平原则实施干预，为这些不幸的人们提供帮助。

【思考题】

1. 你对公平和效率是怎么理解的？

2. 试观察一下，并举出政府所从事的活动的具体案例。

小 结

1. 信息不对称。一个产品的卖方通常对产品的质量比买方有更多的信息。这种信息不对称，使得高质量产品被低质量产品驱逐出市场，导致市场失灵。如果卖主能够提供产品的质量保证书或者其他办法来维持卖主的好声誉，或通过实施标准化生产来消除信息不对称，可以消除市场失灵。

2. 道德风险。保险市场常常遇到信息不对称，买保险的人比保险公司往往拥有更多的信息，这就会导致保险市场上逆向选择的问题。同时由于被保险人的行为无法监控，在购买保险后，被保险人就会比不买保险时采取更少地措施来避免风险的发生，这就产生了道德风险。

3. 委托—代理问题。在工厂，老板监督工人是否努力工作的成本非常高，因此工人的目标和老板的目标会不一致，导致委托—代理问题的产生。即作为委托人的老板和作为代理人的工人产生目标一致的问题，这就需要老板通过设计合理的激励机制来使得工人的目标与老板的目标保持一致。

4. 外部性。当交易行为对无关交易的第三方造成成本或收益时，外部性就产生了。如果对第三方造成了负面影响，或者是第三方承担了成本，那么就是负的外部性。如果对第三方产生正面影响，或者使得第三方受益了，那么就是正的外部性。外部性会导致市场失灵。

5. 外部性的解决。企业生产对环境造成污染是典型的负外部性，它可以通过政府来设定排放标准、收取排放费、建立可转让排放许可证市场来纠正。正的外部性可以通过政府对生产者的补贴来实现纠正。

6. 公共产品。公共产品是指具有非排他性和非竞争性这两个特征的产品。根据上述两个特征作为区分产品类别的维度，可以将产品分为四类。

7. 公共产品的有效供给。公共产品如果由私人部门来提供，那么就会产生供给不足或者过度消费的情况，因此公共产品的有效供给是由政府直接生产并提供，或者由政府购买私人部门的生产来提供，或者政府按私人产品的方式来提供。

8. 政府的角色。政府的公共政策目标最终是为了实现公平和效率，但公平和效率的内涵存在着不同的理解。政府的活动可以分为两类，一是政府的支出活动，另一类是政府筹集资金的活动。政府是基于保护公民权利、纠正市场失灵、促进社会公平的角度去采取上述两项活动的。

关键术语

逆向选择 道德风险 委托—代理 市场信号 正外部性 负外部性 非竞争性 非排他性 公共产品 “搭便车” 公平与效率

复习题

一、选择题

1. 下列哪个不是导致市场失灵的原因 （ ）

A. 垄断 B. 外部性 C. 公共物品 D. 政府干预

2. 你在商店里购买一件商品，卖者可能对该产品的质量更理解，而你确不太了解该商品的质量，那么原因可能是 （ ）

A. 买方自身认识能力有限

B. 交易对手有意隐瞒

C. 对于买方来说，要想掌握更多的信息需要付出更大的成本

D. 以上都有可能

3. 面对不对称信息，（ ）不能为消费者提供质量保证。

A. 品牌 B. 低价格

C. 长期质量保证书 D. 气派的商品零售处

4. 某一经济活动存在外部不经济是指该活动的 （ ）

A. 私人成本大于社会成本 B. 私人成本小于社会成本

C. 私人利益大于社会利益 D. 私人利益小于社会利益

5. 公共产品的特征决定了公共产品不能由（ ）提供。

A. 竞争性的市场 B. 公共部门

C. 政府 D. 国家

二、思考题

1. 许多消费者在购买名牌时都会到大型的商场，这是因为人们相信大型商场出售的名牌商品不会有假，声誉好的大型商场是质量保证的信号。声誉好的大型商场能不能提供有用的质量信号？请解释原因。

2. 如果你要去买一台 iPhone 手机，而你知道在市场上存在着一些质量不好

的手机，但你无法识别质量好差，那么你会选择到什么样的商场去购买，为什么？

3.运用一个你生活中遇到的事例，来解释一下什么是道德风险？

4.观察一下你的生活，试举出一个例子来说明商家是如何来消除消费者的顾虑，或者说是如何来让消费者相信它所售的商品是高质量的？

5.试举出你身边存在的三个外部性的例子，并试想如何解决它们。

6.如果因机场的建设，对机场周围的居民带来噪声污染，那么是否应该对机场或航空公司征收矫正税来补偿这些受噪音污染的居民？请解释。

7.国防和计算机软件这两种产品有何异同？为什么国防由政府部门提供，而计算机软件可以由私营部门（公司）提供？

第九章

宏观经济基本指标

【学习要点及目标】

了解国内生产总值的概念及计算方法；掌握通货膨胀率的概念及计算方法；掌握失业率的概念及计算方法；了解国内生产总值变动的影响因素。

【引例】

经中国国家统计局初步核算，2013 年上半年中国国内生产总值 248009 亿元，按可比价格计算，同比增长 7.6%。其中，一季度增长 7.7%，二季度增长 7.5%。分产业看，第一产业增加值 18622 亿元，增长 3.0%；第二产业增加值 117037 亿元，增长 7.6%；第三产业增加值 112350 亿元，增长 8.3%。从环比看，二季度国内生产总值增长 1.7%。居民消费价格同比上涨 2.4%，涨幅与一季度持平，比上年同期回落 0.9 个百分点。这些宏观经济数据代表什么意思？是如何统计出来？这些数据说明了什么问题？

（资料来源：http://www.stats.gov.cn/）

必备知识点

GDP 的内涵及计算　通货膨胀率及其计算　失业率

拓展知识点

“绿色”GDP　CPI 与 GDP 平减指数的关系

宏观经济学是关注一个国家或者一个地区整体经济运行状况的经济学，但一个国家或者一个地区的整体经济是一个非常庞杂的对象，为了准确把握整个经济的运行状况，经济学家在观察一个经济时，往往从三个指标来看整体经济的运行状况，即整个经济的经济总量指标——国内生产总值，整个经济劳动力的就业情况指标——失业率，整个经济物价变动指标——通货膨胀率。一个经济整体运行状况如何，就是从国内生产总值的变动情况，失业率的变动情况和通货膨胀率的变动情况来看的，上述指标也经常出现在报纸和各种媒体上，本章将介绍国内生产总值、失业率、通后膨胀率的内涵及其计算方法，并简要分析国内生产总值的决定因素。

第一节　国内生产总值

在20世纪40年代以前，对总体经济活动的研究还没有国内生产总值这一概念，直到第二次世界大战结束后，国内生产总值（GDP）这一概念才被提出和统计出来。国内生产总值是核算整个国家或地区总收入的指标，本节将介绍这一指标的内涵及计算方法。

一、国内生产总值的概念

国内生产总值是对整个经济的总产出的度量，这一术语简称GDP。对于GDP的定义及计算有三种方法角度：一是从最终产品的价值角度定义，二是从生产部门的增加值角度定义，三是从要素收入的角度定义。

GDP是一个国家或地区（以下都称为一个经济）在一定时期内所生产的最终产品和劳务的价值之和。这里需要注意以下几点：一是GDP是用最终产品来计量的，即最终产品在该时期的最终出售价值。一般根据产品的实际用途，可以把产品分为中间产品和最终产品。所谓最终产品，是指在一定时期内生产的可供人们直接消费或者使用的物品和服务。中间产品是指为了再加工或者转卖用于供别种产品生产使用的物品和劳务，如原材料、燃料等。GDP必须按当期最终产品计算，中间产品不能计入，否则会造成重复计算。二是国内生产总值是一个市场价值的概念，即各种最终产品的市场价值是在市场上达成交换的价值，都是用货币来加以衡量的，通过市场交换体现出来，是由最终产品的数量乘以其出售的价格获得的。三是国内生产总值一般仅指市场活动导致的价值。那些非生产性活动以及地下交易、黑市交易等不计入GDP中，如家务劳动、自给自足性生产、赌博和毒品的非法交易等。没有通过市场交易的最终产品是不计入GDP的，如农民自己种的菜自己吃，这些菜的价值就不计入GDP。四是GDP是计算期内生产的最终产品价值，因而是流量而不是存量，也就是说它是计算当期新生产出来的最终产品和劳务的价值，而不是将以往所有的最终产品和劳务的价值进行加总。五是定义中的一定时期，在现实生活中往往是指一年或一个季度。

为了便于大家理解GDP，先假设一个经济的生产部门就是由两个部门组成，即生产布的部门和生产服装的部门，如表9-1所示。

表9-1　两部门经济　单位:元

布生产企业	
销售收入	200
支出(工资)	120
利润(资本收益)	80
服装生产企业	
销售收入	410
支出工资	140
购买布	200
利润	70

在上述这个两部门经济中，最终产品只有一种即服装，那么服装的价值是410元，所以这个经济这期的GDP是410元，而布是中间产品，所以其价值不能计入GDP。

GDP是一个经济中一定时期内所有生产部门的增加值的总和。这里的一个关键词是增加值，是指一个生产部门或者企业在生产过程中所创造的价值，被定义为其所有产出的价值减去其生产过程中所使用的中间产品的价值。在表9-1的这个例子中，第一个生产部门——布生产企业其产出的价值为200元，但没有中间产品，因此其增加值是200元。第二个生产部门——服装生产企业其最终产出的价值是410元，中间产品是布，价值为200元，因此其增加值是210元。根据GDP的定义，对所有的生产部门的增加值加总，为410元，即该定义得到的GDP为410元。

GDP是一个经济在一定时期内所有的生产要素收入之和。前两种GDP的定义是从生产的角度看，现在可以从收入的角度来定义GDP。首先可以考虑一下企业在除去中间产品后的增加值，主要是由两部分组成，一是劳动力的收入——工资，二是资本的收入——利润。如果是在现实生活中，企业的增加值部分还要缴纳销售税。从表9-1的例子可以看出，第一个生产部门劳动力的收入是120元，资本的收入是80元，第二个生产部门中劳动力的收入是140元，资本的收入是70元，把两个生产部门的所有的收入加总就得到了410元。

从上述三个方面都可以定义 GDP,而且理论上结果都是相等的。

延伸阅读

GNP 和 GDP

国民生产总值(Gross National Product,简称 GNP)是最重要的宏观经济指标,它是指一个国家地区的国民经济在一定时期(一般 1 年)内以货币表现的全部最终产品(含货物和服务)价值的总和。是一国所拥有的生产要素所生产的最终产品价值,是一个国民概念。(与国内生产总值不同,国内生产总值是在一国范围内生产的最终产品的价值,是一个地域概念。)具体来讲,国民生产总值中有一部分是本国拥有的生产要素在国外生产的最终产品价值。

GNP 是与所谓国民原则联系在一起的。按照这一原则,凡是本国国民(包括本国公民以及常驻外国但未加入外国国籍的居民)所创造的收入,不管生产要素是否在国内,都被计入本国的 GNP,而外国公司在该国子公司的利润收入则不应被记入该国的 GNP。

GDP 是与所谓国土原则联系在一起的。按照这一原则,凡是在本国领土上创造的收入,不管是不是本国国民所创造的,都被计入本国的 GDP。特别是,外国公司在某一国子公司的利润都应计入该国的 GDP。而该国企业在外国子公司的利润就不应被计入。

根据以上说明,以对外要素收入净额来表示本国生产要素在世界其他国家获得的收入减去本国付给外国生产要素在本国获得的收入,则 GNP 与 GDP 的关系式如下:

GNP=GDP+本国人在外国制造的财富—外国人在本国制造的财富

二、GDP 的计算

从对 GDP 的定义中我们可以看到,GDP 值的大小受到两个因素的影响,即当期新生产出来的商品和劳务的数量,以及这些商品和劳务的价格。那么在计算一个经济的 GDP 时,价格应该如何来选择?这就引申出了名义 GDP 和实际 GDP 两个概念。

名义 GDP 是指一个经济当期新生产的最终产品和劳务数量乘以这些产品和劳务当期价格的总和。从这一定义可以看出,名义 GDP 随时间变动的原因有两个,一是产品和劳务的数量发生变动,二是产品和劳务的价格发生变动。而我们真正要衡量的是产出随时间的变动情况,因此就需要剔除价格对 GDP 的影响,这就需要来定义实际 GDP。实际 GDP 是指一个经济中当期的产量乘以一个不变(选定某一年的价格为不变价格)价格的总和。我们可以从以下这个例子来理解实际 GDP 和名义 GDP 的区别。

表 9-2 名义 GDP 和实际 GDP

时期(年)	服装数量(件)	服装价格(元/件)	名义 GDP
2009	100	10	1000
2010	120	12	1440
2011	130	13	1690

假设这个经济只生产一种最终产品服装,2009 年至 2011 年的生产情况和价格如表 9-2 所示。那么名义 GDP 就分别是 1000 元,1440 元,1690 元。那实际 GDP 等于多少呢?根据定义我们首先要选择一个不变价格,假设把 2009 年的价格作为不变价格,那么 2009 年,2010 年,2011 年的实际 GDP 分别为 1000 元,1200 元,1300 元。可见名义 GDP 和实际 GDP 计算所得是不一样的。在现实生活中,最终产品不止一种,但在计算 GDP 时原理是一样的,且在各统计表中会写明是名义 GDP,或者写明以某一年价格计算所得的 GDP,后一种就是实际 GDP。表 9-3 和表 9-4 分别是从中国国家统计局网站得到的统计数据。

表 9-3 国内生产总值 单位:亿元

年份	国民总收入	国内生产总值	人均国内生产总值(元)
2006	215904.4	216314.4	16500
2007	266422.0	265810.3	20169
2008	316030.3	314045.4	23708
2009	340320.0	340902.8	25608
2010	399759.5	401512.8	30015
2011	472115.0	472881.6	35181
2012	518214.7	519470.1	38459
2013	566130.2	568845.2	41908

注:本表按当年价格计算。

表 9-4 国内生产总值 单位：亿元

年份	国民总收入	国内生产总值	人均国内生产总值(元)
2005	184937.4	22420.0	16500
2006	208381.0	23541.0	20169
2007	237892.8	24422.4	23708
2008	260812.9	25735.9	25608
2009	284844.8	26812.6	30015
2010	314602.5	27957.8	35181
	按 2010 年价格计算		
2010		401512.8	
2011		438853.0	
2012		472436.5	

资料来源：国家统计局网站 http://www.stats.gov.cn/tjsj/ndsj/2014/indexch.htm。

注：前 6 行按 2005 年价格计算，后 3 行按 2010 年价格计算。

GDP 反映了一个国家的经济总量，考虑到人口规模，把 GDP 除以人口总数就得出了人均 GDP，用人均 GDP 可以更好地衡量一个经济的发展水平。

上述对 GDP 的计算都是从绝对值的角度来看的，现实生活中比较关注的是 GDP 的相对变动情况，主要是关注实际 GDP 的变动情况，即经济增长率。经济增长率的计算是基于实际 GDP 得出的，某一年的经济增长率等于这一年的实际 GDP 减去上一年的实际 GDP 再除以上一年度的实际 GDP。表 9-5 是来自国际货币基金组织(IMF)网站的统计数据，显示了 2005 年至 2013 年中国实际 GDP 的变动率，也即经济增长率。当然在现实生活中，不是所有的时期经济增长率都是正的，也有负的时期。如果经济增率连续两个季度都为负的，那么一般就可以认为经济处于一个衰退期。

表 9-5 中国经济增长率

(按不变价格计算，2012 年后为预估值)单位：%

年份	2005	2006	2007	2008	2009	2010	2011	2012	2013
增长率	11.31	12.677	14.162	9.635	9.214	10.447	9.295	7.8	8.038

资料来源：国际货币基金组织网站 http://www.imf.org/external/pubs/ft/weo/2013/01/weodata/weoselgr.aspx。

三、GDP 的影响因素

从各国经济发展的情况来看，GDP 的决定可以从两个阶段来看，一是短期，一般是几年时间以内；二是中长期，一般是二十年左右的时间。但上述两个阶段不是截然分开的，时间长短也不是区分上述两个时期的主要指标，区分上述两个阶段的主要指标是影响 GDP 变动的影响因素。GDP 是在波动的，引起 GDP 波动的影响因素主要是两类，一是需求方面的因素，二是供给方面的因素。

宏观经济的短期运行主要关注点在于需求方面的因素，也就是说 GDP 在短期内的波动主要是由需求方面的因素引起的，需求的波动决定了 GDP 在短期内的波动。下面我们将着重来分析总需求的组成部分。一个经济的总需求可以分解为四个部分：

私人部门的消费(C)。消费是指一个经济中的居民(消费者)购买物品和劳务的支出。它包括消费者购买食品、服装、计算机、旅游服务等。在发达国家，这一部分是社会总需求的主要组成部分，在美国一般占到总需求的 68%左右。

投资(I)。投资有时区别固定资产投资，以区别存货投资。投资包括两大类，即非居民投资和居民投资。非居民投资是指企业购买新生产设备，或者投资建造新厂房等行为，居民投资就是指居民购买新的住房。这里需要注意的是，对于投资一词，不同的情境下会有不同的理解。对于金融界来讲，投资表示购买任何一种资产，如股票、黄金等。经济学家使用投资一词就是指购买新资本物品，如机器、厂房或房屋。当考虑购买金融资产时，经济学家会用金融投资一词。

政府支出(G)。政府支出是指中央到地方各级政府购买物品和劳务的支出。政府购买的物品小到办公设备，大到飞机，而劳务主要是指政府公务员提供的服务。实际上政府主要就是通过政府公务员给社会提供服务的。但政府的支出远不止上述两个方面，政府的支出还包括政府转移支付(government transfer)，例如社会公共医疗支出、社会保障费用、社会福利支出等，也包括政府债务的利息支出，如国债的利息支出。尽管上述转移支付和利息支付都属于政府支出的范畴，但是它们不属于政府购买商品和服务的行为，因此不包含在 G 中。

净出口(NX)。净出口是指一个经济的产品与劳务的出口减去其对产品与劳务的进口。进口是指一个国家或地区内的消费者购买其他国家或地区企业生产的产品和劳务的行为。出口是指外国消费者购买本国物品和服务的行为。当出口大于进口时，称为贸易盈余；当出口小于进口时，称为贸易赤字；当出口和进口相等时，称为贸易平衡。

以上四个部分组成了一个开放经济的总需求，在短期内也决定了一个国家的 GDP，两者是相等的，因此从这一角度讲，GDP 也可以从支出的角度来衡量。把上述四个项目加起来，就是用支出法计算 GDP 的公式：GDP＝C＋I＋G＋NX。在中国的统计实践中，支出法计算的是国内生产总值划分为最终消费、资本形成总额和货物和服务的净出口总额，它反映了本期生产的国内生产总值的使用及构成。通过支出法计算的 GDP，我们可以计算出消费率和投资率。所谓消费率就是最终消费占 GDP 的比率，所谓投资率就是资本形成总额占 GDP 的比率。按照有关统计资料，最近几年以来，中国的消费率出现了比较明显的下降趋势，2005 年中国的消费率为 52.1％，投资率为 43.4％。同世界水平相比中国的消费率明显偏低。因此，当前和今后一段时期，宏观经济调控的一个重要内容就是要调整投资和消费的比例关系，扩大消费需求是扩大内需的重点。所以说，从短期来看，GDP 主要是受需求方面的因素影响。政府的财政政策和中央银行的货币政策都会影响到总需求。

宏观经济的长期运行主要关注经济供给方面的因素。供给方面的因素主要是指生产要素数量和质量的增加，生产要素的具体表现形式在现实生活中有很多，如土地、厂房、机器、普通工人、熟练工人等，但我们都可以归结为以下几类：一是资本，二是劳动力，三是自然资源，四是科学技术。一个经济的资本存量的增加，会导致其 GDP 总量的增加，劳动力规模的增加也会导致 GDP 总量增加，自然资源的新发现会导致 GDP 总量增加，科学技术的进步会导致 GDP 总量增加。但从人均 GDP 增加的角度看，主要是人均资本存量增加，人均自然资源增加和科技进步造成的。上述生产要素的增加，又和政府的政策相关，如政府对消费者储蓄意愿的影响会改变资本存量，政府对基础研究(R&D)的支持会促进科技进步，政府对教育系统的大力支持会促进高科技人才的增加，导致技术进步的发生等。因此从中长期来看，主要是供给方面的因素影响了一个经济的 GDP 水平。

【思考题】

1. GDP 有哪几种核算方法？

2. 试去各国的统计局网站查找一下各国的 GDP 统计数据？它们是从哪几个角度去统计的？

3. 试去查找一下中国的 GDP 组成部分中各个部分比例如何？

第二节 通货膨胀和失业

国内生产总值是宏观经济运行状况的主要检测变量，其他两个变量是通货膨胀率和失业率，这两个变量从另外的角度揭示了宏观经济运行状况的其他重要方面。本节将对通货膨胀率和失业率这两个变量进行阐述。

一、通货膨胀率

2013 年 6 月份，全国居民消费价格总水平同比上涨 2.7%。其中，城市上涨 2.6%，农村上涨 2.8%；食品价格上涨 4.9%，非食品价格上涨 1.6%；消费品价格上涨 2.6%，服务价格上涨 2.7%。上半年，全国居民消费价格总水平比去年同期上涨 2.4%。上述一组数据是中国国家统计局发布的，从中我们可以看到总体物价水平的变动情况。

通货膨胀就是总体物价水平的变动情况，是指总体物价水平的持续上升，通货膨胀率就是总体物价水平的变动百分比。因此要理解通货膨胀率，就得知道什么是总体物价水平。宏观经济学家通常关注两种总体物价水平的测算方法，也就是两种物价指数：GDP 平减指数和消费者物价指数（CPI）。

GDP 平减指数是指名义 GDP 除以实际 GDP 的比值。假定名义 GDP 升了，而实际 GDP 不变。那么名义 GDP 上升是由物价变动造成的，两者的比率就是 GDP 平减指数。可见，作为不变价格选择年的名义 GDP 和实际 GDP 是相等的，因此这一年的 GDP 平减指数为 100，隐含物价水平为 1。有一点需要强调，GDP 平减指数是一个指数，它的绝对水平没有特别含义，它的变化率有明确的经济含义，它显示了整体物价水平的变动率，即通货膨胀率。

消费者物价指数是衡量整体物价水平变动的另一重要指标，指在反映一定时期内居民所消费商品及服务项目的价格水平变动趋势和变动程度，也显示了居民生活成本的变动情况。CPI 描述了一段时期内一些典型商品和服务的购买成本，在计算 CPI 时首先要选定一些典型商品和服务，其目的是代表一个典型的城镇居民的消费组合，中国国家统计局负责统计，每个月都会到不同的监测点，收集所选定的典型商品的价格变化情况。随后这些价格数据成为构造 CPI 的原始数据。全国居民消费价格指数（CPI）涵盖全国城乡居民生活消费的食品、烟酒及用品、衣着、家庭设备用品及维修服务、医疗保健和个人用品、交通和通信、娱乐教育文化用品及服务、居住等八大类，262 个基本分类的商品与服务价格。数据来源于全国 31 个省(区、市)500 个市县、6.3 万家价格调查点，包括食杂店、百货店、超市、便利店、专业市场、专卖店、购物中心以及农贸市场与服务消费单位等。从 2011 年 1 月起，中国 CPI 开始计算以 2010 年为对比基期的价格指数序列。这是自 2001 年计算 CPI 定基价格指数以来，第二次进行基期例行更换，首轮基期为 2000 年，第二轮基期为 2005 年。调整基期是为了更容易比较。因为对比基期越久，价格规格品质变化就越大，可比性就会下降。选择逢 0 逢 5 年度作为计算 CPI 的对比基期，目的是为了与我国国民经济和社会发展五年规划保持相同周期，便于数据分析与使用。消费者物价指数和 GDP 平减指数类似，也是一个指数。如果某一时期被选为基期，那么那一时期的 CPI 就等于 1，因而 CPI 没有一个所谓合理的绝对水平。

通货膨胀率就是通过计算上述指数的变动百分比获得的。本期的通货膨胀率等于本期的物价指数减去上期物价指数再除以上期物价指数。2013 年 6 月份，全国居民消费价格总水平同比上涨 2.7%，就是 2013 年 6 月份居民购买同样组合的消费品比去年同期其花销增加 2.7%。

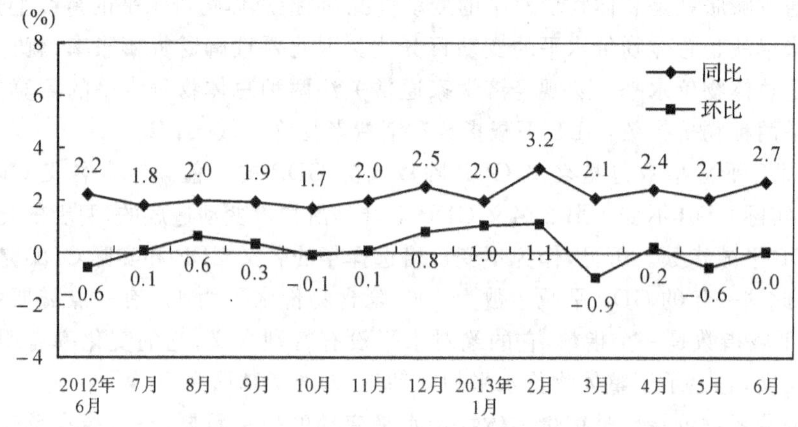

图 9-1 全国 CPI 指数变动率

资料来源：国家统计局，转引自 http://finance.sina.com.cn/china/hgjj/20130709/093116060014.shtml。

那么 GDP 平减指数和 CPI 之间的关系如何呢？从两种指数的计算方法可以看到，GDP 平减指数显示了 GDP 所包含的所有商品，也就是经济中所生产的最终商品的平均价格。而 CPI 则只包含了消费者所关心的部分商品，所以两者计算的所得不一定相等，经济中所生产的最终商品的集合不等于消费者所购买的物品的集合。有两个原因造成这种差异性,一是GDP中的某些商品不卖给消费者,而是卖给企业,卖给政府或者外国消费者;而是消费者所购买的某些商品不是本国生产的,而是从国外进口的。虽然两者计算所得的通货膨胀率不尽相等,但是从历史来看,两者计算所得的通货膨胀率的变动趋势是基本一致的,也即CPI上升的时期,GDP平减指数也是上升的。

经济学家为什么要关注通货膨胀问题呢?在通货膨胀时期,并非所有的价格和工资都是按比例上升的,因此通货膨胀是会影响收入的分配。消费者物价指数的提高意味着实际工资的减少,消费者物价指数的下降意味着实际工资的提高。通货膨胀也会导致货币购买力的变动,货币购买力是指单位货币能够购买到的消费品和服务的数量。消费者物价指数上涨,货币购买力则下降;反之则上升。通货膨胀还会导致扭曲。一些价格由于法律或者规制而被定死,落在其他价格的后面,导致相对价格变动,从而导致资源的流向发生扭曲。

通货膨胀产生的原因有以下几类:

需求拉动的通货膨胀是指总需求过度增长所引起的通货膨胀,即太多的货币追逐太少的货物,按照凯恩斯的解释,如果总需求上升到大于总供给的地步,过度的需求是能引起物价水平的普遍上升。所以,任何总需求增加的任何因素都可以是造成需求拉动的通货膨胀的具体原因。

成本推进型的通货膨胀。成本或供给方面的原因形成的通货膨胀,即成本推进的通货膨胀又称为供给型通货膨胀,是由厂商生产成本增加而引起的一般价格总水平的上涨,造成成本向上移动的原因大致有:工资过度上涨;利润过度增加等。

工资推动通货膨胀是工资过度上涨所造成的成本增加而推动价格总水平上涨,工资是生产成本的主要部分。工资上涨使得生产成本增长,在既定的价格水平下,厂商愿意并且能够供给的数量减少,从而使得总供给曲线向左上方移动。在完全竞争的劳动市场上,工资率完全由劳动的供求均衡所决定,但是在现实经济中,劳动市场往往是不完全的,强大的工会组织的存在往往可以使得工资过度增加,如果工资增加超过了劳动生产率的提高,则提高工资就会导致成本增加,从而导致一般价格总水平上涨,而且这种通胀一旦开始,还会引起工资—物价螺旋式上升,互相推动,形成严重的通货膨胀。工资的上升往往从个别部分开始,最后引起其他部分攀比。

利润推进的通货膨胀是指厂商为谋求更大的利润导致的一般价格总水平的上涨,与工资推进的通货膨胀一样,具有市场支配力的垄断厂商可以通过提高产品的价格而获得更高的利润,与完全竞争市场相比,不完全竞争市场上的厂商可以减少生产数量而提高价格，以便获得更多的利润，为此，厂商都试图成为垄断者。结果导致价格总水平上涨。

一般认为，利润推进的通货膨胀比工资推进的通货膨胀要弱。原因在于，厂商由于面临着市场需求的制约，提高价格会受到自身要求最大利润的限制，而工会推进名义工资上涨则是越多越好。

二、失业率

失业率是指失业人数占到劳动力人数的比率，失业率＝失业人数/劳动力人数。劳动力人数定义为就业人数与失业人数之和，劳动力人数＝就业人数＋失业人数。那么什么样的人被计入到失业人数中呢？现在很多发达国家主要是通过劳动力调查获得失业人数，而包括中国在内的很多发展中国家仍然是通过到失业办公室登记的方法来统计失业人数。在失业管理办公室登记的人数还是失业数据的唯一来源，也只有在失业办公室登记的人才被计入到失业人数当中。这样一种统计失业人数的方法导致对失业人数的统计会产生不准确。有多少真正实业的人会去失业管理办公室登记，在不同国家和不同时期是变化不定的。那些没有动机去登记的人，例如那些用光了失业救济金的人，就不太可能花时间去失业办公室登记，因而就不可能将这些人计入到失业人口中去。失业救济金越少的国家，这种情况就越可能发生，从而也就无法得到较为准确的失业率。

在发达国家依靠大量的家庭调查来计算失业率，如在美国，劳工部会进行一项抽样调查，以得出失业率。这一调查是这样进行的，其依据是每月对六万各家庭进行调查，将在调查期间正在工作的人归入就业者，而将那些在调查之前最近四周没有工作而正在找工作的人归入失业者。大多数发达国家都使用类似的方法来统计失业人数。

这里的失业人口和通常的理解不相同，失业人口是指那些没有工作同时正在找工作的人，而不是指那些没有工作的人。那些没有工作但同时又不找工作的人会被计入到非劳动力人口。当失业率很高时，一些找不到工作的人可能会放弃找工作，因而也就不会计入劳动力人口。一个极端例子是所有没有工作的人都放弃了找工作，纳闷失业率就等于零。显然，这是一个糟糕的情况，使得失业率成为一个非常不准确的衡量指标，不能显示劳动力市场真正发生了什么情况。但在现实生活中，各国还是把失业率当成一个判断宏观经济发展状况的重要指标。通过该指标可以判断一定时期内全部劳动人口的就业情况。一直以来，失业率数字被视为一个反映整体经济状况的指标，而它又是每个月最先发表的经济数据，所以失业率是市场上最为敏感的月度经济指标。

造成失业的原因很多，因此失业的结构与变动情况是观察重点。失业原因可分为：

摩擦性失业是指人们在寻找工作或转换工作过程中的失业现象。增加职业训练计划与提高信息沟通（使失业者能确实掌握就业机会）可降低这方面的失业。在实际劳动市场上，失业率总是围绕自然失业率波动，原因之一是工人寻找最适于自己的工作需要时间。它是由于经济运行中各种因素的变化和劳动力市场的功能缺陷所造成的临时性失业。经济总是变动的，工人寻找最适合自己嗜好和技能的工作需要时间，一定数量的摩擦性失业必然不可避免。即劳动者想要工作与得到工作之间的时间消耗造成的失业。

结构性失业是指市场竞争的结果或者是生产技术改变而造成的失业。结构性失业通常较摩擦性失业持久，因为结构性失业常表示人员需要再训练或是迁移才能找到工作。经济产业的每次变动都要求劳动力供应能迅速适应变动，但劳动力市场的结构特征却与社会对劳动力需求不吻合。由此而导致的失业被称为结构性失业，主要是由于经济结构（包括产业结构、产品结构、地区结构等）发生了变化，现有劳动力的知识、技能、观念、区域分布等不适应这种变化，与市场需求不匹配而引发的失业。结构性失业在性质上是长期的，而且通常起源于劳动力的需求方。结构性失业是由经济变化导致的，这些经济变化引起特定市场和区域中的特定类型劳动力的需求相对低于其供给。

宏观经济学家为什么要关注失业率呢？原因有两个：一是失业率可以来告诉宏观经济学家整个经济的运行状况如何；二是失业有着严重的社会影响。

在大多数国家，失业的变化和 GDP 之间有着明显的关系。一般情况下，失业率下降，代表整体经济健康发展，利于货币升值；失业率上升，便代表经济发展放缓衰退，不利于货币升值。若将失业率配以同期的通胀指标来分析，则可知当时经济发展是否过热，会否构成加息的压力，或是否需要通过减息以刺激经济的发展。

失业还有着重要的社会影响，宏观经济学家关注失业主要是因为失业对失业者会导致直接的福利影响，也即对失业者的收入进而生活水平会造成影响。虽然，现在失业者可以领取失业救济金，但失业救济金只能解决温饱问题，失业仍然给失业者带来生活水平的下降。

【思考题】

1. 请查找相关资料，理解 CPI 是如何计算出来的。
2. 请查相关资料，了解近期来对中国通货膨胀的各种观点和政府的措施。
3. 失业率是如何计算出来的？

小　结

1.GDP、通货膨胀率、失业率是宏观经济学家观察一个经济整体运行状况的三个最重要指标。

2.GDP是指一个国家或一个地区在一定时期(通常为一年)内新生产出来的所有的最终产品和服务的价值总和。

3.GDP有三种核算方式:一是生产法,二是收入法,三是支出法。

4.名义GDP等于最终商品的数量乘以当期的价格再加总,实际GDP等于最终商品的数量乘以一个不变价格再加总。

5.GDP在短期内是由总需求来决定的,中长期是由供给方面的生产要素来决定的。

6.总需求包含四个部分:消费、投资、政府支出和净出口。

7.通货膨胀是一个经济总体物价水平的上升,通货膨胀率是一个经济整体物价水平上升的速度。宏观经济学家用两种物价水平的测量指标来衡量通货膨胀率,一个是GDP平减指数,一个是CPI。

8.通货膨胀率会导致收入分配的扭曲、改变,导致货币购买力的下降。

9.失业率是失业人数占劳动力人数的比率。失业人数是指那些没有工作而正在找工作的人,劳动力人数等于失业人数加上就业人数。

10.失业率是衡量宏观经济是否允许良好的一个指标,失业也会产生重要的社会影响。

关键术语

国内生产总值(GDP)　名义GDP　实际GDP　增加值　经济增长率　总需求　投资　政府支出　通货膨胀率　GDP平减指数　CPI　失业率　结构性失业　摩擦性失业

复习题

一、选择题

1.中国的国内生产总值大于国民生产总值,说明中国公民从外国取得的收入(　　)外国公民从该国取得的收入。

A.大于　　B.小于

C.等于　　D.可能大于也可能小于

2.下列哪一项将不计入当年的GDP?　(　　)

A. 当年整修过的别墅所增加的价值 B. 一座新造的房子的价值
C. 一套二手房按其价值销售的价格 D. 一台新的洗衣机

3. 当整体物价水平下跌时，通货膨胀率 ( )

A. 大于 1 B. 小于 1 C. 大于 0 D. 小于 0

4. 一个国家因产业结构调整而导致失业的纺织工人。该工人属于 ( )

A. 摩擦性失业 B. 周期性失业 C. 结构性失业 D. 季节性失业

5. 某国某一年的名义 GDP 为 1100 元，实际 GDP 为 1000 元，则 GDP 平减指数为 ( )

A. 9.09 B. 90.91 C. 1.11 D. 110

二、思考题

1. 假定你对中国的最终产品和服务的价值进行加总，来计算中国的年度 GDP，请考虑以下几个事件对 GDP 的影响，是增加了还是减少了 GDP，还是对 GDP 没有影响：

你从一个农夫这里购买了 200 元的水果，回家享用。

一个餐馆从一个渔夫那里购买了 100 元的鱼来进行出售。

中国国际航空公司从欧洲空客公司那里购买了一架价值 30 亿人民币的空客 A380 客机。

一家中国长途运输公司从一个客车生产企业购买了价值 200 万元的客车。

一个居民购买了价值 20 万元的私家车。

2. 在一个给定的时期内，发生了以下的经济活动，一个采矿公司的工人们开采了 100 吨的水晶矿石，公司向工人支付了 20000 元的工资，这些水晶矿石又买个了一个水晶加工公司，售价为 100000 元。水晶加工公司把这些水晶矿石制造了水晶制品卖给消费者，买了 300000 元，其中支付工人工资 50000 元。请问：

使用生产法计算 GDP，这个经济的 GDP 是多少？

每个生产过程的增加值是多少，使用增加值法计算所得的 GDP 是多少？

工资和所获的利润总额是多少？使用收入法计算 GDP 是多少？

3. 在计算 GDP 时，是否应该包含下列项目，为什么？

政府给失业者发放救济金；消费者购买了一辆二手车；居民在股票市场购买普通股票；居民购买了一块土地。

4. 试分析一下短期 GDP 的影响因素？

5. 请问 CPI 和 GDP 平减指数的异同？

6. 简述导致通货膨胀发生的原因。

7. 请简述失业率是如何计算出来的。

第十章

财政政策

【学习要点及目标】

财政政策的具体措施;财政政策的目标;财政政策的效果。

【引例】

2013 年,积极财政政策的着力点在哪里?切实保障和改善民生有哪些新举措?在 2012 年 12 月举行的全国财政工作会议上,时任财政部部长的谢旭人指出,明年继续实施积极的财政政策,重点是深化财税制度改革,推进国民收入分配格局调整,进一步优化财政支出结构,切实保障和改善民生,厉行节约,严格控制一般性支出,提高财政资金使用效益。那么什么是财政政策?财政政策的实施措施有哪些?财政政策的作用是什么?

(资料来源:http://news.xinhuanet.com/politics/2012-12/21/c_114103705.htm)

必备知识点

财政政策的基本内涵　财政政策的措施　财政政策的类型

拓展知识点

财政政策不同措施的区别　财政政策的效果

宏观经济政策是宏观经济学的主要研究领域,宏观经济政策也是政府和中央银行干预和调控宏观经济的主要手段。宏观经济政策从实施的主体看主要分为两大类,即财政政策和货币政策,财政政策主要由中央到地方一级政府实施,货币政策由中央银行实施。本章将对财政政策进行阐述。

第一节　财政政策的基本内容

一、财政政策的基本内涵

财政政策是政府实施宏观调控的重要工具之一。财政政策主要通过税收、补贴、赤字、国债、收入分配和转移支付等手段对经济运行进行调节，是政府进行反经济周期调节、熨平经济波动的重要工具，也是财政有效履行配置资源、公平分配和稳定经济等职能的主要手段。

财政政策(Fiscal Policy)是指一个国家或地区的政府对财政收入和财政支出进行调整，进而达到预先设定的宏观经济目标的一种政策。财政政策指政府变动税收和支出以便影响总需求进而影响就业和国民收入的政策。变动税收是指改变税率和税率结构。变动政府支出指改变政府对商品与劳务的购买支出以及转移支付。

二、财政政策的实施措施

财政政策的实施主要是通过政府支出的改变和政府收入的调整。政府支出有两种形式：其一是政府购买，指的是政府在物品和劳务上的花费，如政府购买军备、修建道路、支付公务员的薪水等，其次是政府转移支付，例如，政府在社会福利、保险、贫困救济和补助方面的支出，以提高某些群体(如老人或失业者)的收入。税收是财政政策的另一种形式，它通过两种途径影响整体经济。首先，税收影响人们的收入。此外，税收还能影响物品和生产要素，因而也能影响激励机制和行为方式。

再进一步具体来看一下财政政策的两个方面的措施：

政府支出是指整个国家中各级政府支出的总和，由具体的支出项目构成，主要可以分为政府购买和政府转移支付两类。政府购买是指政府对商品和劳务的购买，如购买军需品、机关公用品、政府雇员报酬、公共项目工程所需的支出等都属于政府购买。政府购买支出是决定国民收入大小的主要因素之一，其规模直接关系到社会总需求的增减。购买支出对整个社会总需求水平具有十分重要的调节作用。政府转移支付是指政府在社会福利保险、贫困救济和补助等方面的支出。转移支付不能算作国民收入的组成部分，它所做的仅仅是通过政府将收入在不同社会成员之间进行转移和重新分配。

再看政府的收入。税收是政府收入中最主要的部分，它是国家为了实现其职能按照法律预先规定的标准，强制的、无偿的取得财政收入的一种手段。与政府购买支出、转移支付一样，税收同样具有乘数效应，即税收的变动对国民收入的变动具有倍增作用。当政府税收不足以弥补政府支出时，就会发行公债，使公债成为政府财政收入的又一组成部分。公债是政府对公众的债务，或公众对政府的债务。它不同于税收，是政府运用信用形式筹集财政资金的特殊形式，包括中央政府的债务和地方政府的债务。

延伸阅读

乘数效应的故事

一群无法无天的小流氓砸碎了一家商店的橱窗，然后逃之夭夭。店主自认倒霉，只好花 1000 元买了一块玻璃换上。这个时候一个经济学家走过来，说要恭喜店主。正在窝火的店主见有人说风凉话，气得要揍这个经济学家一顿。经济学家不慌不忙一番解释，居然让店主目瞪口呆。

经济学家这样说，玻璃店老板因为商店橱窗的损失得到 1000 元收入，假设他支出其中的 80%，即 800 元用于买衣服，衣服店老板得到 800 元收入。再假设衣服店老板用这笔收入的 80%，即 640 元用于买食物。食品店老板得到 640 元收入，他又把这 640 元中的 80%用于支出……如此一直下去，你会发现，最初是商店老板支出 1000 元，但经过不同行业老板的收入与支出行为之后，所有人的总收入增加了 5000 元。所以商店的橱窗被打破了是一件可喜可贺的事情。

其原因何在呢？经济学家用乘数原理回答了这一问题。在社会经济中，增加一笔投资很可能引起国民收入成倍增加，这就是宏观经济学中的乘数效应。乘数是指最初投资增加所引起的国民收入增加的倍数。在上述例子中，最初的投资就是玻璃店老板购买玻璃的 1000 元，这种投资的增加引起的衣服店、食品店等等部门收入增加之和为 5000 元，所以乘数就是 5(5000 元除以 1000 元)。

（资料来源：http://www.baike.com)

在我国税收作为财政收入和财政政策的主要措施之一有很多的分类，我国的税种按课税对象分为以下几种：

流转税，是以商品生产流转额和非生产流转额为课税对象征收的一类税。流转税是我国税制结构中的主体税类，目前包括增值税、消费税、营业税和关税等税种。

所得税，亦称收益税，是指以各种所得额为课税对象的一类税。所得税是我国税制结构中的主体税类，目前包括企业所得税、个人所得税等税种。目前内外资企业所得税税率统一为 25%。另外，国家给予了两档优惠税率：一是符合条件的小型微利企业，减按 20%的税率征收；二是国家需要重点扶持的高新技术企业，减按 15%的税率征收。

财产税，是指以纳税人所拥有或支配的财产为课税对象的一类税。包括遗产税、房产税、契税、车辆购置税和车船使用税等。

行为税，是指以纳税人的某些特定行为为课税对象的一类税。我国现行税制中的城市维护建设税、固定资产投资方向调节税、印花税、屠宰税和筵席税都属于行为税。

资源税，是指对在我国境内从事资源开发的单位和个人征收的一类税。我国现行税制中资源税、土地增值税、耕地占用税和城镇土地使用税都属于资源税。

【思考题】

请想一想你生活中哪些事例是属于财政政策的范畴？

第二节　财政政策的效果

财政政策是指政府根据一定时期政治、经济、社会发展的任务而规定的财政工作的指导原则，通过财政支出和税收政策来调节总需求。增加政府支出，可以刺激总需求，从而增加国内总产出，反之则压抑总需求，减少国民收入。税收对国内总产出是一种收缩性力量，因此，增加政府税收，可以抑制总需求从而减少国内总产出，反之，则刺激总需求增加国民收入。本节将对财政政策的目标和财政政策的实施效果进行阐述。

一、财政政策的目标

财政政策作为经济政策，除了经济目标之外，还有社会目标，具体讲主要由以下目标：

一是保持物价相对稳定。这是世界各国均在追求的重要目标，也是财政政策稳定功能的基本要求。物价相对稳定，并不是冻结物价，而是把物价总水平的波动约束在经济稳定发展可容纳的范围之内。物价相对稳定,可以具体解释为,避免过度的通货膨胀或通货紧缩。在采取财政措施时必须首先弄清导致通货膨胀或通货紧缩的原因,如果是由于需求过旺或需求不足造成的,则需要调整投资性支出或通过税收控制工资的增长幅度,如果是由结构性摩擦造成的,则必须从调整经济结构着手。总之,物价不稳定,对于我们这样一个资源相对短缺、社会承受能力较弱的发展中国家来说,始终是经济发展中的一大隐患。因此,在财政政策目标的选择上必须予以充分考虑。

二是保持经济可持续均衡增长。经济增长是一个国家生存和发展的条件。它要求经济的发展保持在一定的速度区间,既不要出现较大幅度的下降、停滞,也不要出现严重的过热。因此,经济增长是实际增量,而不是由于通货膨胀造成的虚假增长;增长的速度可以持续,不是大起大落。经济增长是全社会总量和实际增长和人均数量的实际增长。衡量经济增长除总量的增长外,还应包括质的提高,比如,技术的进步、资源的合理配置、社会结构、生态平衡等。经济增长对质的要求是非常重要的,如果只强调量的增长,将会带来一系列社会问题,如通货膨胀加剧、环境污染严重、生态失衡、能源紧张等。这些后果必将导致社会资源的浪费和经济发展的不稳定。因此,健康的经济增长,应该是经济的可持续、均衡增长。作为财政政策,则在于如何去引导经济发展实现最佳的经济增长。

三是实现收入的合理分配。收入合理分配是指社会成员的收入分配公正、合理,公平与效率相结合,避免过于悬殊。公平分配并不是平均分配,它是在一定社会规范下既有差距又注意均衡协调的分配。我国当前处理分配问题的原则是"效率优先,兼顾公平"。财政在追求公平分配目标时要做到:首先,合理适度地确定纳税人的税收负担;其次,为所有纳税人创建一个公平竞争的税收环境,不因国别、所有制等不同而实施不同的税收政策;最后,要通过对高收入人群实行累进税率的个人所得税、财产税、遗产税等,对低收入层实行最低生活保障、社会保障等财政转移支付,防止和纠正收入水平的过分悬殊。

延伸阅读

2004 年中国稳健的财政政策

政策背景:扩大内需取得显著效果后,经济运行中又出现了投资需求进一步膨胀,贷款规模偏大,电力、煤炭和运输紧张状况加剧,通货膨胀压力加大,农业、交通、能源等薄弱环节以及中小企业、服务业投入严重不足等新问题,结构问题依然是我国国民经济中的深层次矛盾与问题。

政策的具体内容:党和国家提出进一步加强宏观调控。财政作为重要的调控手段,顺应宏观经济形势的要求,适时实施稳健的财政政策。

一是国债投资规模调减调向。2004 年国债发行规模比上年调减 300 亿元,主要用于农村、社会事业、西部开发、东北地区等老工业基地、生态建设和环境保护,引导社会投资和民间资金向上述方向转移,缓解经济局部过热。

二是推后预算内建设性支出的时间。2004 年 1—4 月,全国基本建设支出比上年同期减少了 11%,5 月,全国财政支出速度也明显放慢,当月支出 1721 亿元,同比仅增长 1.9%,其中基本建设支出降幅达 15.4%。另外,针对固定资产投资增长过快,适当放慢了国债项目资金拨付进度。1—6 月,累计下达国债资金预算 246.34 亿元,比上年同期减少 308.23 亿元,占全国国债专项资金指标的 15.64%,对经济局部过热起到了缓解的作用。

三是有保有控,在总量适度控制下进行结构性调整。首先,大力支持农业生产,对农民种粮实行直接补贴、加大对农民购置良种和大型农机具的补贴力度、减免农业税。据统计,全国有 28 个省份共安排良种补贴资金 16 亿多元,其中中央财政补贴 13 个粮食主产省区 12.4 亿元。其次,加大对就业、社会保障和教科文卫等薄弱环节的支持。2004 年上半年社会保障补助支出同比增长了 11.5%;抚恤和社会福利救济费增长 19%;全国教育支出增长 16.9%;科技支出增长 37.8%。

四是深化税制改革,发挥税收调节作用。首先,改革农业税。2004 年在全国范围内取消了除烟叶以外的农业特产税,降低了农业税税率;到 2005 年底,全国已有 28 个省(区、市)全部免征了农业税,全国取消了牧业税;2006 年在全国范围内取消农业税,同时取消了农业特产税,对减轻农民负担和增加其收入起了重要作用。其次,改革增值税。自 2004 年 7 月 1 日起,在东北地区进行生产型增值税向消费型增值税转型改革试点,允许纳入试点范围的企业新购进机器设备所含增值税进项税额在企业增值税税额中抵扣。第三,调整个人所得税。2006 年将个人所得税工薪所得费用扣除额由每月 800 元提高至每月 1600 元,随后又调高到 2000 元,并扩大了纳税人自行申报范围。第四,调整房地产税。为了加强对房地产业的调控,2006 年将个人购房转手交易免征营业税期限延长至 5 年,并调整规范了土地收支管理政策,完善了住房公积金管理政策,调整了新增建设用地有偿使用费政策和征收标准。第五,改革企业所得税。2007 年统一了内外资企业所得税制度,并于 2008 年 1 月 1 日起在全国实施。第六,调整资源税。为了促进环境保护和节约资源,陆续提高了 11 个省的煤炭资源税税额标准。第七,调整消费税。为了平衡市场供求,调整了消费税政策,适当扩大了征收范围。第八，积极推进出口退税机制改革。多次调整了出口退税率，适时取消和降低了部分高能耗、高污染和资源性产品的出口退税率，对部分不鼓励出口的原材料等产品加征出口关税，降低部分资源性产品进口关税。

稳健财政政策的实施，使我国经济运行呈现出“增长速度较快、经济效益较好、群众受惠较多”的良好格局。

（资料来源：http://news.xinhuanet.com/ziliao/2009-07/13/content_11702260.htm）

四是引导资源合理配置。资源合理配置是指对现有的社会资源（即资本、人才、土地等生产要素）进行合理分配，使其发挥最有效的作用，获得最大的经济和社会效益。在市场经济条件下，资源的配置主要是通过市场机制来进行，通过价值规律、供求关系以及竞争机制的作用，把有限的资源配置到能够提供最高回报的地方去。但是，市场机制不是万能的，存在着市场失灵的现象。由于许多行业和商品的生产存在自然垄断的特点，因此政府有必要从全社会的整体利益出发，在市场自发作用的基础上对社会资源的配置进行合理的调节。财政作为政府对资源配置进行调节的重要工具，其方式表现为两个方面：一是通过财政收入和支出的分配数量和方向直接影响各产业的发展，如对需要鼓励和发展的产业或事业加大财政投入的力度，或者实行财政补贴，通过财政资金的示范和鼓励引导社会资金的流入；二是通过制定合理的财政税收政策，引导资源在地区之间、行业之间的合理流动，如通过实行低税政策或加速折旧、投资抵免等税收优惠政策，吸引社会资源流入国家鼓励发展的产业。应当指出的是，财政调节资源合理配置是为了弥补存在的市场失灵，它不能代替市场机制在资源配置方面的基础作用，更不能干扰正常的市场规则和市场运行，以免扭曲资源配置。

五是提高社会生活质量。经济发展的最终目标是满足社会全体成员的需要。需要的满足程度，不仅仅取决于个人消费需求的实现，更重要的是社会的共同消费需求的实现。社会共同的消费需求，包含公共安全、环境质量、生态平衡、基础科学研究和教育、文化、卫生等水平的提高。因此，社会共同消费需求的满足程度，即为社会生活质量的水平。财政政策把社会生活质量作为政策目标之一，主要方式为采取定期提高工教人员的工资，增加社会公共设施的投资，提高公共福利的服务水平，对农副产品的生产和流通实施多种补贴等。

二、财政政策的效果

（一）扩张性财政政策和紧缩性财政政策

财政政策从政府支出或政府收入的变动方向看，可分为扩张性财政政策和紧缩性财政政策。

当经济发生衰退时，政府一般会采取扩张性财政政策。政府如果试图对衰退的经济或者总需求不足的情况进行补救，政府可以有三种主要的选择：增加政府支出、税收减免或将两者进行结合。如果政府预算最初是平衡的，即收入和支出相等，那么在实施扩张性财政政策后，政府将产生预算赤字（budget deficit），即政府的支出将大于政府的收入。要增加总需求，政府可以增加其支出，如可以增加在高速公路、教育卫生和保健方面的支出，从而影响总需求。政府还可以减税，如提高个人所得税起征点，使得居民的可支配收入增加，促使人们消费增加，进而影响总需求。或者将上述两者结合起来使用，也可以增加总需求。

当发生需求拉动型通货膨胀的时候，政府会采取紧缩性财政政策。政府可以通过减少政府支出、增加税收或者两者结合使用来达到控制通货膨胀的目标。如果政府实施这一政策，那么政府将减少预算赤字或者实现预算盈余（budget surplus）。

（二）影响财政政策效果的因素

经济学家认为，政府在制定和实施财政政策时会遇到许多重要问题。

挤出效应。政府实施扩张性财政政策将使利率上升，私人支出减少，因而就削弱了扩张性财政政策对总需求的影响。政府通过在公开市场上出售政府债券来为其支出筹资。在这种情况下，由于货币供给不变，政府出售债券相当于收回流通中的部分资金，则市场上资金减少，从而利率升高，利率上升减少了私人投资，引起了挤出效应，而挤出效应的大小取决于投资的利率弹性，投资的利率弹性大则挤出效应大。

时滞问题。对于财政政策存在认识时滞、实施时滞和执行时滞的问题。认识时滞是指从衰退到通货膨胀的开始，到政府意识到上述两种现象发生之间的这段时间。这一时滞的产生是由于预测和观察经济活动存在困难所致的。虽然宏观经济理论和模型为预测宏观经济提供了方法，但实际情况往往在相关统计数据出来之前就发生了，经济有可能在进入衰退和通货膨胀很长一段时间后，政府才发现。实施时滞是指政府在认识到经济衰退后到政策制定之间的一段时间，因为在现代民主社会中，政策制定是需要一定的程序，也就需要一段时间。执行时滞是指，政府制定政策后开始实施到政策真正生效之间的一段时间。在实施某种政策到这种政策对总需求、产出、就业或物价水平产生影响会需要一段时间。

【思考题】

试着找一找在现实生活中财政政策的事例，并说明其发挥了什么作用？

小　结

1. 财政政策是政府通过调整政府支出、税收或者这两者的组合，来实现经济增长，保持物价平稳的一种政策。

2. 财政政策的实施主要是通过调整政府支出和政府收入来实现。政府支出可以分为政府购买和政府转移支付两类。政府收入主要是指税收。

3. 财政政策的目标包括保持物价相对稳定，保持经济可持续均衡增长，实现收入的合理分配，引导资源合理配置和提高社会生活质量。

4. 财政政策可以分为两大类，扩张性财政政策和紧缩性财政政策。扩张性财政政策是指增加政府支出、税收减免或将两者进行结合的财政政策。紧缩性财政政策是指减少政府支出、增加税收或者两者结合使用的财政政策。

5. 财政政策的效果会受到挤出效应，受到时滞问题的影响。

关键术语

财政政策　财政支出　扩张性财政政策　挤出效应　紧缩性货币政策　预算赤字　预算盈余　认识时滞　实施时滞

复习题

一、选择题

1. 一国政府的财政政策的主要内容包括　（　）
   A. 政府发行国债　B. 政府采购
   C. 政府税收　D. 调整政府支出与收入

2. 政府购买的增加可以　（　）
   A. 增加整个社会的投资　B. 减少整个社会的投资
   C. 增加整个社会的总需求　D. 减少整个社会的总需求

3. 当政府认为经济处于萧条时期，其财政政策是　（　）
   A. 增加政府支出，增加政府税收　B. 增加政府支出，减少政府税收
   C. 减少政府支出，增加政府税收　D. 减少政府支出，减少政府税收

4. 如果政府为了扩大内需，采取扩张性的财政政策，从而导致私人部门的投资下降。这种经济现象，经济学家称为　（　）
   A. 溢出效应　B. 回波效应　C. 木桶效应　D. 挤出效应

5. 政府实行赤字财政政策是通过（　）来进行的。
   A. 政府支出　B. 政府税收　C. 发行公债　D. 发行股票

二、思考题

1.财政政策的具体措施有哪些？以中国的财政政策为例，试举出实施措施的具体例子。

2.请简述一下财政政策的目标。

3.试举出实例来说明什么是扩张性财政政策。

4.简要说明一下财政政策的时滞问题。

5.请简要说明一下挤出效应。

第十一章

货币政策

【学习要点及目标】

了解货币政策的基本定义；了解货币政策对经济的影响；了解跨时间的交易；了解投资决策；了解风险管理。

【引例】

关于货币政策及其术语你理解吗？

中国人民银行每一季度都会发布货币政策报告，报告中详细说明了货币政策的方方面面，是判断经济的重要材料，其中有许多专业术语：准备金、再贴现、狭义货币、广义货币等，这些术语是什么意思呢？学习本章后你就会有答案了。

必备知识点

货币政策的措施　货币政策的目标

拓展知识点

货币的时间价值　投资决策　风险决策

如果说财政政策是政府通过对财政和税收的调节进而调节经济的话，货币政策则是通过调控货币供应和利率进而调节经济。货币政策是非常重要的经济政策。

第一节　货币政策及其目标

货币政策是指中央银行通过控制货币供应以及调控利率从而影响经济活动

所采取的各项措施。要清楚货币政策的相关措施，首先得明确货币的供给和需求的含义。

一、货币的供给和需求

货币是具有交易媒介和价值储藏职能的商品，因而货币的概念不局限于通常所指的现金。我国经济体系内的货币供给主要是分3个层次进行统计的，以下是我国货币供给的3层次划分：

M_0＝流通中的现金

M_1＝狭义货币供应量＝M_0＋企业活期存款＋机关团体部队存款＋农村存款＋个人持有的信用卡类存款

M_2＝广义货币供应量＝M_1＋城乡居居储蓄存款＋企业存款中具有定期性质的存款＋外币存款＋信托类存款

延伸阅读

中国货币超发严重 2012 年新增货币供应量占全球近一半

考察一国的印钞额，国际上一般采用M_2指标来度量。M_2是指"广义货币"，是货币供应量的重要指标之一，国际上M_2的计算公式是"流通中的现金＋支票存款＋储蓄存款＋政府债券"。M_2不仅反映现实的购买力(现金＋支票存款)，还反映潜在的购买力(储蓄存款＋政府债券)。

21世纪网数据部统计来自全球主要央行的2008—2012年M_2数据得出，截至2012年末，全球货币供应量余额已超过人民币366万亿元。其中，超过100万亿元人民币即27%左右，是在金融危机爆发的2008年后5年时间里新增的货币供应量。期间，每年全球新增的货币量逐渐扩大，2012年这一值达到最高峰，合计人民币26.25万亿元，足以抵上5个俄罗斯截至2012年末的货币供应量。

全球货币的泛滥，已到了十分严重的地步。而在这股货币超发洪流中，中国也已成长为流动性"巨人"。

从存量上看，中国货币量已领先全球其他国家。根据中国央行数据，截至2012年末，中国M_2余额达到人民币97.42万亿元，居世界第一，接近全球货币供应总量的1/4，是美国的1.5倍，比整个欧元区的货币供应量(约75.25万亿元人民币)多出不止一个英国全年的供应量(2012年为19.97万亿元人民币)。

回顾 2010 年,中国的 M_2 余额才刚与欧元区旗鼓相当;2008 年,中国的 M_2 余额更是排不上全球前三,落后日本、美国,可见中国货币存量增长之快。

根据 21 世纪网数据部的统计,2008 年中国、美国、欧元区新增的货币供应量分别折合为人民币 7.17 万亿元、5.08 万亿元、5.70 万亿元,基本在一个水平线上浮动。

2009 年,美、日、英、欧同时大幅减少新增 M_2,但中国的新增货币供应量却一下子蹿到 13.51 万亿元人民币。随后每年中国 M_2 增量均保持在 12 万亿元左右的水平。只用了 4 年,中国货币供应量就激增 50 万亿元,存量翻番。

全球范围来看,在新增的货币供应量上,中国已连续 4 年贡献约一半。根据渣打银行 2012 年的报告,金融危机爆发以后的 2009—2011 年间,全球新增的 M_2 中,人民币贡献了 48%;在 2011 年贡献率更是达到 52%。这样的增长规模和态势在世界各国经济发展史上都是少有的。

(资料来源:21 世纪经济报道)

与货币供给相对,货币需求是指主体愿意持有货币的需求。不同经济学派对于货币需求有不同的解释理论,以下主要介绍凯恩斯学派的货币需求理论。

凯恩斯的货币需求理论是从主体的需求动机出发,将主体的货币需求分为三类:交易需求、预防需求和投机需求。所谓交易需求,是指人们持有货币是为了应付日常开支的需要;预防需求是指为了应对意外事件比如伤病和失业等的货币需求;投机需求是指为了应对资本可能产生的损失,购买债券等的盈利需求。凯恩斯认为交易需求和预防需求与人们的收入有关,而投机需求与利率有关。因而,凯恩斯的货币需求理论认为货币需求与收入和利率有关。

二、货币政策的措施

货币政策的具体措施称为货币政策的 3 大工具:存款准备金、再贴现和公开市场操作。

存款准备金是指商业银行为应对客户提取存款的需要而准备的资金,具体体现为商业银行在中央银行的存款,中央银行往往规定的存款准备金必须占商业银行存款总额的一定比率,即存款准备金率。中央银行通过调整存款准备金率来执行货币政策:提高存款准备金率将减少商业银行能够发放的贷款,从而减少了货币供应,反之亦然。

延伸阅读

央行再降存准率 货币政策及时出手稳增长

时隔近三个月，存款准备金率工具再次被使用。5月12日晚间，央行宣布从2012年5月18日起，下调存款类金融机构人民币存款准备金率0.5个百分点。

这也是央行今年来第二次下调准备金率。此举有望释放4000多亿元流动性资金，对于稳定经济增长、提振股市信心无疑是一个利好。市场预计，下一阶段，央行会继续灵活运用各类数量型工具，调节银行体系流动性。

本次下调后，大型金融机构存款准备金率降至20%，中小型金融机构存款准备金率降至16.5%。央行此次选择在4月份经济数据公布后不久就宣布下调准备金率，对于这个时点选择，交行首席经济学家连平认为，11日公布的进出口、工业增加值、投资、货币信贷等数据表明经济增长态势不容乐观，央行下调存准率首先是对当前经济明显下行的及时反应。

（资料来源：新浪财经）

再贴现是指中央银行通过买进商业银行持有的已贴现但尚未到期的商业汇票而向其融资。再贴现是中央银行对金融机构持有的未到期已贴现商业汇票予以贴现的行为。在我国，中央银行通过适时调整再贴现总量及利率，明确再贴现票据选择，达到吞吐基础货币和实施金融宏观调控的目的，同时发挥调整信贷结构的功能。理解再贴现，首先得理解票据贴现。所谓票据贴现，是指主体将未到期的票据拿给银行，有银行扣除贴现利息之后获得贴现资金，进行融资的行为。如果很多企业都去找商业银行做票据贴现融资，则商业银行会持有大量票据，当商业银行也需要资金的时候，就会将这些票据拿到中央银行再进行贴现以获取资金，这个过程就叫再贴现。因此，可以将再贴现理解为中央银行通过买卖商业银行的票据向其融资，如果中央银行买入商业银行的票据，则相当于投放资金给商业银行，会导致货币供应量增多，反之亦然，以此通过调节货币供应量进而落实货币政策。

公开市场操作是指中央银行在金融市场上通过买卖政府债券从而控制货币供应的货币政策工具。中央银行可通过卖出政府债券进而获得货币从而减少货币流通量进行紧缩经济，或者买进政府债券增加货币供给刺激经济。公开市场操作是目前绝大多数发达国家货币政策的主要工具。我国由于债券市场不发达，公开市场操作主要通过买卖央票进行。而所谓央票，即中央银行票据，是中国人民银行在银行间市场发行的，用以进行公开市场操作的短期票据。

三、货币政策的目标

一国在实施货币政策的时候，往往会明确货币政策所要实现的最终目标，总结起来，主要包括以下四个目标：经济增长、物价稳定、充分就业和国际收支平衡。

经济增长是指一个国家或地区生产的产品和服务的持续增加，即经济规模和生产能力的扩大，目前世界各国主要是用 GDP（国内生产总值）来度量经济增长。

表 11-1 改革开放以来中国历年 GDP 及增长率

年份	GDP(单位:亿元)	增长率
2001	109655.2	7.5%
2002	120332.7	8.3%
2003	135822.8	10.0%
2004	159878.3	10.1%
2005	184937.4	10.4%
2006	216314.4	11.6%
2007	265810.3	11.9%
2008	314045.4	9.6%
2009	340902.8	9.2%
2010	401202	10.4%
2011	472882	9.2%
2012	519322	7.8%

数据来源：中国经济网。

物价稳定是指物价水平总体稳定，不存在大幅波动的状态。通常物价水平用 CPI（消费物价指数）度量。CPI 反映了居民消费商品与服务的价格变动程度，是测量物价变化的重要指标，能够在一定程度上反应通货膨胀的程度。在进行统计时一般用 CPI 增长率来度量物价增长，图 11-1 为近年我国月度 CPI 走势情况。

充分就业是指在某一工资水平之下，所有愿意接受工作的人都有就业机会的状态。充分就业这一概念是英国经济学家凯恩斯在其巨著《就业、利息和货币

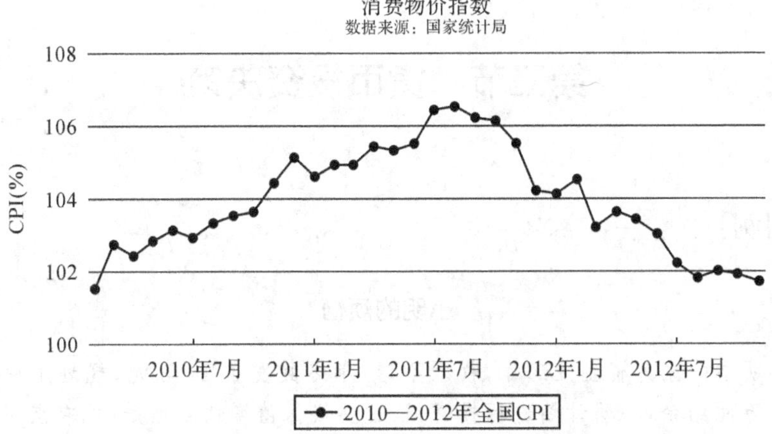

图 11-1 2010—2012 年全国月度 CPI 走势

数据来源：百度百科。

通论》一书中提出。充分就业不等于全部就业，指的是没有非意愿失业。通常把失业率等于自然失业率时的就业水平称为充分就业。目前世界各国主要用失业率（即失业人口占劳动人口的比率）衡量就业状况，失业率成为了宏观经济的重要指标。

国际收支平衡是指一国国际收入等于国际支出的状态。一国国际收支的状况主要取决于该国进出口贸易和资本流入流出状况。关于国际收支的概念和理论下一章会进行详细介绍。

【思考题】

1. 如何理解货币的供给和需求？
2. 货币政策工具有哪些？
3. 货币政策的目标有哪些？

第二节 货币投资决策

【引例】

小明的烦恼

小明在一家外资企业工作，收入不错，年终奖发了10万元，规划用途之后，还剩5万元结余，小明计划进行投资，让这些钱保值增值。但是，他有点犯难：如果投资于银行存款，将钱存入银行，每年获得的利息有些少，他有点不满足，但好处是省心省事，不用花时间打理；他也想将这笔钱投资于股票，但是由于工作较忙他没时间关注股市，又担心风险大会亏损。小明该怎么办呢？学习本节后或许他会有答案。

一、跨时间的交易

在主体进行收益最大化决策过程中，收益的实现有时会经历一定的时间，因此需要研究在不同时间点(存在时间段)条件下的主体最优决策。所谓跨时间的交易，是指主体从事的决策活动并非在一个时间点完成，需要跨越一定的时间段，因此，主体的收益最大化决策需要考虑不同时间点的收益。举例来讲，比如一个人有100元钱，如果他考虑通过存入银行一年期定期存款获取利息这种方式来增加收益的话，必须考虑到利息的获得需要在1年后才能实现，他与银行的这个交易就称之为跨时间的交易。

(一)折现值

在整个经济和金融体系中进行决策的时候，必须注意时间这个重要因素，因为金融资产包括货币在不同时间点上具有不同的价值，这被称之为货币的时间价值。在比较资产价值的时候，必须注意将他们的价值转化到同一时刻的价值进行比较，通常这个同一时刻被确定为现在的时刻，因此，通常将货币在当前时刻的价值称之为现值，计算现值的过程成为贴现，具体过程和思路如下：

假定现在时刻有100元钱，如果将这100元钱存入银行一年，假定利率为3%，那么一年后能够得到的价值为：$100\times(1+3\%)=103$元，我们将103元称之为100元在一年后的终值；那么反过来，假定1年后会得到103元的价值，则这 103 元的价值相当于现在的多少钱呢？做法自然是 103/(1+3%)=100 元，100 元称之为 103 元价值的现值，或是贴现值。如果 103 元是预计 2 年后得到的价值，那么贴现值则为 $103/(1+3\%)^2$，一般地：

假定 n 年后的价值用 P 表示，利率用 r 表示，则 n 年后价值的贴现值为：

$$P/(1+r)^n$$

在进行投资决策时，通常都会讲未来不同时点的价值贴现到当前时刻，然后再进行比较。

（二）债券的价值

在贴现值的基础上，可以确定债券的价值，不过首先得界定债券的概念。

债券是发债主体如政府和企业等向投资者发行的，约定按一定利率还本付息的债权债务凭证。债券是基本而重要的金融资产，是企业筹资的基本手段，也是投资者投资的重要方式。债券这种金融工具在特征上包括以下四大要素：

第一要素是债券的面值。债券的面值即票面价值，是债券作为一种有价证券凭证所标明的价值，同时也是发债主体约定的还本的本金数额。

第二要素是债券的期限。债券的期限就是债券票面标明的还本付息的期限，也是债券的存续时间。

第三要素是债券的利率。债券的利率及债券的票面利率，是债券票面标明的债券利率，债券面值与利率的乘积即为债券发行人应该支付的利息数额。

第四要素是债券的付息频率。债券的付息频率是债券利息支付的频率，比如 1 年付息 1 次，1 年 2 次，2 年 1 次等等，由发债主体决定，在债券凭证上标明。

债券作为一种固定收益证券，其价值的确定需要将债券未来的现金流进行贴现进行计算，因此，债券价值的计算公式可以表示为：

$$P=\sum_{i=1}^{n}\frac{P_0\cdot r_0}{(1+r)^i}+\frac{P_0}{(1+r)^n}$$

其中，P 为债券价值，P_0 为债券面值，r_0 为债券票面利率，n 为债券期限，r 为贴现率，即债券收益率。

（三）股票的价值

和债券一样，股票也是基本而重要的金融资产，在确定股票价值的时候同样也会涉及贴现的问题，以下在界定股票的基础上分析股票的价值确定。

股票是股份公司发行给股东的用以证明股东对公司资产和权益的所有权凭证。股票按照种类的不同分为普通股和优先股。

普通股是指在公司的经营管理和盈利及财产的分配上享有普通权利的股份，代表满足所有债权偿付要求及优先股东的收益权与求偿权要求后对企业盈利和剩余财产的索取权，它构成公司资本的基础，是股票的一种基本形式，也是发行量最大、最为重要的股票。目前在上海和深圳证券交易所上中交易的股票，都是普通股。

普通股股票持有者按其所持有股份比例享有以下基本权利：

公司决策参与权。普通股股东有权参与股东大会，并有建议权、表决权和选举权，也可以委托他人代表其行使其股东权利。

利润分配权。普通股股东有权从公司利润分配中得到股息。普通股的股息是不固定的，由公司赢利状况及其分配政策决定。普通股股东必须在优先股股东取得固定股息之后才有权享受股息分配权。

优先认股权。如果公司需要扩张而增发普通股股票时，现有普通股股东有权按其持股比例，以低于市价的某一特定价格优先购买一定数量的新发行股票，从而保持其对企业所有权的原有比例。

剩余资产分配权。当公司破产或清算时，若公司的资产在偿还欠债后还有剩余，其剩余部分按先优先股股东、后普通股股东的顺序进行分配。

优先股是相对于普通股而言的。主要指在利润分红及剩余财产分配的权利方面，优先于普通股。

优先股有两种权利：

在公司分配盈利时，拥有优先股票的股东比持有普通股票的股东得到分配在先，而且享受固定数额的股息，即优先股的股息率都是固定的，普通股的红利却不固定，视公司盈利情况而定，利多多分，利少少分，无利不分，上不封顶，下不保底。

在公司解散，分配剩余财产时，优先股在普通股之前分配。

股票作为一种金融资产，其价值的确定也可类比债券价值的确定方法，将未来的收益现金流进行贴现得到，而作为股票的收益，主要来自于股票发行者颁发的股利，因此股票的价值可以由股利进行贴现得到，这被称之为股利贴现模型。具体如下：

如果公司颁发的股利恒定，而投资者永久持有股票，则股票的价值可以表示为：

$$P=\sum_{n=1}^{\infty}\frac{D}{(1+r)^n}=\frac{D}{r}$$

其中，D 为公司颁发的股利，r 为贴现率。

如果公司颁发的股利以固定的增长率 g 增长，则股票的价值可以表示为：

$$P=\sum_{n=1}^{\infty}\frac{D_0(1+g)^n}{(1+r)^n}=\frac{D_1}{r-g}$$

其中，D_0 为公司颁发的首期股利。

二、投资决策

投资是指主体通过投入而获取收益的过程。以存款和贷款为例，存款是个人或企业将其资金投入银行而获取存款利息收益的投资；贷款是银行将资金投入个人或企业从而获取贷款利息收益的投资。由此可见，投资的概念范围更广，一切通过投入获得收益的行为均可称之为投资，而作为经济学假设的"理性人"，在进行投资决策的时候仍然以收益最大化作为根本目标，但由于投资的收益是在未来一段时期后实现，因此主体在进行投资决策时必须关注未来课程产生的各种不确定性。

（一）资本投资的净现值

在进行投资决策时，必须考虑在不同时刻投资的货币的时间价值，那么，如何评判一个项目是否值得投资呢？净现值法提供了一个很好的思路。

所谓净现值（NPV），是指一项投资未来收益现金流经贴现后减去投资成本的结果。运用净现值法进行投资决策的标准简单明了：净现值大于零，则方案值得投资，反之则不值得投资。净现值法的公式如下：

$$NPV = \sum_{t=1}^{n} \frac{I_t}{(1+r)^t} - I_0$$

其中，I_t 为投资未来的收益现金流，I_0 为初始投资（投资成本），r 为贴现率。

净现值法是评定资本投资最基本的方法，它考虑了货币的时间价值，决策准则简明扼要，但是，在操作中的主要难点与贴现率的选择。通常而言，贴现率应为整个投资项目的收益率，而在实际运用净现值法的时候，从便于运用方法角度出发，经常选择整个项目要求的最低收益率即项目的资本成本作为净现值法的贴现率。比如，一个投资项目的进行需要银行贷款，假设贷款利率为 5%，则 5% 即为项目资金来源的成本（资本成本），那么这个项目的收益率必须至少达到 5%才行，这是可以将 5%作为贴现率计算净现值。

（二）消费者的投资决策

消费者在进行投资时，同样也需要考虑货币的时间价值，同时，需要根据消费者的投资目标和风险承受能力选择合适的投资方向。比如，当一位消费者有 1 万元钱想要进行投资时，他有多种选择，他可以投资于银行存款，获取稳定而安全的存款利息，但是收益较低，比如一年期定期存款的收益率为 3%，而且一旦投资这一年内他的存款不能挪作他用。他也可以选择投资于股票市场，他可以随时买卖股票进行投资，收益或许较高，但也有很大的因投资失误而不能保本的风险。所以说，消费者在进行投资时需要平衡收益与风险，作出最适合自己的最优投资策略。

三、风险管理

由于投资具有一定期限，因此理性人实现投资收益的最大化必须关注投资后实现收益前的时间内可能产生的影响收益的不确定性。损失发生的不确定性称之为风险。

(一)风险描述

风险是损失发生的不确定性。当有可能出现损失的时候，风险就产生了。风险具有三大要素：首先是风险因素，即导致风险发生的可能的原因；其次是风险事故，即造成损失的直接原因；最后是损失，即主体价值的减少。

(二)降低风险的方式

风险无处不在，对于主体来讲，由于风险可能造成损失，因而需要降低风险。由于不同类型风险的降低方式有所不同，所以，要先确定风险的类型。

风险可以按是否可被分散分为系统风险和非系统风险两类。系统风险即不可分散风险，是指不可通过多元化而分散的风险，往往是因为外部共同因素所导致的风险；而非系统风险即可分散风险，是指因为个别因素导致的，可以通过多元化分散的风险。

对于非系统风险，降低其的主要方式是分散化和多元化。比如投资股票，持有一只股票，则这只股票可能因为所在上市公司等个别因素而有价格下跌的风险，为了降低风险，可以采取组合分散化投资，即持有多种股票构成的股票组合，当组合中的股票分别属于不同行业和类型的时候，不同股票的非系统风险可以相互抵消，从而达到降低风险的目的，这也就是常说的“别把鸡蛋放在同一个篮子里”。

对于系统风险，降低其的主要方式是对冲和保险。对冲是用一笔和原交易数量相近，方向相反的交易与原交易配对，由于交易方向相反，因而不管外在因素如何变化，两笔交易的盈亏总是相抵，进而达到降低风险的目的。而保险则通过签订合约的方法预先约定将来一旦风险造成不利结果由保险公司进行赔偿，以此降低风险。

延伸阅读

美投资者愈发关注外汇对冲

美国投资者对于外汇对冲的关注度越来越高，不断买进海外股票。大型基金，特别是固定收益类的基金，向来都会就汇率波动进行对冲。

但证券市场波动已然相当剧烈，为管控汇率风险而付出额外成本未必会收效，虽然这样有助于压低波动性，但也往往会压低回报率。

根据瑞士信贷(Credit Suisse)和伦敦商学院(LBS)的一份近期研究显示，1972年到2011年间，在19个国家进行投资的美国投资者，未使用对冲工具的实际回报率为6.1%，使用对冲的回报率在4.7%。对冲可以减少2.7%的波动性，但是付出的成本是失去1.4%的年化收益率(以美元计)。

旧金山Mellon Capital资产配置投资组合管理部门主管Vassilis Dagioglu表示，因对冲海外投资组合汇率风险成本相对不高，对于美国投资者很具价值。Mellon Capital管理的资产规模约为3000亿美元。而随着美元走强，将外币计价的证券收益汇回美元时便会不断减少。

WisdomTree和德意志银行(Deutsche Bank)近几个月来又推出3支对冲外汇风险的股票ETF，令此类基金的数量增加到至少9家，总资产规模约为110亿美元，高于2012年年初的13亿美元。此外，德意志银行已提交另外3档ETF的申请文件。

ETF本来是面对散户销售，但现在更常被机构投资者用作短期押注或对冲。其费用也存在差别，并取决于基金公司。费用率反映基金年度总费用在投资价值中的占比。

WisdomTree的日本对冲ETF的费用率为0.48%，而iShares日本ETF的费用率为0.50%。德意志银行的日本对冲ETF的整体费用率为1.03%。

纽约Federated Investors的国际股市主管Audrey Kaplan表示，其投资组合中平均外汇对冲比率已从2007—2008年金融危机前的不足5%增长至20%—30%左右。

对美联储(Fed)缩减购债规模的预期已对新兴经济体造成严重打击，央行行动的积极性也正使日元和英镑疲软。对于日元等流动性极高的货币而言，对冲成本很低。

但对冲却无法避免损失。近几月，股市与日元的明显负相关使得对冲成为极为成功的策略。但日股与日元的负相关并非长期稳定的关系，如果反转，对冲基金将会受创。若外币兑美元升高，对冲则会起反作用。而一旦日本股市或其他股市因汇率而表现不佳，损失还将会加大。

(资料来源：环球外汇网)

(三)风险偏好和调整

风险偏好是主体对风险的态度，可以分为：风险厌恶、风险喜好以及风险中性三类。

风险厌恶是指厌恶风险，集中特征表现为对于同样的预期收益总是想要降低风险，或是对于同样大小的风险总是希望增加收益。风险喜好是指喜欢风险，追求风险，希望通过承担风险来获得大的收益。风险中性是指对风险持无所谓的态度。以下通过一个简单的例子进行说明。

假定主体有 2 个选择：第一个选择可以确定地获得 100 元的收益，第二个选择需要在两项之中进行抽签，结果是可以获得 200 元钱或是获得 0 元，概率各为 0.5。我们可以看到第二项选择的期望收益是 $200\times0.5+0\times0.5=100$ 元，与第一项收益相同，但是第二项选择有一定的风险。如果主体选择第一项，则主体为风险厌恶者；选择第二项，为风险喜好者；对这两项选择无所谓，则为风险中性者。

对于投资而言，绝大部分投资者在进行投资时往往表现出风险厌恶的特点，但是风险厌恶的程度不同，也就是说能够承担风险的多少因人而异。因此，投资者在进行投资时必须非常清楚自己的风险偏好，以此进行投资方案的设计。

【思考题】

1. 谈谈你对风险的理解。

2. 如何理解风险偏好的概念？

小　结

1. 货币政策是指中央银行通过控制货币供应以及调控利率从而影响经济活动所采取的各项措施。

2. 货币政策在具体的操作上经常运用 3 大工具：存款准备金、再贴现和公开市场操作。

3. 一国在实施货币政策的时候，往往会明确货币政策的最终目标，主要包括以下四个目标：经济增长、物价稳定、充分就业和国际收支平衡。

4. 跨时间的问题。主体在追求收益最大化过程中有时需要跨时间交易，比如储蓄和借款，因此收益的获得和时间以及风险有关。

5. 在进行投资决策时，需要比较不同选项的现值，因此需要贴现，债券和股票的价值都设计到贴现。

6. 风险的概念。风险是指损失发生的不确定性，风险无处不在，因此风险管理十分重要。

7. 不同类型的风险对应的风险管理方式不同。非系统性风险需要分散化或多元化；系统性风险需要对冲或是购买保险。

8. 风险偏好分为风险厌恶、风险喜好以及风险中性三类。

关键术语

货币政策　货币供给　货币需求　经济增长　物价稳定　充分就业　国际收支平衡　存款准备金　再贴现　公开市场操作　跨时间　贴现　净现值　风险　风险偏好

复习题

一、选择题

1. 货币政策是要通过对(　　)的调节来调节利息率,再通过利息率的变动来影响总需求。
   A. 再贴现率　B. 法定准备率　C. 货币供给量　D. 货币需求量
2. 公开市场业务就是(　　)在金融市场上买进或卖出有价证券。
   A. 社会公众　B. 证券公司　C. 中央银行　D. 政府财政部
3. 中央银行提高准备率就会　(　　)
   A. 提高利息率　B. 降低利息率　C. 提高贴现率　D. 降低贴现率
4. 若利率为 20%,20 年后的 100 万元相当于今天的多少钱?　(　　)
   A. 2.61 万元　B. 5.01 万元　C. 10 万元　D. 1.25 万元
5. 稳定物价就是要使(　　)在短期内不发生急剧的波动,以维持国内货币币值的稳定。
   A. 季节性物价水平　B. 临时性物价水平
   C. 特殊物价水平　D. 一般物价水平

二、思考题

1. 观察一下中国各季度货币政策执行报告,分析中国货币政策执行的特点。
2. 比较一下中外的准备金率政策的不同特点。
3. 分析中国现在的货币政策目标,你得到什么启示?
4. 什么是净现值法?净现值法有什么优缺点?
5. 什么是风险,谈谈你对风险的理解。
6. 如何进行风险管理?举例说明。
7. 评定一下自己的风险偏好类型。

第十二章

国际贸易与金融

【学习要点及目标】

了解国际贸易的基本方式；掌握国际贸易领域的重要理论；了解国际贸易政策的类型及其在现实中的应用；了解外汇市场；了解国际资本流动。

【引例】

20 世纪 80 年代初期，我国的对外贸易依存度为 15%左右，2002 年我国的外贸依存度上升到了 51%，此后几年，伴随着外贸进出口的大幅度攀升，我国的外贸依存度也呈现持续上升的态势，到 2006 年已高达 67%，远远高于其他发达国家水平。此后几年，我国的外贸依存度呈回落态势，到 2012 年重回 50%以下，为 47%。据统计，1980—2010 年，美国、日本、印度、德国的外贸依存度大体稳定在 14%—20%的范围内。据海关统计，2013 年，我国进出口总值 25.83 万亿人民币（折合 4.16 万亿美元），扣除汇率因素同比增长 7.6%，比 2012 年提高 1.4 个百分点，年度进出口总值首次突破 4 万亿美元的关口。2013 年 8 月，环球银行金融电讯协会（SWIFT）公布的全球交易货币排名中，人民币排在第八位，占比为 1.49%。9 月，国际清算银行发布全球外汇交易统计报告，人民币在每日全球外汇交易量中占比 2.2%，再次跻身前十名，在所有币种中排名第九。我国的外贸依存度为什么如此之高呢？为什么人民币需要国际化？

必备知识点

国际贸易的分类　关税种类　非关税措施的主要种类　外汇市场　对外直接投资

拓展知识点

要素禀赋理论　国家竞争理论　伦敦外汇市场　对外直接投资影响因素

随着各国经济的开放，国与国之间的商品与服务贸易，资本流动日渐增多，贸易成为联系各国经济的纽带。熟悉开放经济下的国际贸易的基本概念和国际金融的基本概念，有助于正确认识现实经济中的各种对外经济现象。

第一节　国际贸易概述

国际贸易(International Trade)也称世界贸易、进出口贸易，是指不同国家(和/或地区)之间的商品、服务和生产要素交换的活动。国际贸易是商品、服务和生产要素的国际转移，是各国之间分工的表现形式，反映了世界各国在经济上的相互共存。从国家的角度可称为对外贸易(Foreign Trade)，从国际角度可称为国际贸易。

一、国际贸易的分类

(一)按商品移动的方向划分

按照货物移动方向不同，国际贸易可以分为出口贸易、进口贸易和过境贸易。

出口贸易(Export Trade)是指将本国生产和加工商品或服务输出到外国市场销售。

进口贸易(Import Trade)是指将外国生产和加工的商品或服务输入本国市场销售。

过境贸易(Transit Trade)是指甲国的商品经过丙国境内运至乙国市场销售，对丙国而言就是过境贸易。

(二)按商品的形态划分

按商品的形态划分，国际贸易可以分为有形贸易和无形贸易。

有形贸易(Visible Trade)是指有实物形态的商品的进出口。例如，机器、设备、家具等都是有实物形态的商品，这些商品的进出口称为有形贸易。

无形贸易(Invisible Trade)是指没有实物形态的技术和服务的进出口。专利使用权的转让、旅游、金融保险企业跨国提供服务等都是没有实物形态的商品，其进出口都属于无形贸易。

(三)按生产国和消费国在贸易中的关系划分

按生产国和消费国在贸易中的关系，国际贸易可以分为直接贸易、间接贸易和转口贸易。

直接贸易(Direct Trade)是指商品生产国与商品消费国不通过第三国进行买卖商品的活动。生产国是直接出口,消费国是直接进口。

间接贸易(Indirect Trade)是指商品生产国与商品消费国通过第三国进行买卖商品的活动,生产国为间接出口,消费国为间接进口。

转口贸易(Transit Trade)是指商品生产国与商品消费国通过第三国进行贸易,对第三国来说,就是转口贸易。即使商品直接从生产国运到消费国,只要两国间未直接发生交易行为,而是第三国转口商分别同生产国和消费国发生交易关系,仍属于转口贸易。

二、国际贸易与对外贸易的统计分析指标

(一)贸易差额

贸易差额是指一个国家在一定时期内(如一年、半年、一季度)出口总额与进口总额之间的差额。当出口额等于进口额时,称为贸易平衡,当出口额大于进口额,称为贸易顺差,也称为“贸易盈余”或“出超”。当出口额小于进口额时,称为贸易逆差,也称为“贸易赤字”或“入超”。

一般情况下,贸易顺差表示一个国家在国际收支上处于有利地位,贸易逆差表明国际收支上处于不利地位。但从长远来看,一国进出口应基本保持平衡。

(二)国际贸易的商品结构

对外贸易或国际贸易结构可分为广义和狭义两种。广义的对外贸易或国际贸易结构,是指货物、服务贸易在一国总进出口或世界贸易中所占的比重。如2011年世界贸易总额为112235亿美元,其中,货物出口额为91235亿美元,所占比重为81.2%,服务贸易出口额为21000亿美元,所占比重为18.8%。狭义的对外贸易或国际贸易结构,是指货物贸易或服务贸易在一国总进出口或世界贸易中所占的比重,可分为对外货物贸易结构与对外服务贸易结构。

对外货物贸易结构是指一定时期内一国或世界进出口贸易中各类商品所占的比重。

延伸阅读

国际贸易标准分类

国际贸易中的货物种类繁多,为便于统计,《联合国国际贸易标准分类》把国际货物贸易分成了10大类、63章、233组、786个分组和1924个基本项目。在

国际贸易统计中，一般把0—4类商品称为初级产品，把5—8类的商品称为制成品。

（三）国际贸易地理方向与对外贸易地位

对外贸易地理方向（Direction of Foreign Trade）是指该国进口商品原产国和出口商品消费国的分布情况，它表明该国同世界各地区、各国家之间经济贸易关联的程度。

国际贸易地理方向（Direction of International Trade）是指国际贸易的地区分布和商品流向，也就是各个地区、各个国家在国际贸易中所占的地位。通常用它们的出口额（或进口额）占世界出口贸易总额（或进口贸易总额）的比重来表示。

对外贸易地位表明世界各洲、各国或地区在国际贸易中所占的比重，一般用计算公式表示为：

对外贸易地位＝对世界出口或进口/世界贸易额

（四）对外贸易依存度

对外贸易依存度（Foreign Dependence Degree）也叫对外贸易系数，是指一国货物与服务进出口额在该国国民收入或国民生产总值（或国内生产总值）中所占的比重。对外贸易依存度可分为对外贸易额总依存度，货物贸易依存度和服务贸易依存度三种形式。

第二节　国际贸易理论

国际贸易理论是长期以来国际贸易实践的经验总结，在不同历史时期和不同国家，经济学家从不同的角度和不同的国家利益出发，提出了自由贸易理论和贸易保护理论。赞成自由贸易的经济学家提出的国际贸易理论解决了两个问题：第一，国家间为什么要进行国际贸易；第二，如何进行国际贸易才能使各国获得最大的贸易利益。而与自由贸易理论相对立的贸易保护理论则是贸易保护政策的理论基础。

一、自由贸易理论

自由贸易理论主张政府不必干预国际贸易，使各国或地区的商品在国际市场上自由竞争。自由贸易理论是国际贸易理论的主流学说与核心内容，自由贸易理论产生于18世纪中叶，主要包括亚当·斯密的绝对优势理论、大卫·李嘉图的比较优势理论，以及赫克歇尔—俄林提出的要素禀赋理论。

(一)比较优势理论

大卫·李嘉图(David Ricardo,1772—1823)在《政治经济学及赋税原理》中继承和发展了斯密的理论。李嘉图认为在国际分工和贸易中起决定作用的，不是绝对优势，而是比较优势(比较成本)，并且把比较优势作为国际分工的理论基础。他认为即使一国与另一国相比，在商品生产上都处于劣势，但本国应集中生产那些比比较成本劣势较小的商品；而另一国在所有商品生产成本上都处于绝对优势的国家，则应集中生产那些成本优势较大的商品。即按照比较优势理论，国家间应遵循"两优取其重，两劣取其轻"的原则进行国际分工和国际贸易，这样不仅会增加社会财富，而且使交易双方都能获益。

(二)要素禀赋理论

要素禀赋理论以比较优势为贸易基础并有所发展，在两种或两种以上生产要素框架下分析产品的生产成本，其核心内容为：在两国技术水平相等的前提下，产生比较成本的差异有两个原因：一是两国间的要素充裕度不同；二是商品生产的要素密集度不同。各国应该集中生产并出口那些充分利用本国充裕要素的产品，以换取那些密集使用其稀缺要素的产品。这样的国际分工和贸易会使参与国的福利都得到改善。

二、贸易保护理论

贸易保护理论始于重商主义，经过汉密尔顿、李斯特、凯恩斯、普雷维什等人的发展，形成了一个与自由贸易理论相对立的国际贸易理论。

(一)幼稚工业保护论

幼稚工业保护论的代表人物是德国的弗里德里希·李斯特(Friedrich List)，其理论是在批判古典自由贸易理论的基础上提出的。李斯特认为比较优势理论忽视了一国生产能力的培养，并把各国经济发展分为五个阶段：原始未开化时期、畜牧时期、农业时期、农工时期和农工商时期，认为在不同时期应该实行不同的对外贸易政策。如在农工时期追求工业的发展，必须采取贸易保护政策，确保本国工业的发展。李斯特还主张国家干预经济，认为一国经济的增长必须借助国家的力量进行干预和调节。

李斯特认为，实行贸易保护的目的是为了促进生产力的发展，提出保护的对象是幼稚工业，即那些刚刚起步、面临强大的竞争压力、经过保护和发展能够被扶植起来并达到自立程度的工业。保护要有一定的期限，李斯特主张以30年为限。

此外，李斯特还提出了通过关税进行贸易保护，对国内生产比较方便的消费品征收高额进口关税，对国内生产比较困难、对发展本国幼稚工业所需的复杂机器设备和技术的进口则免税或抵税。

(二)战略性贸易理论

这一理论的出现是20世纪80年代以来，经济学家们改变了经济分析方法的结果。由斯潘塞(Barbara Spencer)和布兰德(Janmes Brander)首次提出，后来经过巴格瓦蒂(Jagdish Bhagwaiti)和克鲁格曼(Paul Krugman)等人的进一步研究，形成了比较完善的理论体系。

所谓战略性贸易理论，是指一国政府在不完全竞争和规模经济条件下，可以凭借生产补贴、出口补贴或保护国内市场等政府手段，扶持本国战略性工业的成长，增强其在国际市场上的竞争能力，从而谋取规模经济之类的额外收益，并借机掠夺他国市场份额和工业利润。

三、当代国际贸易理论

传统国际贸易理论建立在完全竞争和产业间贸易的基础之上，20世纪60年代以来，国际贸易的产品结构和地理结构出现了一系列新变化，如不完全竞争市场越来越突出，产业内贸易份额越来越大，发达工业国之间的贸易量大大增加，产业领先地位不断转移，跨国公司内部化和对外直接投资兴起，等等。这些变化导致传统国际贸易理论对现实解释乏力，现代国际贸易理论应运而生。

(一)偏好相似理论

1961年林德(S. B. Linder)提出了偏好相似理论，第一次从需求方面寻找贸易的原因。他认为，要素禀赋学说只适用于解释初级产品贸易，工业品双向贸易的发生是由相互重叠的需求决定的。偏好相似理论的基本观点有：产品出口的可能性决定于它的国内需求；两国的贸易流向、流量取决于两国需求偏好相似的程度，需求结构越相似则贸易量越大；平均收入水平是影响需求结构的最主要因素。

(二)产品生命周期理论

雷蒙德·弗农(Raymond Vernon)将市场营销学中的产品生命周期理论与技术进步结合起来阐述国际贸易的形成和发展。这一理论假设国家间信息传递受到一定的限制、生产函数可变以及各国的消费结构不同，指出产品在其生命周期的不同阶段对生产要素的需要是不同的，而不同国家具有的生产要素富饶程度决定了该国的产品生产阶段和出口状况。

产品生命周期理论将比较优势论与资源禀赋论动态化，很好地解释了战后一些国家从某些产品的出口国变为进口国的现象。

(三)国家竞争优势理论

哈佛大学教授迈克尔·波特(Michele Porter)提出的这一理论,从企业参与国际竞争这一微观角度解释国际贸易,弥补了比较优势理论在有关问题论述中的不足。

波特认为,一国的竞争优势就是企业与行业的竞争优势,一国兴衰的根本原因在于它能否在国际市场中取得竞争优势。而竞争优势的形成有赖于主导产业优势,关键在于能否提高劳动生产率,其源泉就是国家是否具有适宜的创新机制和充分的创新能力。

在波特提出的"国家竞争优势四基本因素、两辅助因素模型"中,生产要素、需求状况、相关产业和支持产业、企业战略、结构和竞争对手、政府、机遇都是国家竞争优势的决定因素。波特根据以上各大要素建立了钻石模型,说明了各个因素间如何相互促进或阻碍一个国家竞争优势的形成。该理论对当今世界的经济和贸易格局进行了理论上的归纳总结。

第三节 国际贸易政策与措施

各国政府从本国的国情出发,制定其对外贸易政策,以最大限度维护本国的利益。一国的对外贸易政策在各国经济发展中起着重要作用,对国际贸易的结构和流向产生重要影响,在执行对外贸易政策时,各国通常采取关税非关税措施。因此,有必要了解国际贸易政策的基本内容和类型,以及关税和非关税措施。

一、关税

所谓关税,就是由政府对越过关境的货物征收的一种捐税。关税是国际贸易政策中最古老的政策,长期以来,它一直是各国最主要的国际贸易政策之一。

(一)关税的特点

关税是税收的一种,它同其他税收一样,具有强制性、无偿性和固定性。关税除具有一般税收的性质外,还有其自身的特点:

关税的课税主体和客体有其特定的范围。关税的课税主体是进出口商,课税客体是进出关境或国境的货物。当商品进出国境或关境时,进出口商根据海关的规定向当地海关交纳关税，海关根据关税法及有关规定，对各种进出口商品征税。

关税是一种间接税。关税虽由进出口商交纳，但作为纳税人的进出口商可以将关税额作为成本的一部分，分摊在商品的销售价格上，当货物售出时收回这笔垫款，由此可见关税最后终将转嫁给买方或最终消费者承担。

关税具有调节贸易和保护新兴产业的职能。各国政府通过制定和调整关税税率来调节其进出口贸易。在出口方面，通过低税、免税和退税来鼓励商品出口，并通过征收较高关税防止自然资源的大量外流；在进口方面，通过税率的高低、增减来调节商品的进口。对国内新建立产业的同类进口产品，规定较高的进口关税，可以起到保护和促进该新兴产业发展的作用。

(二)关税的种类

关税的种类繁多，按照不同的标准，可以从不同的角度进行分类。

1. 按商品的流向

(1)进口税(Import Duty)：是进口国家的海关在外国商品输入时，根据海关税则对本国进口商所征收的关税。这种进口税一般在外国货物进入本国关境时征收。

(2)出口税(Export Duty)：是出口国家的海关对本国产品输往国外时，对出口商所征收的关税。目前大多数国家对绝大部分出口商品都不征收出口税。因为征收这种税势必提高本国商品在国际市场上的销售价格，降低商品的竞争能力，不利于扩大出口。

(3)过境税(Transit Duty)：是对途经本国关境，最终目的地为他国的商品征收的关税。过境税盛行于资本主义发展的初期，交通运输还不很发达的时候。后来，由于交通运输事业的发展，各国在货运方面发生了激烈的竞争。同时，过境货物对本国生产和市场没有什么影响。因此，19 世纪后半期许多国家都相继废止了过境税。

2. 按征税的目的

(1)财政关税(Revenue Tariff)：是为了增加国家财政收入而征收的关税。

(2)保护关税(Protective Tariff)：是为了保护国内某些商品市场，促进这些产业发展而设置的关税。保护关税率一般都很高，因为关税越高越能达到保护国内市场的目的。有时关税率高达百分之几百，等于是禁止进口，成为禁止关税(Prohibited Duty)。随着世界市场问题的日益严重，保护关税也成了国际贸易战中的一个重要手段。一些国家针对国内工业威胁较大的进口产品，往往征收很高的关税来进行保护。

(3)收入再分配关税(Redistribution Tariff):是以调节国内各阶层收入差距为目的而设置的关税。

3.按征税的计算方法

(1)从量税(Specific Duty),是按照商品的重量、数量、容量、长度和面积等计量单位为标准计征的关税。各国征收从量税,大部分以商品的重量为单位来征收,但各国对应纳税的商品重量计算的方法各有不同。一般有毛重(Gross Weight)法、半毛重(Semi gross Weight)法和净重(Net Weight)法。

(2)从价税(Ad-valorem Duty),是按照进口商品的价格为标准计征的关税,其税率表现为货物价格的百分率。它的保护作用也与商品价格直接相关,是随着价格的变动而变化的。它能把不同质量不同价格的差别都反映出来。

(3)混合税(Compound Duty),又称复合税,它是对进口商品采用从量税和从价税同时征收的一种方法。此种征税方法常常应用于耗用原材料较多的工业制成品。

(4)选择税(Alternative Duty)。选择税是对一种商品同时规定从量税和从价税两种税率,在征税时由海关选择其中税额较高的一种征收。但有时为了鼓励进口,也可能选择税额较低的一种征收。

延伸阅读

关税的征收

各国海关对进出口商品计征关税,一般都有规章和对进出口的应税与免税商品分类的一览表,称为海关税则或关税税则。海关税则中包含关税税率表,而关税税率表又包括税号、货物分类目录和税率。

4.按差别待遇和特定的情况

(1)进口附加税(Import Surtax)。进口附加税是指对进口商品征收一般关税以外,再额外加征的关税。进口附加税往往是根据某种目的再加征的进口税,它通常是一种特定的临时性措施。

进口附加税主要有反补贴税和反倾销税。反补贴税(Counter—availing Duty)是对于直接或间接的接受任何奖金或补贴的外国商品进口所征收的一种进口附加税。反倾销税(Anti—dumping Duty)是对于实行商品倾销的进口货所征收的一种进口附加税,其目的在于抵制商品倾销,保护本国产品的国内市场。

(2)差价税(Variable Levy),又称差额税,是当某种国内生产的产品国内价格高于同类进口商品的价格时,为了削弱进口商品的竞争能力,保护国内工业和国内市场,按国内价格与进口价格之间的差额征收的关税。

(3)特惠税(Preferential Duty),又称优惠税,它是指对某个国家或地区进口的全部商品或部分商品,给予特别优惠的低关税或免税待遇。最典型的特惠税是英联邦特惠税,它是英国与英联邦其他成员国相互提供贸易优惠的关税制度,英国对从英联邦成员国输入的商品给予免税或减税待遇,成员国对从英国进口的工业品,给予减税优待,同时提高自英国以外国家进口货物的关税税率。这一特惠税的目的在于保持英国在英联邦成员国中的特别地位,英国在1973年加入欧共体后,这一制度逐步取消。目前在国际上最有影响力的特惠税是洛美协定(Lome Convention)国家之间的特惠税。

延伸阅读

洛美协定

洛美协定是欧共体(现欧盟)向参加协定的非洲、加勒比和太平洋地区的发展中国家单方面提供的特惠税。第一个"洛美协定"1975年2月28日签订,第五个"洛美协定"2000年5月31日签订,有效期20年,受惠国达到了86个。按照洛美协定,西欧共同市场将在免税、不限量的条件下,接受非加太国家生产的96%的农产品进入西欧共同市场。

(4)普遍优惠制(Generalized System Of Preferences,简称GSP),简称普惠制,是发展中国家在联合国贸易与发展会议上进行了长期斗争,在1968年通过建立普惠制决议之后取得的。在该决议中,发达国家承诺对从发展中国家或地区输入的商品,特别是制成品和半制成品,给予普遍的、非歧视的和非互惠的优惠关税待遇。普惠制的主要原则是普遍的、非歧视的和非互惠的。其目的是增加发展中国家或地区的外汇收入,加速发展中国家或地区的经济增长率。实行普惠制的国家,在提供普惠税待遇时,都作了种种规定。对受惠的国家或地区、受惠的商品范围、对受惠商品的减税幅度、对给惠国的保护措施、对原产地等都有相关规定。

(5)最惠国关税,适用于从与该国签订有最惠国待遇条款的贸易协定的国家或地区所进口的商品。第二次世界大战后,大多数国家都加入了关税与贸易总协定和世界贸易组织,或者签订了双边贸易条约或协定,这些国家相互之间提供最惠国待遇，享受最惠国待遇关税税率。最惠国税率比普通税率低，但高于特惠关税税率。

(三)关税的保护程度与关税结构

关税具有保护本国生产和市场的作用，关税对本国生产和市场保护作用的大小的称为关税的保护程度。通常用关税的名义保护率和有效保护率来衡量关税的保护程度。

1. 名义保护率

对某一商品的名义保护率(Nominal Rate of Protection, NRP)通常就是指某种商品进入一国关境时，海关根据海关税则所征收的关税税率。在其他条件相同和不变时，名义关税税率越高，对本国同类产品的保护程度也越高。

2. 有效保护率

有效保护率(Effective Rate of Protection, ERP)又称实际关税保护率，是指关税对某类产品在生产过程中的“增值”所产生的影响，其税率代表着对本国同类产品的真正有效的保护程度。其计算公式为：

$$ERP=(V'-V)/V\times 100\%$$

其中，ERP 为有效保护率，V'为贸易保护条件下被保护产品国内生产的增值，V 为自由贸易条件下生产过程的增值。

案例 12.1

某国需要进口电冰箱，也需要进口压缩机在国内生产。电冰箱的进口价格为 300 美元，压缩机的进口价格为 150 美元。

(1)如果该国对电冰箱的名义关税税率为 50%，而对压缩机免税进口，则该国对电冰箱的有效保护率为：

自由贸易时国内生产增值=300－150=150(美元)

征收关税后的国内生产增值=300×(1+50%)－150=300(美元)

对电冰箱的有效保护率 $ERP=(300-150)/150\times 100\%=100\%$

(2)如果该国对电冰箱的名义关税税率为 50%，而对压缩机的名义关税税率为 30%，则该国对电冰箱的有效保护率为：

自由贸易时国内生产增值=300－150=150(美元)

征收关税后的国内生产增值=300×(1+50%)－150×(1+30%)=255(美元)

对电冰箱的有效保护率 $ERP=(255-150)/150\times 100\%=70\%$

(3)如果该国对电冰箱的名义关税税率为 50%，而对压缩机的名义关税税率为 60%，则该国对电冰箱的有效保护率为：

自由贸易时国内生产增值＝300－150＝150(美元)

征收关税后的国内生产增值＝300×(1＋50%)－150×(1＋60%)＝210(美元)

对电冰箱的有效保护率 ERP＝(210－150)/150×100%＝40%

(4)如果该国对电冰箱的名义关税税率降为 30%，而对压缩机的名义关税税率升至 70%，则该国对电冰箱的有效保护率为：

自由贸易时国内生产增值＝300－150＝150(美元)

征收关税后的国内生产增值＝300×(1＋30%)－150×(1＋70%)＝135(美元)

对电冰箱的有效保护率 ERP＝(135－150)/150×100%＝－10%

可见，当制成品的进口税率高于投入品的进口税率时，有效保护率大于名义保护率，当制成品的进口税率等于投入品的进口税率时，有效保护率等于名义保护率，当制成品的进口税率低投入品的进口税率时，有效保护率小于名义保护率，甚至可能是负保护。

3.关税结构

关税结构又称为关税税率结构，是指一国关税税则中各类商品关税税率之间高低的相互关系。世界各国因其国内经济和进出口商品的差异，关税税率结构也各不相同，但各国普遍存在关税升级的现象，一般都表现为：资本品税率较低，消费品税率较高；生活必需品税率较低，奢侈品税率较高；本国不能生产的商品税率较低，本国能够生产的商品税率较高。其中一个突出特征是关税税率随着产品加工程度的逐渐深化而不断提高，制成品的税率高于中间产品的关税税率，中间产品的关税税率高于初级产品的关税税率。这种关税结构现象称为关税升级或阶梯关税结构。

二、非关税措施

非关税措施又称非关税壁垒，是指国际贸易中除关税以外的一切直接或间接限制外国商品进口的法律和行政措施的总称。

第二次世界大战以后，尤其是 20 世纪 60 年代后期以来，在关贸总协定的推动下，关税总体水平大幅度下降，因而关税的保护作用越来越弱，这使得非关税措施的运用越来越重要和广泛。到 20 世纪 70 年代中期，非关税壁垒已成为贸易保护的主要手段。据统计，非关税壁垒从 60 年代末的 850 多种增加到现在的 2500 多种，并且仍有加强的趋势。

(一)非关税措施的特点

非关税壁垒与关税壁垒一样可以限制外国商品进口,但非关税壁垒有其自身显著的特点:

1. 灵活性:非关税壁垒的制定和实施往往采用行政程序,制定和修改都比较迅速、简单,能随时针对某个国家或某种商品采取或更换相应的限制进口措施,因此具有较大的灵活性和时效性。

2. 有效性:有些非关税措施如进口配额,事先规定进口的数量或金额,超过量绝对不准进口,因而其限制作用是绝对的,比关税更加直接和有效。

3. 隐蔽性:非关税壁垒措施往往不公开,或者规定极为繁琐复杂的标准,使出口商难以适应,因而具有极大的隐蔽性。

4. 歧视性:非关税壁垒可以针对某个国家或某种商品制定相应的措施,因而具有差别性和歧视性。

(二)非关税措施的种类

1. 进口配额 (Import Quota)

进口配额是一国政府在一定时期内对某种商品进口数量或金额所规定的直接限制。在规定的期限内,配额以内的货物可以进口,超过配额不准进口,或者征收了较高的关税或罚款后才能进口。进口配额一般有以下两种:

(1)绝对配额(Absolute Quota):是指在一定时期内对某些商品的进口数量或金额规定一个最高数额,达到这个数额后,便不准进口。这种进口配额在实施中,又有全球配额(Global Quota) 和选择配额(Selective Quota)。全球配额是适用世界范围的配额,它对于来自任何国家或地区的同一商品一律适用。选择配额又称国别配额,它是根据某种商品的原产地,按国别或地区分配固定的配额,超过规定的配额便不准进口。实行国别配额可以使进口国根据它与有关国家或地区的政治经济关系分配不同的配额。

(2)关税配额(Tariff Quota):是对商品进口的绝对数额不加限制,对在一定时期内在规定配额以内进口的商品,给予低税、减税或免税待遇,而对超过配额的进口商品则征收较高的关税,或征收附加税或罚款。

2. “自动”出口配额(Voluntary Export Quotas)

“自动”出口配额又称“自动”出口限制,它是出口国家或地区在进口国的要求或压力下,“自动”规定某一时期内(一般为3—5年)某些商品对该国的出口限制,在限定的额度内自行控制出口,超过限度则禁止出口。

“自动”出口限制与进口配额不同,它不是由进口国直接控制进口配额来限制商品的进口,而是由出口国“自动”限制商品对指定国家的出口。但是,事实上自愿出口限制并非是出口国真正自愿的，它往往带有明显的强制性。自愿出口限制主要有非协定的出口限制和协定的出口限制两种形式。非协定的自愿出口限制是不受国际协定的约束，由出口国在进口国的压力下自行单方面规定出口额度、限制出口的一种措施。协定的自愿出口限制则是进出口双方通过谈判签订“自限协定”或“有秩序销售协定”来限制出口的办法。目前各种“自限协定”或“有秩序销售协定”内容不尽相同。

3. 进口许可证制度（Import License System）

进口许可证制度是指商品的进口必须得到国家有关部门的批准，领取许可证之后才能进口的一种行政措施。

从进口许可证与进口配额的关系上看，进口许可证可以分为两种。一种为有定额的进口许可证，即国家有关机构预先规定有关商品的进口配额，然后在配额的限度内，根据进口商的申请对每一笔进口货发给进口商一定数量或金额的进口许可证。另一种为无定额的进口许可证，即进口许可证不与进口配额相结合，有关政府机构预先不公布进口配额，对有关商品进口许可证的颁发，只是在个别考虑的基础上进行。由于它是个别考虑的，没有公开的标准，因而就给正常的贸易造成更大的困难，起到更大的限制进口的作用。

从进口商品的许可程度上看，进口许可证又可分为一般许可证和特别许可证。前者又称自动进口许可证，它对进口国别或地区没有限制，凡列明属于一般许可证的商品，进口商只要填写一般许可证后，即可获准进口。后者又称非自动进口许可证。进口商必须向政府有关当局提出申请，经有关当局逐笔审查批准后才能进口。这种进口许可证，多数都指定进口国别或地区。为了区分这两种许可证所允许进口的商品，有关当局通常定期公布有关的商品目录并根据需要随时进行调整。

4. 外汇管制(Foreign Exchange Control)

外汇管制是一国政府通过政府法令对国际结算和外汇买卖实行限制来平衡国际收支和维持本国货币汇价的一种制度。在实行外汇管制时，出口商必须把他们出口所得到的外汇收入按官方汇率卖给外汇管制机构。进口商也必须在外汇管制机构按官方汇率申请购买外汇。对本国货币携带出入国境一般也有严格的限制。这样，政府有关机构就可以通过确定官方汇率、集中外汇收入和控制外汇供应数量等办法来达到限制进口商品品种、数量和控制进口国别等目的。外汇管制一般可分为以下几种：

(1)数量性外汇管制：这是国家外汇管理机构对外汇买卖的数量直接进行限制和分配，通过集中外汇收入、控制外汇支出、实行外汇分配，达到限制进口商品品种、数量和国别的目的。

(2)成本性外汇管制:这是国家外汇管理机构对外汇买卖实行多重汇率制度,利用外汇买卖成本的差异,间接影响不同商品的进出口。多重汇率制是指一国货币的对外汇率不止一种,而是有两种以上。各国实行的多重汇率制不尽相同,但主要原则大致相似。在进口方面,一般对国内需要而又供应不足或不能生产的重要原料、机器设备和生活必需品,给予较为优惠的汇率;对于国内能大量供应或者不很重要的原料和机器设备适用一般的汇率;而对于奢侈品和非必需品只给予最不利的汇率。在出口方面,一般对缺乏国际竞争力但又要扩大出口的某些商品,给予较为优惠的汇率;对于其他一般商品的出口则适用一般汇率。

(3)混合性外汇管制:这是同时采用数量性和成本性外汇管制的办法,它对外汇实行更为严格的控制,以影响控制商品的进出口。

5.其他限制进口的措施

(1)歧视性政府采购政策:是指一些国家通过法令或虽无法令明文规定,但实际上存在的本国政府必须购买本国商品的做法。

延伸阅读

美国的《购买美国货法案》

美国从1933年开始实行,并于1954年和1962年两次修改《购买美国货法案》,根据该法案,凡是美国联邦政府所要采购的货物,应该是美国制造的,或者是使用美国的原材料制造的。只有美国自己生产的数量不够,或者国内价格太高,或者不买外国货就会伤害到美国利益的情况下,才可以购买外国货。

(2)最低限价和禁止性进口:最低限价就是一国政府规定某种进口商品的最低价格,凡进口货价格低于规定的最低价格则征收进口附加税或禁止进口。另外,当一些国家感到实行进口数量限制已不能解救经济与贸易困境时,往往会颁布法令禁止某些商品的进口。

延伸阅读

美国的"启动价格制"

20世纪70年代,美国为了抵制欧洲国家和日本等国的低价钢材和钢制品进口,于1977年对这些产品进口实行"启动价格制"(Trigger Price Mechanism,

TPM)，对进口到美国的所有钢材和部分钢制品制定最低限价，称为启动价格，对所有进口钢材和部分钢制品的进口进口商必须向海关提交“钢品特别摘要发票”，如果发票价格低于启动价格，则进口商必须对价格进行调整，否则就要接受调查，并有可能被裁定为倾销，被征收反倾销税。

(3)繁琐的海关手续：进口商品到岸后，履行繁琐的海关手续也可成为非关税壁垒的一种。海关人员推迟结关、征收各种手续费、强迫使用海关所在国文字开列的货物票据等，都会增加进口成本和风险。

(4)进口押金制度：在这种制度下，进口商在进口商品时必须预先按进口金额的一定比例和规定的时间，在指定的银行无息存入一笔现金，这样就增加了进口商的资金负担，从而起到限制进口的作用。

(5)产品的本地成分要求：为了限制进口零部件的使用，发展本国的有关工业，不少国家和地区要求外资企业在本地生产并在本国销售的最终产品中必须含有一定百分比的本国零配件，即本地成分。

(6)苛刻的技术与行政规则：利用技术与行政规则也能起到限制进口的目的。这方面的措施往往以维护生产、消费者安全和人民健康为理由来实施。有些规定十分复杂，而且经常变化，往往使外国产品难以适应，从而起到限制外国商品进口的作用。这些规定主要有技术标准、卫生检疫规定、商品包装和标签规定等。除此之外，在保险、运输、广告等方面，不少国家也有各种行政规定，阻碍或限制了商品的进口。

三、出口鼓励和出口管制措施

许多国家在利用关税和非关税措施限制进口的同时，还采取各种措施对本国的出口给予鼓励或限制。

(一)出口鼓励措施

目前绝大多数国家都对本国的大部分产品采取鼓励出口的政策，这些措施主要有以下几方面：

1. 利用资本输出带动商品输出。这是发达国家较多利用的办法。资本输出是指国家政府、企业或个人为了获得利润对国外的投资。资本输出一般有两种形式：生产资本输出和借贷资本输出。通过不同形式的资本输出可以带动更多的商品输出。这是因为，一方面资本输出国在资本输出时常常有附加规定，要求债务国购买债权国的商品；另一方面资本输出国在国外开办企业时及企业投产后，往往会大量采购本国生产的设备、材料、零配件等。

2. 出口信贷(Export Credit)。出口信贷有直接信贷和间接信贷两种形式。

(1)直接出口信贷是一个国家的银行为了鼓励商品出口,加强商品的竞争能力,对本国出口厂商或国外进口厂商提供的贷款。

直接信贷又分为卖方信贷和买方信贷。卖方信贷(Supplier's Credit)是出口方银行向出口厂商(即卖方)提供的贷款。这种贷款合同由出口厂商与银行之间签订。卖方信贷通常用于成套设备、船舶等商品的出口,是银行直接资助出口厂商向外国进口商提供延期付款,以促进商品出口的一种方式。买方信贷(Buyer's Credit)是出口方银行直接向进口厂商(即买方)或进口方银行提供的贷款,其附带条件就是贷款必须用于购买债权国的商品,因而能起到促进商品出口的作用。买方信贷不仅使出口商可以较快地得到货款并减少风险,而且使进口厂商对货价以外的费用比较清楚,便于进口厂商与出口厂商讨价还价。因此,这种方式目前较为流行。

(2)间接的出口信贷又叫做出口信贷国家担保制。它是由政府有关机构对本国出口厂商或商业银行向外国进口厂商或银行提供的信贷负责担保。当外国债务人拒绝付款时,就由国家机构按照承保的数额给予补偿。

3. 出口补贴(Export Subsidy):是一国政府为了降低出口商品的价格,提高其产品在国际市场上的竞争能力而对出口商品给予出口厂商的现金补贴或财政上的优惠待遇。出口补贴有两种形式:直接补贴和间接补贴。

(1)直接补贴:即由国家对出口厂商给予现金补贴。补贴的金额大小视出口商的实际成本与出口后获得的实际收入的差距而定,一般说来,还包括出口厂商一定的赢利在内。

(2)间接补贴:即由政府对出口商品给予种种财政上的优惠。这种间接补贴名目很多,最主要的有出口退税或减免税。对税收的退还或减免有两个方面:一是国内各种税的减免或退还。二是进出口税的减免。

除此之外,一些国家还对出口商品实行延期付款、提供优惠保险、低息贷款、减低运费等措施,以鼓励商品的出口。

4. 外汇倾销(Foreign Exchange Dumping):是以降低本国货币外汇汇率的方法来扩大商品出口。当一国货币贬值之后,出口商品以外国货币表示的价格降低了,这就相应提高了商品的竞争能力,从而扩大了出口。同时,货币贬值后,贬值国家进口商品的价格相应上涨,这就削弱了进口商品在本国市场上的竞争力。因此,货币贬值能起到促进出口和抑制进口的双重作用。

但是,外汇倾销并不能无条件和无限制地进行。它只有具备了以下两个条件才能起到扩大出口的作用。第一,货币贬值的程度大于国内物价上涨的程度。货币贬值一般会引起一国国内物价上涨的趋势。如果国内物价上涨程度赶上或超过货币贬值的程度，货币对外贬值与对内贬值之间的差距也就随之消失。外汇倾销的条件也就不存在了。第二，其他国家不同时实行同等程度的货币贬值或采取其他报复性措施。如果进口国也实行同样幅度的贬值，那么两国货币贬值的幅度就相互抵消，汇价仍处于贬值前的水平，对外贬值的利益就不能得到。如果外国采取提高关税等其他限制进口的报复性措施，也会起到类似的抵消作用。

（二）出口管制措施

许多国家为了达到一定的政治、军事或经济目的，往往对某些商品，特别是战略物资实行出口管制，限制或禁止这些商品的出口。

出口管制措施主要有以下五种：

1. 国家专营：又称国家垄断。是指某些贸易商品的生产与交易由政府指定的机构和组织直接掌握。通过国家专营贸易，政府可以鼓励发展一定类型的出口方式，控制一些重要或敏感产品的进出口，寻求最佳的出口地理分布以及商品生产结构。国家专营主要集中在三类商品上：烟和酒、农产品、武器。

2. 出口税：出口税的征收会影响商品的国内、国外价格和出口量。但是这种政策要想取得预期的成功，则要取决于国内外的供求状况。

3. 出口配额：是由政府有关部门规定的某些商品的出口的最大数额。出口配额与出口税最大的不同是：它有一个明确的数量限制，即出口达到规定限额以后即完全禁止出口。出口配额往往与出口许可证结合在一起。实行出口配额能否取得成功主要取决于国内外供求的具体情况。

4. 出口禁运：可以被看做为是出口配额的一种极端形式，即出口配额为零。在大多数情况下，出口禁运仅限于原材料或初级产品，而对使用这些材料制作的深加工产品很少有出口限制。

5. 出口许可证制：是指出口必须得到政府有关部门的批准，获得许可才行。政府通过出口许可证制度，可以控制一些产品出口的数量和价格。出口许可证一般也只适用于本国需要进行深加工的原材料和初级产品，以及一些生活必需品或高科技产品。

从出口管制的形式来看，通常可以分为单方面出口管制和多边出口管制两类。前者是一国根据本国的出口管制法案，设立专门的执行机构对本国某些商品出口进行审批或颁发出口许可证，实行出口管制。后者是几个国家的政府，通过一定的方式建立起来的国际性多边出口管制机构。它们商讨和编制多边出口管制货单和出口管制国别，规定出口管制的办法等，以协调彼此的出口管制政策和措施，达到共同的政治和经济目的。

第四节 外汇市场与国际资本流动

【引例】

你具备国际化视角吗?

随着经济全球化的不断发展,中外经济的联系不断增强,越来越需要人们具有国际化视角,在国际经济关系中,外汇是基本的交易手段之一,外汇如何交易?外汇市场具有怎样的特点?如何分析国际资本流动?学了本节你就会有答案。

在经济全球化的时代里,个人、组织与国家难免会有国际范围内的经济交流,而作为交易的基本手段,外汇的作用非常重要,而且国际还有专门的外汇交易市场,而外汇在各国之间的流入与流出又会对各国的经济产生影响,因而我们需要关注国际资本流动。

一、外汇市场

(一)外汇

外汇(Foreign Exchange)是以外币表示的支付凭证。外汇有动态和静态的两种涵义。外汇的动态涵义将外汇视为一种活动,一种把一国货币兑换成另一国货币借以清偿国际间债权债务关系的一种专门性经营活动。而外汇的静态涵义是指外币和用外币表示的用于国际结算的支付凭证,如汇票、本票、支票等。通常将外汇的静态涵义作为外汇的定义。

按照我国 2008 年修正的《中华人民共和国外汇管理条例》规定,外汇,是指下列以外币表示的可以用作国际清偿的支付手段和资产:

外国货币,包括纸币、铸币;

外币支付凭证或者支付工具,包括票据、银行存款凭证、银行卡等;

外币有价证券,包括债券、股票等;

特别提款权;

其他外汇资产。

说起外汇,我们平时生活中接触最多的就是各国的货币,比如美元、日元、英镑和欧元等。

(二)汇率

汇率，汇率也称为外汇行市或汇价，是一国货币兑换另一国货币的比率，是以一种货币表示另一种货币的价格。

汇率的表达方式称为汇率的标价法，常见的标价法分为直接标价法和间接标价法。所谓直接标价法，也叫应付标价法，是以一定单位的外国货币计算相当于多少单位的本国货币，比如1美元兑6.22元人民币。间接标价法也叫应收标价法，是以一定单位的本国货币计算相当于多少单位的外国货币。而在实际买卖外汇时，报价方(通常为银行)一般会同时报出买入价和卖出价2个价格，比如USD/CNY＝6.22/6.23，表示报价方愿意以1美元兑6.22元人民币的价格买入美元，卖出人民币；同时愿意以1美元兑6.23元人民币的价格卖出美元，买入人民币，买价和卖价的平均数称为汇率的中间价，我国外汇交易中心每天都会公布外汇中间价数据。因此，在获得报价数据时，应该根据自己的买卖货币选择相应的价格。

(三)外汇市场

外汇市场是外汇和以外汇计价的有价证券买卖交易所构成的市场。

外汇市场具有鲜明的特点：首先是外汇市场是24小时交易的市场，因为时差的关系，全球各主要外汇市场具有全天24小时连续运作的特点。主要外汇市场如纽约、伦敦、东京、香港和法兰克福等金融市场开闭市紧密相联，为投资者提供了没有时间和空间障碍的理想投资场所。其次，外汇市场是一个虚拟市场，现代外汇交易主要通过电子化交易完成，各国外汇市场之间借助互联网和先进的IT技术进行外汇交易，实现资金的划拨和转移。

(四)伦敦外汇市场

伦敦外汇市场是建立最早的世界性的市场，是久负盛名的国际外汇市场，它历史悠久，交易量大，拥有先进的现代化电子通讯网络，是全球最大的外汇市场之一。尽管第二次世界大战后，英镑作为国际储备与国际贸易支付手段的地位被美元所代替，而且从20世纪40年代英国就开始实行了严格的外汇管制，但由于伦敦银行界在外汇交易中的丰富经验和完备的机构，它仍保持着世界性外汇市场的中心地位。现在，由英国中央银行——英格兰银行指定的“外汇指定银行”约有300家，此外，还有十几家外汇经纪公司专门充当外汇交易的中介人。英格兰银行时刻注视着整个市场的动向，并利用“外汇平衡账户”随时进行市场干预，以稳定汇率，维持市场秩序。

伦敦外汇市场作为一个世界性的外汇中心，并无一个具体的外汇交易场所，它与欧洲大陆某些国家的外汇市场固定在一定的场所进行交易有所不同。在伦敦市场,被批准的外汇经纪商,包括清算银行、商业银行、外国银行设在伦敦的分支行及其他金融机构之间,有十分完整的电讯网络设备,专用的对讲电话,灵敏的电子装置,迅速灵活地处理着各种即期和远期外汇买卖业务。

1. 伦敦外汇市场经营范围

伦敦市场经营一切可兑换货币的现货交易,也经营为期 1 年的期货交易。

(1)现汇交易。在伦敦外汇市场上,大部分经营的是现货交易(即期交易),即在外汇买卖成交后 2 天之内进行交割。如果外汇银行直接向客户买卖外汇,其交割日则在当天。在外汇行情表中,一般均标明两套不同的汇率:一种为上日幅度,即指前一天的最高与最低的行情;另一种为“本日收盘”,即指本日收盘时的买价与卖价。在该市场上,英国银行与顾客进行交易的汇率,均以市场行情为依据,各银行的分支机构每天清晨都收到当天的汇率表,可在此幅度内自行变动,银行也可以从中收取手段费。

(2)期货交易。外汇期货交易是在外汇买卖成交时,双方签订合约,规定按约定的时间进行交割。伦敦外汇市场上的期货交易预约的期限都按月计算,一般为 1 个月、3 个月或半年,最长可达 1 年,通常以 3 个月较为普遍。

2. 伦敦外汇市场的结构组成

伦敦外汇市场由英格兰银行指定的外汇银行和外汇经纪人组成,外汇银行和外汇经纪人分别组成了行业自律组织,即伦敦外汇银行家委员会和外汇经纪人协会。伦敦作为欧洲货币市场的中心,大量外国银行纷纷在伦敦设立分支机构,目前有 200 多家银行在伦敦从事外汇买卖,大多数是外国银行。伦敦外汇市场上,经营外汇买卖的银行及其他金融机构均采用了先进电子通讯设备,是欧洲美元交易的中心,在英镑、欧元、瑞士法郎、日元对美元的交易中,亦占有重要地位。

伦敦外汇市场上,参与外汇交易的外汇银行机构约有 600 家,包括本国的清算银行、商人银行、其他商业银行、贴现公司和外国银行。这些外汇银行组成伦敦外汇银行公会,负责制定参加外汇市场交易的规则和收费标准。

在伦敦外汇市场上,约有 250 多个指定经营商。作为外汇经纪人,他们与外币存款经纪人共同组成外汇经纪人与外币存款经纪人协会。在英国实行外汇管制期间,外汇银行间的外汇交易一般都通过外汇经纪人进行。1979 年 10 月英国取消外汇管制后,外汇银行间的外汇交易就不一定通过外汇经纪人了。

3. 伦敦外汇市场的汇率报价

汇率报价采用间接标价法,交易货币种类众多,最多达 80 多种,经常有三、四十种。交易处理速度很快,工作效率高。伦敦外汇市场上外币套汇业务十分活跃，自从欧洲货币市场发展以来，伦敦外汇市场上的外汇买卖与“欧洲货币”的存放有着密切联系。欧洲投资银行积极地在伦敦市场发行大量欧洲德国马克债券，使伦敦外汇市场的国际性更加突出。

二、国际资本流动

国际资本流动是指资本在国际间转移，具体包括：贷款、援助、输出、输入、投资、债务的增加、债权的取得，利息收支、买方信贷、卖方信贷、外汇买卖、证券发行与流通等。

国际资本流动按照不同的标志可以划分为不同类型，按资本的使用期限长短将其分为长期资本流动和短期资本流动两大类。长期资本流动是指使用期限在一年以上或未规定使用期限的资本流动，它包括国际直接投资、国际证券投资和国际贷款三种主要方式。短期资本流动是指期限为一年或一年以内的资本流动。

（一）对外直接投资的内涵

通常我们听到和看到的国际资本流动的主要形式是国际长期资本流动范畴里的对外直接投资(Foreign Direct Investment，FDI)，即投资者以控制企业部分产权、直接参与经营管理为特征，以获取利润为主要目的的资本对外输出。国际直接投资具体分为创办新企业和控制外国企业股权两种形式。创办新企业指投资者直接到国外进行投资，建立子公司或分支机构，以及收购外国现有企业或公司等，从事生产与经营活动。而控制外国股权是指购买外国企业股票并达到一定比例，从而拥有对该外国企业进行控制的股权。

（二）对外直接投资的影响因素

许多因素都会影响一国对外直接投资的因素，以下引用曾彪和蒋玉婷(2012)的文章介绍我国对外直接投资的影响因素。

首先是投资政策支持。在中国强势政府领导的经济体制下，政策导向对企业投资指向具有重大的影响。20 世纪 90 年代对外直接投资政策基本指导思想是限制海外投资，整个 90 年代我国对外直接投资水平处于平稳甚至略有下降的趋势，1991 年金额为 9.13 亿美元，而 2000 年也仅为 9.158 亿美元。2000 年是中国对外直接投资的分水岭，自 2000 年提出“走出去”战略后，投资规模迅速扩大。据商务部 2014 年 1 月 16 日公布数据，2013 年中国境内投资者共对全球 156 个国家和地区的 5090 家境外企业进行了直接投资，累计实现非金融类直接投资(下同)901.7 亿美元，同比增长 16.8%。

其次是经济的持续增长。研究表明，母国经济发展水平对直接投资水平具有显著影响。近年来中国经济高速增长伴随着高涨的投资热情，不仅国内投资需求旺盛，同时也在国际市场释放巨大的投资能量。

再次是人民币升值。一般认为国际投资从相对强势货币国家流向相对弱势货币国家，主要是因为升值货币的价值和购买力的增加。近年来，人民币升值趋势明显，人民币国际地位不断提高，特别是在东盟国家，人民币在当地的经济中的作用逐渐凸显。人民币升值使得我国出口商品的成本优势下降，通过贸易替代效应诱发直接投资规模扩大。

又次是贸易规模的扩大。对外直接投资与贸易的关系被描述为相互替代、相互补充或者是对外直接投资公司国际化的一个连续过程。随着我国贸易额的扩大，与贸易对象的经贸联系日益加强，我国企业在国外的品牌知名度日益增加，使得通过直接投资方式降低贸易的聚集风险成为可能。另一方面，通过对外直接投资也可以绕开贸易壁垒，同时也有利于降低对出口中间商的依赖程度。

最后是外汇储备的增加。截至 2013 年 4 月，我国外汇储备达到 3.44 万亿美元。规模庞大的外汇储备为我国企业对外直接投资提供了资金基础。

【思考题】

1. 你知道的常见外汇有哪些？它们相对于人民币的汇率如何？

2. 观察了解一下中国的外汇交易。

小 结

1. 国际贸易是指不同国家(和/或地区)之间的商品、服务和生产要素交换的活动，可以从不同角度对其进行分类。

2. 一个国家或地区会从贸易总额、对外贸易依存度、贸易差额、国际贸易商品结构、国际贸易地理结构等指标来评价一国的对外贸易的状况。

3. 国际贸易理论是解释国际贸易为什么发生，怎么发生，以及其结果的理论，可以分为自由贸易理论，贸易保护理论，新贸易理论。

4. 国际贸易政策是一国政府在一定时期内为实现一定的政策目的而对进出口贸易所制定和实行的政策。可以分为关税政策和非关税政策两大类。

5. 许多国家在利用关税和非关税措施限制进口的同时，还采取各种措施对本国的出口给予鼓励或限制。

6. 汇率，汇率也称为外汇行市或汇价，是一国货币兑换另一国货币的比率，是以一种货币表示另一种货币的价格。

7. 外汇市场是外汇和以外汇计价的有价证券买卖交易所构成的市场。

8. 对外直接投资，即投资者以控制企业部分产权、直接参与经营管理为特征，以获取利润为主要目的的资本对外输出。

关键术语

出口贸易　进口贸易　国际贸易商品结构　对外贸易依存度　比较优势理论　要素禀赋理论　产业内贸易理论　国家竞争优势理论　最惠国关税　非关税措施　出口鼓励　出口管制　外汇　汇率　外汇市场　对外直接投资

复习题

一、选择题

1. 在下列投资方式中，属国际直接投资的是　（　）

A. 购买外国政府债券　B. 购买外国企业债券

C. 向外国企业提供商业贷款　D. 在国外开设合资企业

2. 赫克歇尔—俄林模型认为国际贸易的根本原因　（　）

A. 各国生产要素禀赋不同　B. 各国劳动生产率不同

C. 各国技术水平不同　D. 各国产品技术含量不同

3. 属于非关税壁垒的措施是　（　）

A. 反倾销税　B. 自然垄断　C. 垄断竞争　D. 寡头垄断

4. 外汇市场上某国的货币发生贬值，这意味着　（　）

A. 在国际市场上该国货币可以买到更多的商品

B. 该国居民可以较便宜地买到进口物品

C. 对外国人来说，该国的出口产品较为便宜

D. 对外国人来说，该国的出口产品较为昂贵

5. 人民币汇率低估将利于　（　）

A. 中国人出国旅游　B. 我国从国外进口商品的企业

C. 中国的出口企业　D. 外国人持有我国政府的债券

二、思考题

1. 简答题

(1)要素禀赋理论的基本内容是什么？

(2)需求偏好相似理论的主要思想是什么？

(3)什么是关税升级？

(4)非关税措施的特点有哪些？

(5)出口促进的措施有哪些？

(6)观察一下人民币的汇率变化，有什么特点？

(7)了解一下世界主要外汇市场的特点。

(8)对中国现在对外直接投资你有什么看法?

2.计算分析题

(1)1998 年某国的出口贸易额为 1840 亿美元,进口贸易额为 1400 亿美元,该国的国内生产总值为 20000 亿美元,计算该国的对外贸易依存度。

(2)某种轮胎,自由贸易时的国内价格为 100 元,其中 50 元是自由进口的橡胶价格,另 50 元是国内加工制造轮胎的附加价值。计算以下几种情况时轮胎的有效保护率:①对轮胎征收 20%的关税,对橡胶进口免税;②对轮胎和橡胶都征收 20%的关税;③对轮胎征收 20%的关税,对橡胶征收 30%的关税;④对轮胎征收 20%的关税,对橡胶征收 50%的关税。

3.案例分析

日本对部分产品依加工深度设定了相应的关税,这在日本农水产品及食品行业表现得尤为突出。小麦、大麦、裸麦、玉米等谷物进口日本关税税率为0%—10%,玉米粉、麦粉、马铃薯粉等面粉的关税税率则达到了 15%—25%,而一些面食产品,如甜点、饼干等的关税税率则高达 25%—34%。水果关税税率为 10%—20%左右,经加工的果酱、果冻、果泥等的关税税率高达 46.8%。茶叶、咖啡关税税率在日本高达 17%,但以茶、咖啡制成的饮料的关税税率为 29.8%+1139 日元/公斤。

根据所给资料,分析日本部分产品的关税升级情况。

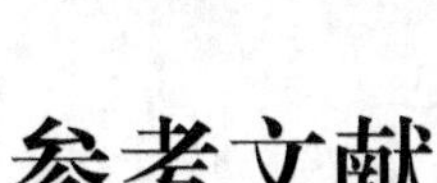

参考文献

[1]Abelson P. *Public Economics: Principles and Practice* [M]. Sydney: McGraw Hill, 2008.

[2]N Gregory Mankiw. Principles of Macroeconomics[M]. Nelson Australia Pty Limited,2003.

[3]胡金荣. 微观经济学[M]. 北京:人民邮电出版社,2010.

[4]麦克康奈尔,布鲁伊. 经济学[M]. 北京:中国人民大学出版社,2008.

[5]布兰查德. 宏观经济学[M]. 北京:清华大学出版社,2003.

[6]克鲁格曼,奥伯斯法尔德. 国际经济学[M]. 北京:清华大学出版社,2011.

[7]赵英军. 西方经济学[M]. 北京:机械工业出版社,2009.

[8]卡茨,罗森. 微观经济学[M]. 北京:机械工业出版社,2010.

[9]托马斯,莫瑞斯. 管理经济学[M]. 北京:机械工业出版社,2012.

[10]格瓦特尼,斯特鲁普,索贝尔. 经济学私人与公共选择[M]. 北京:中信出版社,2004.

[11]霍尔库姆. 公共经济学[M]. 北京:中国人民大学出版社,2012.

[12]高培勇,崔军. 公共经济学学习指导书[M]. 北京:中国人民大学出版社,2009.

[13]单克强. 我国货币政策效果评价及对策研究——货币政策,通货膨胀及经济增长分析[J]. 西部金融,2013(3).

[14]任立民,周茂华. 黄金市场与人民币外汇市场收益和波动溢出效应实证分析[J]. 财会通讯,2013(18).

[15]曾彪,蒋玉婷. 试析我国对外直接投资的影响因素[J]. 财经界,2012(18).

经济学文献选读

[1]《国富论》,亚当·斯密著,文熙译,武汉大学出版社,2010年版。

[2]《铅笔的故事》,伦纳德·里德著,原题《I, Pencil》,刊于经济教育基金会(the Foundation for Economic Education)出版之Freeman杂志1958年12月号上。

[3]《战俘营的经济组织》,雷德福德(R. A. Radford),原题"The Economic Organization of a P. O. W. Camp",载于Economica, Vol. 12, November 1945, pp. 189-201。

[4]《走进经济学》,熊秉元著,山西人民出版社,2008年版。

[5]《蓝海战略》,[韩]W.钱·金,[韩]勒尼·莫博涅著,商务印书馆,2010年版。

[6]《弗里德曼的生活经济学》,弗里德曼著,中信出版社,2006年版。

[7]《牛奶可乐经济学》,弗兰克著,闾佳译,中国人民大学出版社,2008年版。

[8]《企业的性质》,科斯著,链接:http://wenku.baidu.comview071998e2524de518964b7dc1.html。

[9]《报酬递增与技术进步》,阿伦·杨格著,《经济社会体制比较》,1996年第2期。

[10]《竞争战略》,迈克尔·波特著,华夏出版社,2002年版。